"十四五"职业教育国家规划教材

21世纪高职高专规划教材——公共基础课系列

经济数学

张淑娟　马黎　主编
王波　斯日古冷　副主编

清华大学出版社
北京

内容简介

本书以国家"十四五"教育发展规划纲要为指导,以"数学为体,经济为用"为原则,吸收了近年来高职高专经济数学教材的优点,结合当前高职高专教学改革而编写.全书共分五章,内容包括极限、微分、积分、线性代数、概率等经济数学应用知识,并包含应知应会和综合运用训练,以提高学生的应用技巧与能力.

本书概念清楚,例题丰富,简明通俗,便于自学,可以有效提高学生的数学素质水平.既可作为高职高专院校经济管理、财经管理等专业数学基础课程的必选教材,也可作为成人高校及应用型本科院校的优选教材,对于经济管理、企业管理人员也是一本非常实用的参考书.

本书封面贴有清华大学出版社防伪标签,无标签者不得销售。
版权所有,侵权必究.举报:010-62782989,beiqinquan@tup.tsinghua.edu.cn.

图书在版编目(CIP)数据

经济数学/张淑娟主编.—北京:清华大学出版社,2018(2023.8重印)
(21世纪高职高专规划教材.公共基础课系列)
ISBN 978-7-302-46518-8

Ⅰ.①经… Ⅱ.①张… Ⅲ.①经济数学－高等职业教育－教材 Ⅳ.①F224.0

中国版本图书馆CIP数据核字(2017)第025671号

责任编辑:刘士平
封面设计:杨 拓
责任校对:赵琳爽
责任印制:宋 林

出版发行:清华大学出版社
网　　址:http://www.tup.com.cn,http://www.wqbook.com
地　　址:北京清华大学学研大厦A座　　邮　编:100084
社 总 机:010-83470000　　邮　购:010-62786544
投稿与读者服务:010-62776969,c-service@tup.tsinghua.edu.cn
质量反馈:010-62772015,zhiliang@tup.tsinghua.edu.cn
课件下载:http://www.tup.com.cn,010-83470410

印 装 者:北京嘉实印刷有限公司
经　　销:全国新华书店
开　　本:185mm×260mm　　印 张:14.25　　字　数:315千字
版　　次:2018年3月第1版　　印　次:2023年8月第5次印刷
定　　价:35.00元

产品编号:058372-02

前 言
FOREWORD

习近平主席在中国共产党第二十次全国代表大会报告中指出：实施科教兴国战略，强化现代化建设人才支撑.教育、科技、人才是全面建设社会主义现代化国家的基础性、战略性支撑.我们要办好人民满意的教育，全面贯彻党的教育方针，培养德智体美劳全面发展的社会主义建设者和接班人.而全面发展并具有创新能力的人才培养离不开数学教育.

数学是研究现实世界数量关系的学科，而现实世界中的数量关系无时不在，无处不在.特别是在经济现象中更加广泛，从近50年的诺贝尔经济学获奖者以及颁奖内容来看，几乎所有的获奖成果都用到了数学工具，有一半以上获奖者都是具有深厚数学功底的经济学家，还有少数获奖者本身就是著名的数学家.因此，数学在经济理论分析中的重要作用日趋显著.

数学课程作为经济类各专业的根基，为学习者的素质教育与终身教育打下牢固的知识基础.新时期以来，我国的高职高专教育步入深度发展与变革时期，对数学教学内容与教材提出价值塑造、理论够用、淡化技巧、突出应用、通俗易懂等更高要求.

本书是在"十三五"职业教育国家规划教材的基础上进行修订，坚持新时代中国特色社会主义思想，注重"立德树人、课程思政"，以"数学为体，经济为用"为原则，充分吸收同类教材的优点，提炼二十多年的一线教学实践.全书共五章，内容包括极限、微分、积分、线性代数、概率等经济数学应用知识，并通过应知应会、综合运用等阶梯性训练，以提高学生的应用技能与能力.在编写修订中力求突出"两重四新"特色.

（1）重素质.各单元前有数学家的至理名言，后有数学家的故事，中间注释数学思想及科学方法，旨在使数学文化广泛渗透，促进文化自信，提升科学精神与科学伦理教育.

（2）重应用.引入大量的经济案例，将经济问题转化为数学模型的先进思想贯穿于各章，加强与实际应用联系较多的基础知识、方法、技能的训练，拉近数学和经济的距离，提升认识问题、分析问题和解决问题的能力，促进理性与创新思维的发展.

（3）新理念.一是将数学语言、图形、说明、训练等信息集于一体，图文并茂，增加教材的可读性，激发学习兴趣；二是要达到科学思想教育、方法智慧启迪和全面素质教育这一重要的数学教育的目的.

（4）新体例.每章前有学习目标定位，后有知识结构图与链接思考，内容中穿插问题导入、知识梳理、典型例解、小贴士、应知应会、综合运用等栏目，体例简洁明快，便于学生分层次掌握，容易提高自学能力.

（5）新结构.理论阐述简明扼要，重点加强知识应用性学习，遵循由特殊到一般，再由一般到特殊的认识过程编写，借以降低教学的难度，更加符合职教学生特点.

（6）新内容.注重计算机数学软件MATLAB和传统数学教学相结合，为实现"淡化技巧,突出应用"目标提供有力的技术手段,增强信息化学习特征与时代感.

本书由张淑娟、马黎担任主编,张淑娟统稿,具体编写分工如下:第 1 章由张俊荣编写,第 2 章由斯日古冷编写,第 3 章由王波编写,第 4 章由马黎编写,第 5 章、各章数学实验内容由张淑娟编写,电子课件由张淑娟、王波制作.

在编写过程中,借鉴了大量经济数学的最新书刊资料和业界的研究成果,并得到谢国杰等专家、教授的具体指导与帮助,在此一并致谢.为配合本书的使用,我们提供配套的电子课件,读者可以从清华大学出版社网站(www.tup.com.cn)免费下载.

因编者水平有限,书中难免存在不妥之处,敬请同行和读者批评指正.

编 者

2022 年 11 月

目录
CONTENTS

第一单元　微　积　分

第1章　极限及其经济应用 … 3
1.1　函数与常用经济函数 … 3
- 1.1.1　函数概念 … 4
- 1.1.2　函数的基本性质 … 5
- 1.1.3　基本初等函数 … 6
- 1.1.4　复合函数 … 9
- 1.1.5　初等函数 … 9
- 1.1.6　常用经济函数 … 9

1.2　极限 … 10
- 1.2.1　数列的极限 … 11
- 1.2.2　函数的极限 … 12
- 1.2.3　无穷小量与无穷大量 … 15
- 1.2.4　无穷小量的阶 … 16
- 1.2.5　两个重要极限 … 17

1.3　利用极限进行复利与贴现分析 … 18
- 1.3.1　复利分析 … 18
- 1.3.2　贴现分析 … 19

1.4　函数的连续性 … 20
- 1.4.1　函数的连续性概述 … 21
- 1.4.2　函数的间断点 … 22
- 1.4.3　函数连续的性质 … 23
- 1.4.4　闭区间上连续函数的性质 … 23

1.5　利用MATLAB计算极限 … 24
- 1.5.1　MATLAB软件简介 … 24
- 1.5.2　常用命令与基本操作 … 26
- 1.5.3　MATLAB的绘图 … 28
- 1.5.4　求极限 … 31

本章知识结构图 …… 32
数学那些事——微积分的两位创始人 …… 33
应知应会 1 …… 34
综合运用 1 …… 37

第 2 章 微分及其经济应用 …… 38

2.1 导数的概念 …… 38
    2.1.1 什么是导数 …… 39
    2.1.2 导数的几何意义 …… 41
    2.1.3 可导与连续的关系 …… 41

2.2 导数的运算 …… 42
    2.2.1 导数的基本公式 …… 42
    2.2.2 导数的四则运算法则 …… 43
    2.2.3 复合函数的求导法则 …… 44
    2.2.4 隐函数的求导方法 …… 45
    2.2.5 分段函数的求导方法 …… 46
    2.2.6 高阶导数 …… 46

2.3 微分 …… 47
    2.3.1 微分的定义 …… 48
    2.3.2 微分的应用 …… 49

2.4 洛必达法则 …… 50

2.5 利用导数分析函数的性质 …… 52
    2.5.1 函数的单调性与极值 …… 52
    2.5.2 曲线的凹凸性 …… 55
    2.5.3 函数的最值 …… 56
    2.5.4 曲线的渐近线 …… 59
    2.5.5 函数图形的描绘 …… 59

2.6 利用导数进行经济问题分析 …… 60
    2.6.1 边际与边际分析 …… 61
    2.6.2 弹性 …… 62
    2.6.3 最优化经济问题 …… 64

2.7 利用 MATLAB 计算函数的导数 …… 65
    2.7.1 导数计算 …… 65
    2.7.2 求一元函数的极值点 …… 66

本章知识结构图 …… 68
数学那些事——数学界的两大"诺贝尔奖" …… 69
应知应会 2 …… 70

综合运用 2 ·· 73

第 3 章 积分及其经济应用 ·· 74

3.1 不定积分的概念 ·· 74
  3.1.1 不定积分的概念与性质 ······································ 75
  3.1.2 基本积分公式 ·· 76
3.2 不定积分的计算 ·· 78
  3.2.1 不定积分的换元积分法 ······································ 79
  3.2.2 不定积分的分部积分法 ······································ 81
3.3 定积分的概念与计算 ·· 82
  3.3.1 定积分的定义 ·· 84
  3.3.2 定积分的几何意义 ·· 85
  3.3.3 定积分的性质 ·· 85
  3.3.4 变上限的定积分 ·· 86
  3.3.5 定积分的计算 ·· 87
3.4 无穷区间上的广义积分 ··· 91
3.5 积分在几何中的应用 ·· 92
  3.5.1 平面图形的面积 ·· 92
  3.5.2 旋转体的体积 ·· 94
3.6 利用定积分进行经济总量分析 ·· 96
3.7 利用 MATLAB 计算积分 ··· 98
本章知识结构图 ·· 101
数学那些事——数学界的三大泰斗 ··· 101
应知应会 3 ·· 103
综合运用 3 ·· 105

第二单元 线 性 代 数

第 4 章 线性代数及其经济应用 ··· 109

4.1 矩阵及其运算 ·· 109
  4.1.1 矩阵的概念 ··· 110
  4.1.2 矩阵的运算 ··· 111
  4.1.3 矩阵的秩 ··· 115
  4.1.4 逆矩阵 ··· 117
4.2 n 维向量及线性相关性 ·· 120
4.3 线性方程组解的判定 ··· 122
  4.3.1 n 元线性方程组 ··· 122
  4.3.2 线性方程组解的判定 ··· 128

4.4 线性方程组解的结构 ··· 133
    4.4.1 n 元齐次线性方程组 $AX=0$ 解的结构 ····························· 133
    4.4.2 n 元非齐次线性方程组 $AX=B$ 解的结构 ····························· 137
4.5 利用线性代数进行经济分析 ··· 140
    4.5.1 楼房设计方案模型 ··· 140
    4.5.2 投入产出分析方法 ··· 142
4.6 利用 MATLAB 解决线性代数问题 ··· 145
    4.6.1 矩阵及其代数运算 ··· 145
    4.6.2 求解线性方程组 ·· 149
    4.6.3 线性规划问题的求解 ··· 150
本章知识结构图 ··· 152
数学那些事——线性代数发展史上的年轻勇士 ···································· 153
应知应会 4 ·· 154
综合运用 4 ·· 158

第三单元　概　率　基　础

第 5 章　概率基础及其经济应用 ·· 163

5.1 随机事件及其概率 ·· 164
    5.1.1 随机事件 ·· 164
    5.1.2 随机事件的概率 ·· 166
    5.1.3 条件概率 ·· 169
5.2 事件的独立性 ·· 172
    5.2.1 随机事件的独立性 ··· 172
    5.2.2 贝努利概型 ·· 173
5.3 离散型随机变量的分布及其数字特征 ·· 175
    5.3.1 随机变量 ·· 175
    5.3.2 离散型随机变量的分布列 ··· 175
    5.3.3 几种常见的离散型分布 ·· 176
    5.3.4 离散型随机变量的数字特征 ·· 179
5.4 连续型随机变量的分布及其数字特征 ·· 182
    5.4.1 密度函数 ·· 182
    5.4.2 分布函数 ·· 183
    5.4.3 几种常见的连续型分布 ·· 184
    5.4.4 连续型随机变量的数字特征 ·· 187
    5.4.5 常用连续型随机变量的数字特征 ··· 188
5.5 利用概率基础进行经济分析 ··· 189
    5.5.1 概率在投资决策中的应用 ··· 189

5.5.2 概率在利润问题中的应用 …………………………………………… 191
　　　5.5.3 概率在保险问题中的应用 …………………………………………… 192
　5.6 利用 MATLAB 解决概率问题 ……………………………………………… 193
　　　5.6.1 一般随机变量的概率与数字特征 …………………………………… 193
　　　5.6.2 常见分布的概率与数字特征 ………………………………………… 195
　　　5.6.3 参数估计 ……………………………………………………………… 196
　　　5.6.4 正态总体参数的假设检验 …………………………………………… 197
本章知识结构图 ……………………………………………………………………… 198
数学那些事——概率统计发展史上的先驱者 ……………………………………… 199
应知应会 5 …………………………………………………………………………… 199
综合运用 5 …………………………………………………………………………… 203

参考文献 …………………………………………………………………………… 205

附录 A　泊松分布数值表 ………………………………………………………… 206

附录 B　标准正态分布数值表 …………………………………………………… 208

参考答案 …………………………………………………………………………… 209

第一单元

微积分

宇宙之大,粒子之微,火箭之速,化工之巧,地球之变,生物之谜,日用之繁,无处不用数学.

华罗庚(1910—1985,中国)

第 1 章 极限及其经济应用

函数是经济数学最重要的基本概念之一,连续函数是微积分学研究的主要对象. 极限思想是微积分学的基本思想, 经济数学中的一系列重要概念, 如函数的连续性、导数以及定积分等都是借助极限来定义的. 函数、极限和连续是整个经济数学的基础知识.

学习目标

【基本要求】

(1) 理解函数、极限、连续的概念, 知道相关的基本定理与性质;
(2) 熟练掌握将复合函数分解成基本初等函数的方法, 掌握常用经济函数;
(3) 掌握求极限的基本方法, 熟练掌握极限的四则运算和两个重要极限;
(4) 理解无穷小量与无穷大量的概念, 掌握无穷小量的性质, 会进行无穷小量阶的比较;
(5) 了解连续函数的性质, 掌握判断函数在某一点连续或间断的方法;
(6) 会利用极限分析复利与贴现经济问题.

【学习重点】

(1) 基本初等函数的基本特征和简单性质, 复合函数的复合过程;
(2) 求极限的基本方法.

1.1 函数与常用经济函数

问题导入

学习函数之前, 我们先来讨论两个生活中的实际问题.

引例 1.1 某幼儿园每月收取每名幼儿的固定费用包括托费和餐费两项, 托费每月 1 200 元, 餐费每天 12 元, 不出勤不收取餐费, 分析该园一个月收取一名幼儿的固定费用与该幼儿该月出勤天数之间的函数关系.

分析 设某幼儿某月出勤 x 天, 则该幼儿该月餐费为 $12x$ 元, 所以幼儿园收取该幼儿该月的固定费用为 $y=1\,200+12x$.

引例 1.2 某家用电器公司生产一种型号的空调, 当价格为每台 2 000 元时, 需求量为 5 000 台, 价格每降低 1 元, 可多卖出 5 台, 分析需求量与价格之间的关系.

分析 设每台空调价格为 x 元, 则可多卖出空调 $5(2\,000-x)$ 台, 所以空调的实际需

求量为 $y=5\,000+5(2\,000-x)$，即 $y=15\,000-5x$.

上述两个案例，都是要确定变量间对应关系的问题，类似的问题还有很多，如银行利息计算、工资扣税计算等. 变量间的对应关系就是本节要介绍的函数.

1.1.1 函数概念

知识梳理

定义 1.1 设 D 是一个非空实数集合，如果对 D 中的每个变量 x，按照对应规则 f，变量 y 都有唯一确定的实数值与之对应，则称 y 是 x 的函数. 记作

$$y = f(x), \quad x \in D$$

其中 x 称为自变量，y 称为因变量或函数，D 称为函数的定义域，所有函数值组成的集合 Z 称为函数的值域. 函数定义有两个基本要素：定义域和对应规则. 给定一个函数，必须给定一个定义域及一个对应规则.

常用的函数表示方法有解析法、图像法、表格法三种.

解析法是用数学解析式描述函数关系的方法，常见的形式如下.

1. 显函数

显函数是用 $y=f(x)$ 形式表示的函数. 如 $y=\sqrt{x^2-3}$.

2. 隐函数

隐函数是用方程 $F(x,y)=0$ 形式表示的函数. 如 $x-y-e^y=0$.

3. 分段函数

有些函数关系不能用一个统一的表达式来表示，而是需要把定义域分成若干个区间段，在不同的区间段内用不同的解析式表示，这类函数称为分段函数. 例如，

$$f(x) = \begin{cases} x, & x < 0 \\ x+1, & x \geq 0 \end{cases}$$

就是定义域为 $(-\infty, +\infty)$ 的分段函数.

典型例解

例 1.1 求下列函数的定义域：

(1) $y = \dfrac{1}{x+2} + \sqrt{4-x^2}$； (2) $f(x) = \dfrac{x}{\lg(x+2)}$.

解 (1) 由 $\begin{cases} x+2 \neq 0 \\ 4-x^2 \geq 0 \end{cases}$ 得 $\begin{cases} x \neq -2 \\ -2 \leq x \leq 2 \end{cases}$，所以函数的定义域为 $(-2, 2]$.

(2) 由 $\begin{cases} \lg(x+2) \neq 0 \\ x+2 > 0 \end{cases}$ 得 $\begin{cases} x \neq -1 \\ x > -2 \end{cases}$，所以函数的定义域为 $(-2, -1) \cup (-1, +\infty)$.

例 1.2 设 $f(x) = \dfrac{x-1}{x+4}$，求 $f(0), f(1), f(-x), f(x+1)$.

解 $f(0)=\dfrac{0-1}{0+4}=-\dfrac{1}{4}$； $f(1)=\dfrac{1-1}{1+4}=0$；

$f(-x)=\dfrac{-x-1}{-x+4}=\dfrac{x+1}{x-4}$； $f(x+1)=\dfrac{x+1-1}{x+1+4}=\dfrac{x}{x+5}$.

案例 1.1 2019 年个人所得税起征点为 60000 元/年，税率按全年应纳税所得额分为 7 级，如表 1-1 所示，分析个人所得税 y(元)与全年应纳税所得额 x(元)之间的函数关系．

表 1-1 个人所得税税率表

级数	应纳税所得额(元)	税率(%)	速算扣除数(元)
1	0~36 000	3	0
2	36 000~144 000	10	2 520
3	144 000~300 000	20	16 920
4	300 000~420 000	25	31 920
5	420 000~660 000	30	52 920
6	660 000~960 000	35	85 920
7	960 000~	45	181 920

解 设全年应纳税所得额为 x 元，应缴个人所得税为 y 元，则所求函数关系为

$$y=\begin{cases} 0.03x, & 0\leqslant x\leqslant 36000 \\ 0.1x-2520, & 36000<x\leqslant 144000 \\ 0.2x-16920, & 144000<x\leqslant 300000 \\ 0.25x-31920, & 300000<x\leqslant 420000 \\ 0.3x-52920, & 420000<x\leqslant 660000 \\ 0.35x-85920, & 660000<x\leqslant 960000 \\ 0.45x-181920, & x>960000 \end{cases}$$

小贴士

一般来说，税率表中会提供一列速算扣除数，如表 1-1 所示，个人所得税也可由税率和速算扣除数计算得出．

应交个人所得税＝全年应纳税所得额×适用税率－相应速算扣算数

1.1.2 函数的基本性质

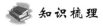
知识梳理

1. 奇偶性

设函数 $y=f(x)$ 的定义域 D 关于原点对称，若对于定义域内的任一 x，恒有 $f(x)=$

$f(-x)$,则称 $f(x)$ 为偶函数;若恒有 $f(x)=-f(-x)$,则称 $f(x)$ 为奇函数.

偶函数的图形关于 y 轴对称,奇函数的图形关于原点对称.

如函数 $f(x)=x^2$ 是偶函数,函数 $f(x)=x$ 是奇函数.

两个偶函数的和、差、积与商仍是偶函数;两个奇函数的和、差仍是奇函数,积、商是偶函数;奇函数与偶函数的积、商是奇函数.

2. 单调性

函数 $y=f(x)$ 在区间 (a,b) 内有定义,如果对于 (a,b) 内的任何两点 $x_1<x_2$,恒有 $f(x_1)<f(x_2)(f(x_1)>f(x_2))$,则称函数 $y=f(x)$ 在区间 (a,b) 上单调增加(单调减少),区间 (a,b) 为单调增加(单调减少)区间.

单调增加函数的图像沿 x 轴的正方向上升,单调减少函数的图像则下降.

如函数 $y=x^2$ 是在区间 $(-\infty,0)$ 上为单调减少函数,在区间 $(0,+\infty)$ 为单调增加函数.

3. 有界性

函数 $y=f(x)$ 在区间 (a,b) 上有定义,如果存在常数 $M>0$,使对于 (a,b) 内任一 x,都有 $|f(x)|\leqslant M$,则称函数 $f(x)$ 在区间 (a,b) 上有界,否则称函数 $f(x)$ 在区间 (a,b) 上无界.

如函数 $y=\sin x$ 是有界函数,而函数 $y=x$ 则是无界函数.

4. 周期性

如果存在常数 $T>0$,函数 $y=f(x)$ 对于定义域内的任一 x,恒有 $f(x+T)=f(x)$,则称 $f(x)$ 是周期函数.使上述条件成立的最小正数称为 $f(x)$ 的最小正周期,简称周期.

如函数 $y=\sin x$ 是周期为 2π 的周期函数,$y=\tan x$ 是周期为 π 的周期函数.

典型例解

例 1.3 判断下列函数的奇偶性:

(1) $f(x)=\dfrac{e^x-1}{e^x+1}$; (2) $f(x)=\ln\dfrac{x+1}{x-1}$.

解 (1) $f(-x)=\dfrac{e^{-x}-1}{e^{-x}+1}=\dfrac{(e^{-x}-1)\cdot e^x}{(e^{-x}+1)\cdot e^x}=-\dfrac{e^x-1}{e^x+1}=-f(x)$,故此函数为奇函数.

(2) $f(-x)=\ln\dfrac{-x+1}{-x-1}=\ln\left(\dfrac{x+1}{x-1}\right)^{-1}=-\ln\dfrac{x+1}{x-1}=-f(x)$,故此函数为奇函数.

1.1.3 基本初等函数

知识梳理

基本初等函数是指常数函数、幂函数、指数函数、对数函数、三角函数和反三角函数,这些函数的定义式、性质及图像如表 1-2 所示.

表 1-2　基本初等函数

名称	定义式与性质	图像
常数函数	$y=c$(c 为常数),偶函数,图像关于 y 轴对称,是与 x 轴平行,过点 $(0,c)$ 的直线,定义域为 $(-\infty,+\infty)$	
幂函数	$y=x^a$($a\in \mathbf{R}$), 定义域随 a 不同而异,公共定义域为 $(0,+\infty)$ 当 $a>0$ 时,在 $(0,+\infty)$ 内单调增加 当 $a<0$ 时,在 $(0,+\infty)$ 内单调减少	
指数函数	$y=a^x$($a>0$ 且 $a\neq 1$), 定义域为 $(-\infty,+\infty)$,值域为 $(0,+\infty)$ 当 $a>1$ 时,单调增加;当 $0<a<1$ 时,单调减少	
对数函数	$y=\log_a x$($a>0$ 且 $a\neq 1$), 定义域为 $(0+\infty)$ 当 $a>1$ 时,单调增加;当 $0<a<1$ 时,单调减少	
三角函数	正弦函数 $y=\sin x$, 定义域为 $(-\infty,+\infty)$,值域为 $[-1,1]$ 是周期为 2π 的奇函数	
	余弦函数 $y=\cos x$, 定义域为 $(-\infty,+\infty)$,值域为 $[-1,1]$ 是周期为 2π 的偶函数	
	正切函数 $y=\tan x$, 定义域为 $x\neq k\pi+\dfrac{\pi}{2}$,$k\in \mathbf{Z}$,值域为 $(-\infty,+\infty)$ 是周期为 π 的奇函数	

续表

名称	定义式与性质	图像
三角函数	余切函数 $y=\cot x$，定义域为 $x\neq k\pi, k\in \mathbf{Z}$，值域为 $(-\infty,+\infty)$ 是周期为 π 的奇函数	
反三角函数	反正弦函数 $y=\arcsin x$，定义域为 $[-1,1]$，主值域为 $\left[-\dfrac{\pi}{2},\dfrac{\pi}{2}\right]$	
	反余弦函数 $y=\arccos x$，定义域为 $[-1,1]$，主值域为 $[0,\pi]$	
	反正切函数 $y=\arctan x$，定义域为 $(-\infty,+\infty)$，主值域为 $\left(-\dfrac{\pi}{2},\dfrac{\pi}{2}\right)$	
	反余切函数 $y=\text{arccot}\,x$，定义域为 $(-\infty,+\infty)$，主值域为 $(0,\pi)$	

1.1.4 复合函数

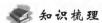

定义 1.2 设函数 $y=f(u)$ 与 $u=g(x)$,若 $u=g(x)$ 的值域的全部或部分能使 $y=f(u)$ 有意义,则称 y 是通过中间变量 u 构成的 x 的函数,即 y 是 x 的复合函数.记作 $y=f[g(x)]$.其中 x 是自变量,u 是中间变量.

如函数 $y=e^{x^2}$ 是由函数 $y=e^u$,$u=x^2$ 两个函数复合得到的,其中 u 为中间变量.

1.1.5 初等函数

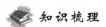

基本初等函数经过有限次四则运算或复合构成的函数称为初等函数.

如函数 $y=(2^x+\lg x)^2$,$y=\ln(2+\sqrt{x^2-1})$ 均为初等函数.

> **小贴士**
>
> (1) 不是任何两个函数都可以复合成一个复合函数.如 $y=\arccos u$,$u=2+x^2$ 就不能复合成一个复合函数.因为任意实数 x 均使 $u\geqslant 2$,不在函数 y 的定义域内,即不能使 $y=\arccos u$ 有意义.
>
> (2) 分析初等函数是如何由基本初等函数经过四则运算或复合构成的,在微积分的学习中非常重要.

1.1.6 常用经济函数

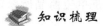

1. 需求函数

需求函数是用来描述消费者对某种商品的需求量和影响该需求量的各种因素之间相互关系的函数.影响因素有该商品的质量与价格、消费者的收入与偏好、相关商品的质量与价格等.通常,为方便研究,只研究需求量与该商品价格的关系,即把需求量 Q_d 只看作该商品价格 p 的函数,记作

$$Q_d=f(p)$$

一般来说,需求函数是价格的单调减少函数,即需求量随着价格的上涨而减少.

需求函数的常见形式有:$Q_d=a-bp$,$Q_d=a-bp^2$,$Q_d=a-b\sqrt{p}$,$Q_d=a-e^{-bp}$ $(a,b>0)$.

2. 供给函数

供给量是指在某时期内,生产者在一定条件下愿意生产并可供出售的商品量.供给量受多种因素影响,如该商品的价格、成本等.在此,忽略其他因素,商品的供给量 Q_s 只看作该商品价格 p 的函数,记作

$$Q_s = g(p)$$

一般来说,供给函数是价格的单调增加函数,即供给量随着价格的上涨而增加.

常见的供给函数是一个线性供给函数

$$Q_s = -c + dp, \quad c, d > 0$$

假定其他因素不变,那么一种商品的价格只取决于它本身的供求情况,当需求量等于供给量,就称这种商品达到了市场均衡.此时的商品量称为市场均衡数量,商品的价格称为市场均衡价格.当市场价格高于均衡价格时,供给量大于需求量,出现"供过于求"的现象;当市场价格低于均衡价格时,供给量小于需求量,出现"供不应求"的现象.

3. 成本函数

总成本是指生产某产品时所需要的全部经济资源投入的价格或费用总额.在生产技术、生产要素的价格不变的情况下,它是产量 Q 的函数,记作 $C(Q)$,即

$$C(Q) = C_0 + C_1(Q)$$

其中,C_0 为固定成本,如企业管理费、设备折旧费等;$C_1(Q)$ 为可变成本,如生产该产品投入的原材料、燃料、动力费及生产人员的工资等.

一般来说,总成本是单调增加函数,产量增加时,成本总额随之增加.

4. 收入函数

总收入又称总收益,是指产品出售后得到的全部收入,是销售量 Q 与价格 P 的函数,记作 $R(Q)$,即

$$R(Q) = P \cdot Q$$

5. 利润函数

总利润是生产中获得的总收益与投入的总成本之差,平均利润是单位商品所获得的利润.产销平衡时,总利润函数为

$$L(Q) = R(Q) - C(Q)$$

当 $L(Q) > 0$ 时,生产者盈利;当 $L(Q) < 0$ 时,生产者亏损.使 $L(Q) = 0$ 的产量 Q_0 称为盈亏平衡点(或保本点).

1.2 极限

问题导入

引例 1.3 战国时期的庄子在《天下篇》中记载了朋友惠施的一段话"一尺之棰,日取

其半,万世不竭",分析其中蕴含的数学思想.

分析 这段话的意思是:一尺长的木杆,第一天截取一半,第二天截取余下的一半,即 1/4,按照这样的分法取下去,永远分不完.也就是说随着分割的次数增加,杆会越来越短,长度接近于 0,但永远不会等于 0.

把每天截取的量按顺序列出来,如表 1-3 所示.

表 1-3 每天截取量

天数	1	2	3	...	n	...
截取量	$\frac{1}{2}$	$\frac{1}{4}$	$\frac{1}{8}$	...	$\frac{1}{2^n}$	...

当天数无限增大时,截取量 $\frac{1}{2^n}$ 就无限地接近 0,但又永远不等于 0,即万世不竭.

引例 1.4 三国时期的刘徽在"割圆术"中提到"割之弥细,所失弥小,割之又割,以至于不可割,则与圆周合体而无所失矣",分析其中蕴含的数学思想.

分析 刘徽以 1 为半径作圆,将圆周六等分,作圆的内接正六边形,比较接近圆周,然后作圆的内接正十二边形,更接近圆周……如此一直下去,内接正多边形与圆周的差异越来越小,无限接近于圆周.将这些正多边形的周长依次记作 $y_1, y_2, \cdots, y_n, \cdots$,构成数列 $\{y_n\}$.当 n 无限增大时,y_n 就无限接近常数 C(圆的周长),这个常数 C 就是数列的极限.

"截棰问题"隐含了深刻的极限思想,"割圆术"用正多边形来逼近圆周,在数学史上首次将极限与无穷小分割方法引入数学证明,是极限思想的成功运用,成为人类文明史中不朽的篇章.我国古代数学和西方数学风格迥异,为近代数学奠定了发展根基,继而为现代数学研究做出了巨大贡献.

1.2.1 数列的极限

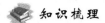

定义 1.3 按照一定顺序排列的一列数 $y_1, y_2, \cdots, y_n, \cdots$ 称为数列,记作 $\{y_n\}$,其中的每一个数称为数列的项,第 n 项 y_n 称为数列的通项.

数列可看作定义域为正整数集合 $\mathbf{N}^+$ 的函数,$y_n = f(n), n \in \mathbf{N}^+$.

定义 1.4 对于数列 $\{y_n\}$,如果当 n 无限增大时,即 n 趋于无穷大时,y_n 无限趋于某一常数 A,则称数列 $\{y_n\}$ 的极限①为 A,记作

$$\lim_{n \to \infty} y_n = A \quad 或 \quad y_n \to A (n \to \infty)$$

称极限存在的数列为收敛的,极限不存在的数列为发散的.

---

① 极限是微积分的基础理论,主要体现了有限和无限的对立统一、近似与精确的对立统一、质和量的对立统一、运动和静止的对立统一等辩证思想.

例如：

(1) 数列 $-1, \dfrac{1}{2}, -\dfrac{1}{3}, \dfrac{1}{4}, \cdots, \dfrac{(-1)^n}{n}, \cdots$ 是收敛的，因为 $\lim\limits_{n\to\infty}\dfrac{(-1)^n}{n}=0$.

(2) 数列 $2, \dfrac{3}{2}, \dfrac{4}{3}, \dfrac{5}{4}, \cdots, \dfrac{n+1}{n}, \cdots$ 是收敛的，因为 $\lim\limits_{n\to\infty}\dfrac{n+1}{n}=1$.

(3) 数列 $1, 4, 9, 16, \cdots, n^2, \cdots$ 是发散的，因为 $\lim\limits_{n\to\infty} n^2$ 不存在.

(4) 数列 $-1, 1, -1, 1, \cdots, (-1)^n, \cdots$ 是发散的，因为 $\lim\limits_{n\to\infty}(-1)^n$ 不存在.

上面例子中，(1)和(2)是收敛的，原因是 $\lim\limits_{n\to\infty}\dfrac{(-1)^n}{n}=0$，$\lim\limits_{n\to\infty}\dfrac{n+1}{n}=1$；(3)和(4)没有极限，是发散的.

1.2.2 函数的极限

1. $x\to\infty$ 时的极限

定义 1.5 当 x 无限增大时，函数 $f(x)$ 无限趋于确定的常数 A，则称当 $x\to+\infty$ 时，函数 $f(x)$ 的极限是 A. 记作

$$\lim_{x\to+\infty} f(x)=A \quad \text{或} \quad f(x)\to A\,(x\to+\infty)$$

例如，当 x 无限增大时，函数 $f(x)=1+\dfrac{1}{x}$ 无限趋于 1，即 $\lim\limits_{x\to+\infty}\left(1+\dfrac{1}{x}\right)=1$，如图 1-1 所示.

定义 1.6 当 x 无限减小而绝对值无限增大时，函数 $f(x)$ 无限趋于确定的常数 A，则称当 $x\to-\infty$ 时，函数 $f(x)$ 的极限是 A. 记作

$$\lim_{x\to-\infty} f(x)=A \quad \text{或} \quad f(x)\to A\,(x\to-\infty)$$

例如，$\lim\limits_{x\to-\infty}\left(1+\dfrac{1}{x}\right)=1$，如图 1-1 所示.

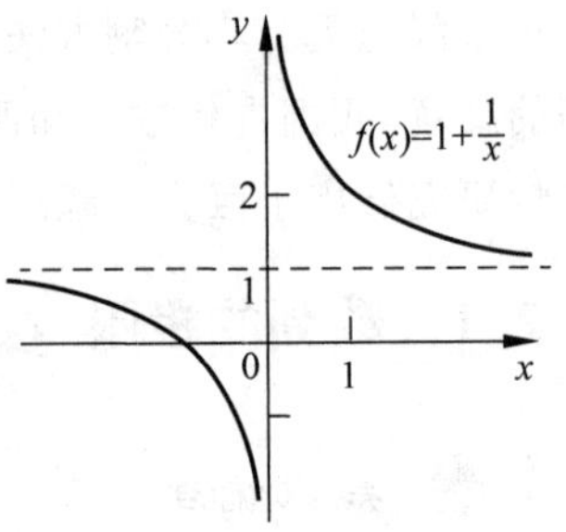

定义 1.7 当 x 的绝对值无限增大时，函数 $f(x)$ 无限趋于确定的常数 A，则称当 $x\to\infty$ 时，函数 $f(x)$ 的极限是 A. 记作

$$\lim_{x\to\infty} f(x)=A \quad \text{或} \quad f(x)\to A\,(x\to\infty)$$

图 1-1

例如，$\lim\limits_{x\to\infty}\left(1+\dfrac{1}{x}\right)=1$，如图 1-1 所示.

典型例解

例 1.4 $\lim\limits_{x\to\infty}\dfrac{1}{2x+1}=0$，$\lim\limits_{x\to-\infty}(2^x-1)=-1$，$\lim\limits_{x\to+\infty}e^x=+\infty$，$\lim\limits_{x\to\infty}(x^2-1)=+\infty$.

2. $x \to x_0$ 时的极限

知识梳理

定义 1.8 当 x 从 x_0 的左侧无限趋于 x_0 时,函数 $f(x)$ 无限趋于确定的常数 A,则称当 $x \to x_0^-$ 时,函数 $f(x)$ 的左极限是 A.记作

$$\lim_{x \to x_0^-} f(x) = A \quad 或 \quad f(x) \to A(x \to x_0^-)$$

定义 1.9 当 x 从 x_0 的右侧无限趋于 x_0 时,函数 $f(x)$ 无限趋于确定的常数 A,则称当 $x \to x_0^+$ 时,函数 $f(x)$ 的右极限是 A.记作

$$\lim_{x \to x_0^+} f(x) = A \quad 或 \quad f(x) \to A(x \to x_0^+)$$

定义 1.10 当 x 无限趋于 x_0 时,函数 $f(x)$ 无限趋于确定的常数 A,则称当 $x \to x_0$ 时,函数 $f(x)$ 的极限是 A.记作

$$\lim_{x \to x_0} f(x) = A \quad 或 \quad f(x) \to A(x \to x_0)$$

定理 1.1 $\lim\limits_{x \to x_0} f(x) = A$ 的充要条件是 $\lim\limits_{x \to x_0^-} f(x) = \lim\limits_{x \to x_0^+} f(x) = A$;
$\lim\limits_{x \to \infty} f(x) = A$ 的充要条件是 $\lim\limits_{x \to -\infty} f(x) = \lim\limits_{x \to +\infty} f(x) = A$.

典型例解

例 1.5 (1) 设函数 $f(x) = \begin{cases} 1+\sin x, & x \leqslant 0 \\ x+1, & x > 0 \end{cases}$,求 $\lim\limits_{x \to 0} f(x)$.

(2) $f(x) = \begin{cases} x-1, & x < 0 \\ x^2+1, & x \geqslant 0 \end{cases}$,求 $\lim\limits_{x \to 0} f(x)$.

解 (1) $\lim\limits_{x \to 0^-} f(x) = \lim\limits_{x \to 0^-} (1+\sin x) = 1$, $\lim\limits_{x \to 0^+} f(x) = \lim\limits_{x \to 0^+} (x+1) = 1$,
所以当 $x \to 0$ 时,$f(x)$ 的左、右极限存在且相等,故 $\lim\limits_{x \to 0} f(x) = 1$.

(2) $\lim\limits_{x \to 0^-} f(x) = \lim\limits_{x \to 0^-} (x-1) = -1$, $\lim\limits_{x \to 0^+} f(x) = \lim\limits_{x \to 0^+} (x^2+1) = 1$,
所以当 $x \to 0$ 时,$f(x)$ 的左、右极限不相等,故 $\lim\limits_{x \to 0} f(x)$ 不存在,如图 1-2 所示.

例 1.6 $f(x) = \dfrac{x^2-1}{x+1}$,求 $\lim\limits_{x \to -1} f(x)$.

解 $\lim\limits_{x \to -1} f(x) = \lim\limits_{x \to -1} \dfrac{x^2-1}{x+1} = \lim\limits_{x \to -1} (x-1) = -2$,如图 1-3 所示.

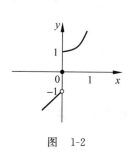

图 1-2

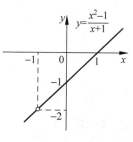

图 1-3

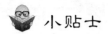

(1) 函数在某点的极限存在与否与函数在该点有无定义没有关系.

(2) $\lim\limits_{x\to\infty}(x^2-1)=+\infty$ 只是一种记号,当 $x\to\infty$ 时,函数 $f(x)=x^2-1$ 是发散的.

3. 极限的性质

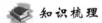

定理 1.2 (唯一性)如果 $\lim\limits_{x\to x_0}f(x)$ 存在,则极限唯一.

定理 1.3 (夹逼定理)若在点 x_0 的某空心邻域内有 $h(x)\leqslant f(x)\leqslant g(x)$,且 $\lim\limits_{x\to x_0}h(x)=\lim\limits_{x\to x_0}g(x)=A$,则 $\lim\limits_{x\to x_0}f(x)=A$.

4. 极限的四则运算

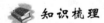

定理 1.4 设在某变化过程中 $\lim f(x)=A$,$\lim g(x)=B$,A,B 为常数,则:

(1) $\lim[f(x)\pm g(x)]=\lim f(x)\pm\lim g(x)=A\pm B$;

(2) $\lim[f(x)\cdot g(x)]=\lim f(x)\cdot\lim g(x)=A\cdot B$;

(3) 当 $B\neq 0$ 时,$\lim\dfrac{f(x)}{g(x)}=\dfrac{\lim f(x)}{\lim g(x)}=\dfrac{A}{B}$.

推论 1.1 设在某变化过程中 $\lim f(x)=A$,k 为常数,n 为正整数,则:

(1) $\lim[kf(x)]=k\lim f(x)=kA$;

(2) $\lim[f(x)]^n=[\lim f(x)]^n=A^n$.

典型例解

例 1.7 计算 $\lim\limits_{x\to 1}\dfrac{x^2+3x+5}{x+2}$.

解 当 $x\to 1$ 时,分母 $x+2$ 的极限不为 0,所以

$$\lim_{x\to 1}\frac{x^2+3x+5}{x+2}=\frac{\lim\limits_{x\to 1}(x^2+3x+5)}{\lim\limits_{x\to 1}(x+2)}=\frac{(\lim\limits_{x\to 1}x)^2+3\lim\limits_{x\to 1}x+\lim\limits_{x\to 1}5}{\lim\limits_{x\to 1}x+\lim\limits_{x\to 1}2}$$

$$=\frac{1^2+3\times 1+5}{1+2}=3$$

例 1.8 计算 $\lim\limits_{x\to 2}\dfrac{x^2+x-6}{x^2-x-2}$.

解 分子、分母的极限均为零,不能直接用商的运算法则,可先因式分解消去零因子,

再计算极限.

$$\lim_{x\to 2}\frac{x^2+x-6}{x^2-x-2}=\lim_{x\to 2}\frac{(x+3)(x-2)}{(x-2)(x+1)}=\lim_{x\to 2}\frac{x+3}{x+1}=\lim_{x\to 2}\frac{x+3}{x+1}=\frac{2+3}{2+1}=\frac{5}{3}$$

例 1.9 计算 $\lim\limits_{x\to\infty}\dfrac{4x^3+2x+3}{2x^3-5x^2-7}$.

解 分子、分母的极限均为∞,不能直接用商的运算法则,可先对分子、分母同除以 x^3,再求极限.

$$\lim_{x\to\infty}\frac{4x^3+2x+3}{2x^3-5x^2-7}=\lim_{x\to\infty}\frac{4+\dfrac{2}{x^2}+\dfrac{3}{x^3}}{2-\dfrac{5}{x}-\dfrac{7}{x^3}}=\frac{4+0+0}{2-0-0}=2$$

小贴士

一般来说,$a_0\neq 0, b_0\neq 0, m、n$ 为非负整数时,有

$$\lim_{x\to\infty}\frac{a_0 x^m+a_1 x^{m-1}+\cdots+a_m}{b_0 x^n+b_1 x^{n-1}+\cdots+b_n}=\begin{cases}0, & m<n\\ \dfrac{a_0}{b_0}, & m=n\\ \infty, & m>n\end{cases}$$

例 1.10 计算 $\lim\limits_{x\to 1}\left(\dfrac{1}{x-1}-\dfrac{2}{x^2-1}\right)$.

解 $\dfrac{1}{x-1}$ 和 $\dfrac{2}{x^2-1}$ 的极限均为∞,不能直接用差的运算法则,可先通分,再求极限.

$$\lim_{x\to 1}\left(\frac{1}{x-1}-\frac{2}{x^2-1}\right)=\lim_{x\to 1}\frac{x-1}{x^2-1}=\lim_{x\to 1}\frac{1}{x+1}=\frac{1}{2}$$

1.2.3 无穷小量与无穷大量

知识梳理

定义 1.11 如果自变量 x 在某个变化过程中,函数 $f(x)$ 的极限是 0,则称在这个变化过程中,$f(x)$ 为无穷小量,简称无穷小.

例如,$\lim\limits_{x\to 1}(x-1)^2=0$,所以,当 $x\to 1$ 时,$f(x)=(x-1)^2$ 是无穷小量.

无穷小量的性质:

(1) 有限个无穷小量的和与差仍是无穷小量;

(2) 有限个无穷小量的积仍是无穷小量;

(3) 无穷小量与有界函数的积仍是无穷小量.

定义 1.12 如果自变量 x 在某个变化过程中,函数 $f(x)$ 的绝对值可以无限地增大,

则称在该变化过程中,$f(x)$为无穷大量,简称无穷大,记作
$$\lim f(x)=\infty.$$

例如,$\lim\limits_{x\to 0}\dfrac{1}{x}=\infty$,所以,当 $x\to 0$ 时,$f(x)=\dfrac{1}{x}$ 是无穷大量.

定理 1.5 在自变量 x 的同一变化过程中,如果 $f(x)$ 为无穷大量,则 $\dfrac{1}{f(x)}$ 为无穷小量;反之,如果 $f(x)$ 为无穷小量,且 $f(x)\neq 0$,则 $\dfrac{1}{f(x)}$ 为无穷大量.

典型例解

例 1.11 求 $\lim\limits_{x\to\infty}\dfrac{\sin x}{x}$.

解 $\sin x$ 是有界函数,$\lim\limits_{x\to\infty}\dfrac{1}{x}=0$,所以,由无穷小量的性质(3)可得 $\lim\limits_{x\to\infty}\dfrac{\sin x}{x}=0$.

例 1.12 计算 $\lim\limits_{x\to -2}\dfrac{2x+3}{x^2-x-6}$.

解 $\lim\limits_{x\to -2}(x^2-x-6)=0$,商的运算法则不能用.

因为
$$\lim_{x\to -2}\dfrac{x^2-x-6}{2x+3}=\dfrac{0}{-1}=0$$

所以,由定理 1.5 可得
$$\lim_{x\to -2}\dfrac{2x+3}{x^2-x-6}=\infty$$

1.2.4 无穷小量的阶

知识梳理

当 $x\to 0$ 时,x 与 x^3 都是无穷小量,但它们趋于零的速度显然不同,无穷小量的阶就是用来描述无穷小量趋于零的快慢程度的.

定义 1.13 设在某变化过程中,α 和 β 都为无穷小,即 $\lim\alpha=0$,$\lim\beta=0$.

(1) 若 $\lim\dfrac{\alpha}{\beta}=0$,则称 α 是比 β 高阶的无穷小量;

(2) 若 $\lim\dfrac{\alpha}{\beta}=\infty$,则称 α 是比 β 低阶的无穷小量;

(3) 若 $\lim\dfrac{\alpha}{\beta}=c$($c$ 为不等于 0 的常数),则称 α 和 β 是同阶的无穷小量.

特别地,若 $\lim\dfrac{\alpha}{\beta}=1$,则称 α 和 β 是等价的无穷小量,记作
$$\alpha\sim\beta.$$

例如,$\lim\limits_{x\to 0}\dfrac{x^2}{x}=0$,$x^2$是比$x$高阶的无穷小量,说明$x^2$比$x$趋于零的速度要快.

1.2.5 两个重要极限

知识梳理

1. 重要极限 I

$$\lim_{x\to 0}\dfrac{\sin x}{x}=1$$

函数$y=\dfrac{\sin x}{x}$在$x=0$的邻近的变化趋势如图1-4所示.

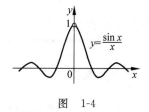

图 1-4

小贴士

重要极限 I 属于$\dfrac{0}{0}$型未定式,可以推广到$\lim\limits_{\phi(x)\to 0}\dfrac{\sin\phi(x)}{\phi(x)}=1$.

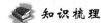 **典型例解**

例 1.13 计算$\lim\limits_{x\to 0}\dfrac{\sin 2x}{3x}$.

解 $\lim\limits_{x\to 0}\dfrac{\sin 2x}{3x}=\lim\limits_{x\to 0}\dfrac{\sin 2x}{2x}\cdot\dfrac{2}{3}=\dfrac{2}{3}\lim\limits_{x\to 0}\dfrac{\sin 2x}{2x}=\dfrac{2}{3}\times 1=\dfrac{2}{3}$

例 1.14 计算$\lim\limits_{x\to 0}\dfrac{\sin 3x}{\sin x}$.

解 $\lim\limits_{x\to 0}\dfrac{\sin 3x}{\sin x}=\lim\limits_{x\to 0}\dfrac{\dfrac{\sin 3x}{3x}}{\dfrac{\sin x}{x}}\cdot 3=3\lim\limits_{x\to 0}\dfrac{\dfrac{\sin 3x}{3x}}{\dfrac{\sin x}{x}}=3\times\dfrac{1}{1}=3$

2. 重要极限 II

知识梳理

$$\lim_{x\to\infty}\left(1+\dfrac{1}{x}\right)^x=e \quad \text{或} \quad \lim_{x\to 0}(1+x)^{\frac{1}{x}}=e$$

极限数 e 是与 π 一样重要的一个无理数,称为自然对数的底数,以 e 为底的对数 $\log_e x$ 记作 $\ln x$,称为自然对数,e≈2.718 28.

函数 $y=(1+x)^{\frac{1}{x}}$ 在 $x=0$ 的邻近的变化趋势如图1-5所示.

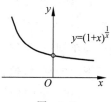

图 1-5

小贴士

重要极限Ⅱ为 1^∞ 型未定式，可以推广到 $\lim\limits_{\phi(x)\to\infty}\left[1+\dfrac{1}{\phi(x)}\right]^{\phi(x)}=e$ 或 $\lim\limits_{\phi(x)\to 0}[1+\phi(x)]^{\frac{1}{\phi(x)}}=e$.

典型例解

例 1.15 计算 $\lim\limits_{x\to\infty}\left(1-\dfrac{1}{x}\right)^{2x}$.

解 $\lim\limits_{x\to\infty}\left(1-\dfrac{1}{x}\right)^{2x}=\lim\limits_{x\to\infty}\left[\left(1+\dfrac{1}{-x}\right)^{-x}\right]^{-2}=\left[\lim\limits_{x\to\infty}\left(1+\dfrac{1}{-x}\right)^{-x}\right]^{-2}=e^{-2}=\dfrac{1}{e^2}$.

例 1.16 计算 $\lim\limits_{x\to 0}(1+3x)^{\frac{1}{x}+2}$.

解 $\lim\limits_{x\to 0}(1+3x)^{\frac{1}{x}+2}=\lim\limits_{x\to 0}\left[(1+3x)^{\frac{1}{3x}}\right]^3(1+3x)^2=e^3\cdot(1+0)^2=e^3$.

1.3 利用极限进行复利与贴现分析

问题导入

引例 1.5 存钱、贷款、还款与我们的生活息息相关，这些活动中，利息计算是我们经常关注的问题。比如，有一笔贷款 A_0，年利率为 r，则 t 年后的本利和是多少？如果一年分 n 期计息，本利和是多少？如果计息数 $n\to\infty$ 时，即每时每刻都在计算利息，本利和是多少？

1.3.1 复利分析

知识梳理

货币所有者因贷出货币从借款者处得到的报酬称为利息。利息以"期"为单位进行结算，期一般为年或月。一期内利息总额与贷款额（又称本金）之比称为利率，通常利率用百分数表示。在贷款的全部期限内，结算利息，都只用初始本金按规定利率计算，这种计息方法称为单利。在结算利息时，如果将每期的利息于该期末加入该期的本金，作为新的本金计算下期的利息，这种计息方法称为复利，俗称"利滚利"。

若以年为 1 期计算利息，1 年末的本利和为
$$A_1=A_0+A_0 r=A_0(1+r)$$
2 年末的本利和为
$$A_2=A_0(1+r)+A_0(1+r)r=A_0(1+r)^2$$

以此类推，t 年末的本利和为
$$A_t = A_0(1+r)^{t-1} + A_0(1+r)^{t-1}r = A_0(1+r)^t$$
即
$$A_t = A_0(1+r)^t \tag{1-1}$$

若把一年均分成 n 期计息，则每期利率为 $\dfrac{r}{n}$，1 年后的本利和为
$$A_1 = A_0\left(1+\dfrac{r}{n}\right)^n$$

t 年末的本利和为
$$A_t = A_0\left(1+\dfrac{r}{n}\right)^{nt} \tag{1-2}$$

式(1-1)与式(1-2)是按离散情况计息的，"期"是固定的时间间隔，计息次数 n 有限，推得的计算 t 年末的本利和 A_t 的复利公式．

如果将计息的"期"的时间间隔无限缩短，期数无限地增大（$n\to\infty$），即每时每刻计算复利，这种计息方法称为连续复利．

若以连续复利计算利息，则 t 年末的本利和为
$$\lim_{n\to\infty} A_0\left(1+\dfrac{r}{n}\right)^{nt} = A_0\left[\lim_{n\to\infty}\left(1+\dfrac{r}{n}\right)^{\frac{n}{r}}\right]^{rt} = A_0 e^{rt}$$

连续复利计息的复利公式为
$$A_t = A_0 e^{rt}$$

典型例解

案例 1.2 现有本金 10 000 元，年利率为 3%，按照单利、一年 1 期、一年 4 期和连续复利 4 种计息方式，计算 10 年后的本利和．

解 按单利计算，10 年末的本利和：
$$A_t = 10\,000 + 10\,000 \times 0.03 \times 10 = 13\,000(元)$$
按一年 1 期的复利计算，10 年末的本利和：
$$A_t = 10\,000 \times (1+0.03)^{10} = 13\,439.16(元)$$
按一年 4 期复利计算，10 年末的本利和：
$$A_t = 10\,000 \times \left(1+\dfrac{0.03}{4}\right)^{4\times 10} = 13\,483.49(元)$$
按连续复利计算，10 年末的本利和：
$$A_t = 10\,000 \times e^{0.03\times 10} = 13\,498.59(元)$$

1.3.2 贴现分析

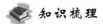

通过复利分析，我们知道，如本金为 A_0，年利率为 r，t 年末的本利和为 A_t，以年为期

的复利公式是 $A_t = A_0(1+r)^t$，一年均分为 n 期的复利公式是 $A_t = A_0\left(1+\dfrac{r}{n}\right)^{nt}$，连续复利公式是 $A_t = A_0 e^{rt}$．

由现在值 A_0 求未来值 A_t 是复利问题，反之，由未来值 A_t 求现在值 A_0，则称贴现问题，利率 r 称为贴现率．

由复利公式推得：离散的贴现公式为

$$A_0 = A_t(1+r)^{-t}$$

$$A_0 = A_t\left(1+\dfrac{r}{n}\right)^{-nt}$$

连续的贴现公式为

$$A_0 = A_t e^{-rt}$$

小贴士

在经济学中，函数 $A_t = A_0 e^{rt}$ 应用广泛，如国民收入、人口、劳动力、企业投资、固定资产折旧等变量都是时间 t 的函数，若这些变量在一个较长时间内以常数比率 r 增长，都可以用此公式来描述．r 一般解释为在任意时刻点 t 的增长率，当 r 取负值时，增长率为负增长率，这时，也称 r 为衰减率．贴现问题、折旧问题都是负增长．

典型例解

案例 1.3 设年利率为 5.2%，按连续复利计算，现投资多少元，15 年末可以得到 1 600 元？

解 贴现率 $r = 0.052$，未来值 $A_t = 1\,600$，$t = 15$．所以，现在值为

$$A_0 = A_t e^{-rt} = 1\,600 \cdot e^{-0.052 \times 15} \approx 1\,600 \times 2.718\,28^{-0.78} \approx 733.45(元)$$

案例 1.4 某国现有劳动力 2 000 万人，预计在今后的 50 年内劳动力每年增长 2%，问 50 年后将有多少劳动力？

解 现在值 $A_0 = 2\,000$，$r = 0.02$，$t = 50$，所以，50 年后将有劳动力

$$A_{50} = 2\,000 e^{0.02 \times 50} = 2\,000 \times 2.718\,28 = 5\,436.56(万人)$$

案例 1.5 某机械设备原价值为 2 400 万元，折旧率为每年 5%，问连续折旧多少年，其价值是 800 万元？

解 原价值 $A_0 = 2\,400$，t 年后的价值 $A_t = 800$，$r = -0.05$．所以 $800 = 2\,400 e^{-0.05t}$，解得 $t = 20\ln 3 \approx 20 \times 1.098\,6 \approx 21.97(年)$，即为所求．

1.4 函数的连续性

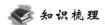 问题导入

客观世界中很多变量发生着连续不断的变化,例如,气温随时间变化不断地变化,运动物体的路程是随时间变化而连续变化,这些现象反映在数学中就是函数的连续性,它反映了变量逐渐变化的过程. 连续是微积分学的又一重要概念.

1.4.1 函数的连续性概述

知识梳理

为了便于研究,对于函数 $y=f(x)$,将自变量 x 在点 x_0 处的改变量记作 Δx,即 $\Delta x = x - x_0$,将函数 y 的改变量记作 Δy,即

$$\Delta y = f(x_0 + \Delta x) - f(x_0) = f(x) - f(x_0)$$

定义 1.14 设函数 $y=f(x)$ 在点 x_0 的某邻域内有定义,如果当自变量 x 在点 x_0 处的改变量 Δx 趋于 0 时,函数的改变量 Δy 也趋于 0,即 $\lim\limits_{\Delta x \to 0} \Delta y = 0$,则称函数 $y=f(x)$ 在点 x_0 处连续.

由于 $\Delta x = x - x_0$,由 $\Delta x \to 0$ 可得出 $x \to x_0$.

由于 $\Delta y = f(x) - f(x_0)$,由 $\Delta y \to 0$ 可得出 $f(x) \to f(x_0)$.

因此,函数的连续性又可如下定义.

定义 1.15 设函数 $y=f(x)$ 在点 x_0 的某邻域内有定义,如果 $x \to x_0$ 时,函数 $f(x)$ 的极限存在,且 $\lim\limits_{x \to x_0} f(x) = f(x_0)$,则称函数 $y=f(x)$ 在点 x_0 处连续.

如果 $\lim\limits_{x \to x_0^-} f(x) = f(x_0)$,则称函数 $y=f(x)$ 在点 x_0 处左连续.

如果 $\lim\limits_{x \to x_0^+} f(x) = f(x_0)$,则称函数 $y=f(x)$ 在点 x_0 处右连续.

如果 $y=f(x)$ 在开区间 (a,b) 内的任一点连续,则称 $y=f(x)$ 在 (a,b) 内连续.

如果 $y=f(x)$ 在 (a,b) 内连续,且在 a 处右连续,在 b 处左连续,则称 $y=f(x)$ 在闭区间 $[a,b]$ 内连续.

 小贴士

函数 $y=f(x)$ 在点 x_0 处连续必须同时满足三个条件:

(1) 函数 $f(x)$ 在 x_0 处有定义;

(2) $\lim\limits_{x \to x_0} f(x)$ 存在;

(3) $\lim\limits_{x \to x_0} f(x) = f(x_0)$.

典型例解

例 1.17 设函数 $f(x)=\begin{cases} x^2+3a, & x\leqslant 0 \\ \dfrac{\sin 3x}{x}, & x>0 \end{cases}$ 在 $x=0$ 处连续,求常数 a 的值.

解 因为 $f(x)$ 在 $x=0$ 处连续,则
$$\lim_{x\to 0^+} f(x) = f(0)$$
又
$$f(0)=0^2+3a=3a, \quad \lim_{x\to 0^+} f(x)=\lim_{x\to 0^+}\frac{\sin 3x}{x}=3\lim_{x\to 0^+}\frac{\sin 3x}{3x}=3$$

因此有 $3a=3$,解得 $a=1$.

1.4.2 函数的间断点

知识梳理

定义 1.16 若函数 $f(x)$ 在点 x_0 处不连续,则称 $f(x)$ 在点 x_0 处间断,x_0 称为 $f(x)$ 的间断点.

若存在下列情形之一,则 x_0 为函数 $f(x)$ 的间断点:

(1) $f(x)$ 在点 x_0 处无定义;

(2) 极限 $\lim\limits_{x\to x_0} f(x)$ 不存在;

(3) $f(x)$ 在点 x_0 处有定义,且 $\lim\limits_{x\to x_0} f(x)$ 存在,但 $\lim\limits_{x\to x_0} f(x)\neq f(x_0)$.

几何意义:函数 $y=f(x)$ 在点 x_0 处连续,就是其图像在点 x_0 处不断开,如图 1-6 所示;函数在点 x_0 处不连续,则函数的图像在点 x_0 处断开,如图 1-7 所示.

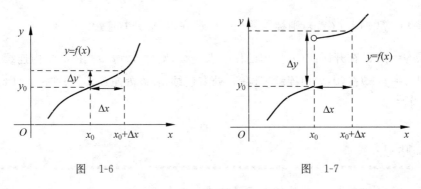

图 1-6　　　　　　　　图 1-7

典型例解

例 1.18 求函数 $f(x)=\dfrac{x-1}{x^2+3x+2}$ 的间断点.

解 函数 $f(x)$ 为分式,分母为 0 时无意义.由 $x^2+3x+2=0$ 得 $x_1=-1, x_2=-2$,所以函数 $f(x)$ 的间断点为 $x_1=-1, x_2=-2$.

例 1.19 讨论函数 $f(x)=\begin{cases} 5^x, & x\leqslant 0 \\ x-1, & x>0 \end{cases}$ 在点 $x=0$ 处的连续性.

解 由 $f(0)=5^0=1$,可得
$$\lim_{x\to 0^+}f(x)=\lim_{x\to 0^+}(x-1)=0-1=-1$$
因此
$$\lim_{x\to 0^+}f(x)\neq f(0)$$

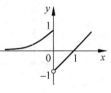

图 1-8

可知 $f(x)$ 在 $x=0$ 处间断,即 $x=0$ 是 $f(x)$ 的间断点,如图 1-8 所示.

1.4.3 函数连续的性质

知识梳理

定理 1.6 (函数四则运算的连续性)若函数 $f(x)$、$g(x)$ 在点 x_0 处均连续,则有:
(1) $f(x)\pm g(x)$ 在点 x_0 处连续;
(2) $f(x)\cdot g(x)$ 在点 x_0 处连续;
(3) 如果 $g(x)\neq 0$,则 $\dfrac{f(x)}{g(x)}$ 在点 x_0 处连续.

定理 1.7 (复合函数的连续性)若函数 $u=u(x)$ 在点 x_0 处连续,$u_0=u(x_0)$;函数 $y=f(u)$ 在点 u_0 处连续,则复合函数 $y=f[u(x)]$ 在点 x_0 处连续.

定理 1.8 (初等函数的连续性)初等函数在其定义区间内都连续.

函数的连续性提供了一个求极限的方法,若函数 $y=f(x)$ 在点 x_0 处连续,那么有 $\lim\limits_{x\to x_0}f(x)=f(x_0)$,即极限值就等于该点的函数值.

典型例解

例 1.20 求极限 $\lim\limits_{x\to 2}\dfrac{\cos(x+1)}{x-1}$.

解 因为 $\dfrac{\cos(x+1)}{x-1}$ 为初等函数,且 $x=2$ 在其定义区间内,所以
$$\lim_{x\to 2}\dfrac{\cos(x+1)}{x-1}=\dfrac{\cos(2+1)}{2-1}=\cos 3$$

1.4.4 闭区间上连续函数的性质

知识梳理

定理 1.9 (最值定理)如果函数 $f(x)$ 在闭区间 $[a,b]$ 上连续,则它在 $[a,b]$ 上有最大值和最小值(见图 1-9).

定理 1.10 (有界定理)如果函数 $f(x)$ 在闭区间 $[a,b]$ 上连续,则 $f(x)$ 在 $[a,b]$ 上有界(见图 1-10).

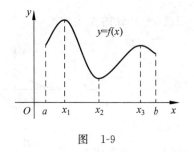
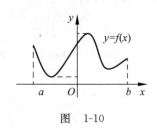

图 1-9　　　　　　　　　　　图 1-10

定理 1.11　（介值定理）如果函数 $f(x)$ 在闭区间 $[a,b]$ 上连续，且其最小值和最大值分别为 m 和 M，则对介于 m 和 M 之间的任意实数 c，至少存在一点 $\xi\in(a,b)$，使 $f(\xi)=c$（见图 1-11）.

定理 1.12　（零点定理）如果函数 $f(x)$ 在闭区间 $[a,b]$ 上连续，且 $f(a)$ 与 $f(b)$ 异号，则至少存在一个点 $\xi\in(0,1)$，使 $f(\xi)=0$（见图 1-12）.

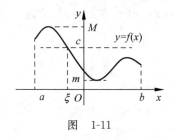
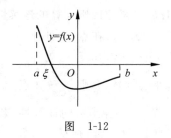

图 1-11　　　　　　　　　　　图 1-12

典型例解

例 1.21　分析方程 $x^3-5x^2+3=0$ 在区间 $(0,1)$ 内是否有实根.

解　令函数 $f(x)=x^3-5x^2+3$，则 $f(x)$ 在闭区间 $[0,1]$ 上连续，且有

$$f(0)=3>0,\quad f(1)=-1<0$$

由零点定理可知，至少存在一点 $\xi\in(0,1)$，使 $f(\xi)=0$，故方程 $x^3-5x^2+3=0$ 在区间 $(0,1)$ 内至少存在一个实根.

1.5　利用 MATLAB 计算极限

问题导入

如何利用 MATLAB 数学软件计算函数值？如何解方程？如何绘制基本图形？

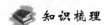

1.5.1　MATLAB 软件简介

1. MATLAB 软件介绍

MATLAB 的含义是矩阵实验室（matrix laboratory），是美国 MathWork 公司于

1982 年推出的一套高性能的数值计算和可视化软件,界面友好、使用方便. 现已成为国际公认的最优秀的工程应用开发环境之一.

MATLAB 是一种强大的数学计算、处理和分析的工具,主要特点是数值计算、符号计算、图形显示、MATLAB 编程、应用工具箱,广泛应用于工程计算及数值分析等各个领域.

2. MATLAB 的启动

系统安装以后,在 Window 2000/XP 中,单击"开始→程序→MATLAB7"菜单命令,即可进入 MATLAB 系统,或可双击桌面上 MATLAB7 图标,也可进入系统,其主界面如图 1-13 所示.

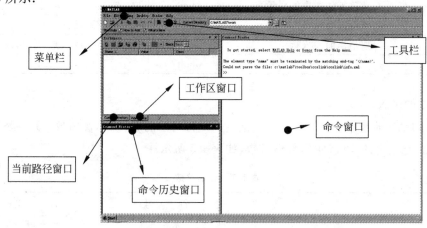

图 1-13　MATLAB 主界面

默认情况下,主界面中有四个窗口,其中最重要的是 MATLAB 命令窗口,用于执行所有 MATLAB 命令,并显示运行结果.

在 MATLAB 命令窗口中,">>"是其运算提示符,表示 MATLAB 处于准备状态,用户可以输入命令,单击 Enter 键即可执行,并显示运行结果. 若程序不符合要求,将会出现错误提示信息. 如在">>"提示符下输入:

>>(3 + 5)/2

结果会显示为:

ans
　= 4

 小贴士

ans 是 MATLAB 的一个预定义变量,用于临时保存计算结果.

1.5.2 常用命令与基本操作

1. 常用命令

MATLAB 中的常用命令如表 1-4 所示,更多命令可通过 MATLAB 的 help 命令获得.

表 1-4 常用命令

命令	功能	命令	功能
clc	清空命令窗口	dir	显示当前目录下文件
clear	清除工作区中的变量	type	显示文件内容
clf	清除图形窗口	hold	图形保持命令
esc	取消当前输入行	cd	显示或改变工作目录
echo	命令窗口信息显示开关	quit	退出 MATLAB

2. 数的输入

MATLAB 的数据分为两类:一类是我们平常写出的数,叫作普通数;另一类是系统的内部数,有固定的写法,叫作数学常数,如表 1-5 所示.

表 1-5 数学常数

符号	含义	符号	含义
Pi	圆周率	i 或 j	虚数单位
exp(1)	自然对数的底数 e	Inf 或 inf	无穷大

3. 基本运算符

MATLAB 中的基本运算符如表 1-6 所示,运算的优先级顺序与数学运算的优先级顺序完全相同. 表格中最后四种数组运算称为 MATLAB 中的点运算. 运算方法是它们对应元素直接运算. 如:A=[1 2 3],则 A.^2=[2 4 6]. 点运算在 MATLAB 中应用非常广泛.

表 1-6 基本运算符

符号	功能	实例	符号	功能	实例
+	加法	3+4=7	^	(矩阵)乘方	2^3=8
−	减法	3−5=−2	.*	数组乘法	
*	(矩阵)乘法	3*6=18	./	数组右除	
/	(矩阵)右除	3/5=0.6000	.\	数组左除	
\	(矩阵)左除	3\5=1.6667	.^	数组乘方	

4. 基本初等函数

MATLAB 提供了一系列的函数支持基本的数学运算,这些函数中的大多数调用格式与平时的书写习惯一致,可以方便用户记忆和调用. 常用基本初等函数如表 1-7 所示.

表 1-7 基本初等函数

函数名称	符号	说明
指数函数	exp(x)	以 e 为底数的幂，即 e^x
对数函数	log(x)	自然对数，即以 e 为底数的对数，即 $\ln x$
	log10(x)	常用对数，即以 10 为底数的对数，即 $\lg x$
	log2(x)	以 2 为底数的 x 的对数，即 $\log_2 x$
开方函数	sqrt(x)	表示 x 的算术平方根，即 $\sqrt{x}$
绝对值函数	abs(x)	表示实数的绝对值，即 $|x|$
三角函数	sin(x)	正弦函数，即 $\sin x$
	cos(x)	余弦函数，即 $\cos x$
	tan(x)	正切函数，即 $\tan x$
	cot(x)	余切函数，即 $\cot x$
反三角函数	asin(x)	反正弦函数，即 $\arcsin x$
	acos(x)	反余弦函数，即 $\arccos x$
	atan(x)	反正切函数，即 $\arctan x$
	acot(x)	反余切函数，即 $\text{arccot } x$

5. 变量、函数值、解方程

在 MATLAB 中，函数中的自变量一般都要通过 syms 命令先定义，再使用；函数表达式是通过变量赋值形式来实现的，例如 $f(x)=x^2+e^x-|x|$ 对应的函数表达式为 f=x^2+exp(x)−abs(x)；求函数值的方法是通过符号替换命令 subs 解决的；而解代数方程是用 solve 命令来实现的. 命令格式如表 1-8 所示.

表 1-8 常用命令

命令格式	功能
syms x1 x2 ⋯xn	创建符号变量 x1,x2,⋯,xn
subs(s,old,new)	用 new 值替换 s 函数表达式中的变量 old 值
solve(f(x),x)	求解代数方程 $f(x)=0$ 的根

典型例解

例 1.22 $f(x)=\dfrac{1+\sqrt{5x}}{3}$，求 $f(5)$.

解 在 MATLAB 中代码如下：

```
>> syms x;                  % 定义一个变量 x
>> f = (1 + sqrt(5 * x))/3;
>> f = subs(f,x,5)          % 求函数值 f(5)
f = 2                       % 执行结果：f(5) = 2
```

例 1.23 解代数方程：$x^2+2x-3=0$.

解 命令代码：

```
>> syms x;
>> solve(x^2-2*x-3)
ans =[1]
    [-3]
```

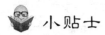
小贴士

(1) MATLAB 中的变量都是以英文字母开头的字符(或字符串)，变量名中不能包含空格和标点符号，变量名区分大小写.

(2) 当某个变量 x 无用时，可用 clear x(见表 1-4)加以清除，以免影响后面的计算结果.

(3) 每条语句之后没有分号";"，表示显示运行结果；若有分号";"，表示取消运行结果的显示.

(4) 百分号"%"，表示其后文本为注释语句，不参加系统编译运算.

1.5.3 MATLAB 的绘图

使用 MATLAB 的绘图命令，可以根据数据(或函数)在计算机屏幕上绘制出对应的图形，便于可视化计算，常用的绘图命令如表 1-9 所示.

表 1-9 绘图命令及功能

命令格式	功 能
plot(x,y,'s')	绘制二维线性图形及两个坐标轴
plot3(x,y,z,'s')	绘制三维线性图形及三个坐标轴
mesh(x,y,z)	绘制三维网格图
surf(z)	绘制三维曲面图

上述命令格式中，s 是可选参数，用来指定绘制曲线的线型、颜色、标记符号等. 该参数的常用设置选项如表 1-10 所示. 不选则用默认值.

表 1-10 绘图图线形式和颜色

线 方 式		点 方 式		颜 色	
选项	说 明	选项	说 明	选项	说 明
—	实线(默认设置)	.	点	b	蓝色(默认)
－－	虚线	o	圆	y	黄色
:	点线	*	星号	r	红色
－.	点划线	+	加号	g	绿色
		x	x 形状(叉)	w	白色

典型例解

例 1.24 绘制正弦曲线 $y=\sin x, 0 \leqslant x \leqslant 2\pi$.

解 命令代码：

```
>> syms x;
>> x = 0:0.05:2*pi;
>> y = sin(x);
>> plot(x,y,'b*')              % 画正弦曲线
```

结果如图 1-14 所示.

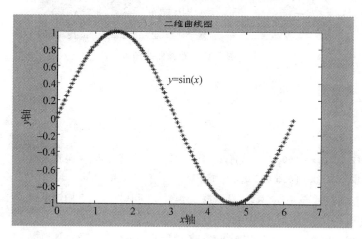

图 1-14　正弦曲线图

例 1.25 绘制螺旋线 $x=2\cos t, y=2\sin t, z=\dfrac{1}{2}t, 0 \leqslant t \leqslant 10\pi$.

解 命令代码：

```
>> clc                         % 清空命令窗口
>> t = 0:0.1:10*pi;
>> x = 2*cos(t);
>> y = 2*sin(t);
>> z = 0.5*t;
>> plot3(x,y,z, 'r')
```

小贴士

MATLAB 的图形是在独立的窗口中显示及编辑的. 在此图形窗口中, 可以通过菜单命令为图形添加标题、为坐标轴添加标注等.

运行结果如图 1-15 所示.

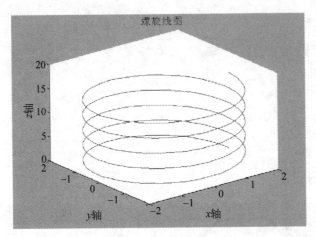

图 1-15 螺旋曲线图

例 1.26 常见图形范例.

解 命令代码:

```
>> syms x;
>> subplot(2,2,1);x=[50 60 90 43];bar(x,'y')              % 画直方图
>> subplot(2,2,2);x=[0.5 0.2 0.1 0.3];
>> lable={'语文','数学','英语','政治'};pie(x,lable)        % 画饼形图
>> subplot(2,2,3);[x,y,z]=sphere(80);
>> xx=2*x;yy=2*y;zz=2*z;mesh(xx,yy,zz)                     % 画球面图
>> subplot(2,2,4);
>> z=peaks(50);surf(z);light('Position',[0.5 -3 2])        % 画膜面图
```

运行结果如图 1-16 所示.

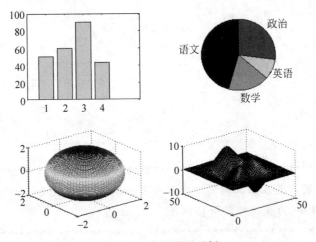

图 1-16 常见图形示例

1.5.4 求极限

知识梳理

MATLAB 提供求函数极限的命令是 limit，常见使用方式如表 1-11 所示．

表 1-11 求极限命令

格　　式	功　　能
limit(f,x,a)	$\lim\limits_{x \to a} f(x)$
limit(f,x,a,'right')	$\lim\limits_{x \to a^+} f(x)$
limit(f,x,a,'left')	$\lim\limits_{x \to a^-} f(x)$

典型例解

例 1.27 求下列极限．

(1) $\lim\limits_{x \to 0} \dfrac{\sin x}{x^3 + 3x}$; (2) $\lim\limits_{x \to 0^+} \dfrac{1}{\ln x + 3}$;

(3) $\lim\limits_{x \to \infty} \dfrac{3x^3 - x}{-x^3 + 2x + 3}$; (4) $\lim\limits_{x \to \infty} \left(1 - \dfrac{2}{x}\right)^{3x}$ ．

解 命令代码：

```
>> syms x;
>> limit(sin(x)/(x^3+3*x),x,0)              % 执行结果：ans = 1/3
>> limit(1/(log(x)+3),x,0,'right')          % 执行结果：ans = 0
>> limit((3*x^3-x)/(-x^3+2*x+3),x,inf)      % 执行结果：ans = -3
>> limit(((1-2/x)^(3*x)),x,inf)             % 执行结果：ans = exp(-6)
```

链接思考

许多事物的变化都是服从指数规律的，试思考下列问题．

(1) 你能体会到指数增长是怎样的情形吗？例如，将随便一张纸进行对折，问对折 20 次（仅是理想实验，不考虑技术细节）后折出的纸的厚度是多少？

(2) 经研究发现，世界人口按照指数增长模型 $y = Ae^{rt}$（A 为初始总人口，r 为人口增长率）增长，国家统计局发布的《中国统计年鉴 2021》显示，2020 年世界总人口的数量为 775 284 万人，人口增长率为 1.04%，那么 2050 年时世界总人口将为多少？

本章知识结构图

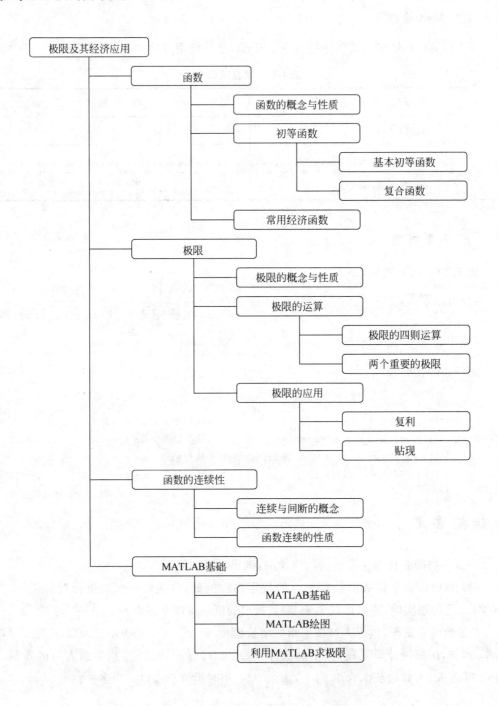

数学那些事——微积分的两位创始人

牛　顿

艾萨克·牛顿(1643—1727)是人类历史上出现过的最伟大、最有影响的英国科学家,同时也是物理学家、数学家和哲学家.

牛顿自少年时代即表现出手工制作精巧机械的才能.虽然他是个聪明伶俐的孩子,但并未引起他的老师的注意.成年时,母亲令其退学,因为希望儿子成为一名出色的农夫.十分幸运的是,他的主要天赋在农业方面难以发挥,因此,他18岁时考入了剑桥大学,极快地通晓了当时已知的自然与数学知识,之后转入个人的专门研究.

他的第一个轰动科学世界的发现就是光的本质.经过一系列的严格试验,牛顿发现普通白光是由七色光组成的.他还制造了第一架反射天文望远镜,这架天文望远镜一直在天文台使用到今天.

发现二项式定理和创建微积分是牛顿在数学上的两个主要成果.1665年,刚好22岁的牛顿发现了二项式定理,这对于微积分的发展是必不可少的一步.牛顿在数学上最卓越的成就是创建微积分.他超越前人的功绩在于,他将古希腊以来求解无限小问题的各种特殊技巧统一为两类普遍的算法——微分和积分,并确立了这两类运算的互逆关系,那时莱布尼兹刚好也提出微积分研究报告,因此引发了一场微积分发明专利权的争论,直到莱布尼兹去世才停息.而后世已认定微积分是他们同时发明的.

他在1687年7月5日发表的不朽著作《自然哲学的数学原理》中用数学方法阐明了宇宙中最基本的法则——万有引力定律和三大运动定律.这四条定律构成了一个统一的体系,被认为是"人类智慧史上最伟大的一个成就",由此奠定了之后3个世纪中物理界的科学观点,并成为现代工程学的基础.牛顿为人类建立起"理性主义"的旗帜,开启工业革命的大门.牛顿逝世后被安葬于威斯敏斯特大教堂,成为在此长眠的第一个科学家.

莱布尼兹

莱布尼兹(1646—1716)是德国数学家、哲学家、科学家,1646年7月1日出生于莱比锡的一个书香门第.其父是莱比锡大学哲学教授,在莱布尼兹6岁时谢别人世.幼小的莱布尼兹聪颖过人,中小学的常规教育不能满足他对知识的追求,于是他一边自学中小学课程,另一边啃读父亲遗留的各科藏书.

莱布尼兹15岁(1661)考入莱比锡大学学习法学,并钻研哲学和数学,18岁(1664)获得哲学硕士学位,20岁(1666)获得法学博士学位,尔后从事外交事务.1672年莱布尼兹以外交官的身份出访巴黎,有幸结识了数学家、物理学家惠更斯等名人.在惠更斯指导下莱布尼兹系统研究笛卡儿、费尔马、帕斯卡等学者的著作.1673年莱布尼兹在伦敦短暂停留期间,又结识了巴罗、牛顿等名流,从此他以惊人的理解力、洞察力和创造力进入数学前沿阵地.1676年莱布尼兹定居汉诺威,任腓特烈公爵的顾问及图书馆馆长,直到1716年

11月4日逝世,长达40年.历任英国皇家学会会员、巴黎科学院院士,创建柏林科学院,并出任首席院长.

莱布尼兹的研究范围极为广泛,涉及数学、力学、光学、机械、生物、海洋、地质、哲学、法学、语言、逻辑、历史、神学等41个领域,几乎涵盖了当时的一切科学,并且在每一个领域都有杰出成就.然而由于他独立创建了微积分,并发明了微积分符号,从而使他以伟大数学家的称号闻名于世.而他在其余广阔领域的卓越成就则显得淡若晨光.

牛顿从运动学角度出发,以"瞬"(无穷小"$-\infty$")的观点创建了微积分,而莱布尼兹从几何学角度出发,以"单子"(无穷小)的观点创建了微积分.然而深受哲学思想支配,并推崇普遍知识、追求普遍方法的莱布尼兹创立的微积分更富有想象力和启发性.我们所介绍的微积分概念、法则和符号几乎全部是莱布尼兹的原作.

莱布尼兹与牛顿一样独立创建了微积分,在数学史上并列于巍峨璀璨之巅.然而,牛顿虽比莱布尼兹早出成果10年,但公开发表却晚了3年,由此导致了他们及各自拥护者之间围绕发明微积分优先权的激烈争论,导致了微积分的发展停滞不前,甚至发展到英德两国之间的政治摩擦.通过这个故事我们要实事求是的看待问题,避免盲目跟风.

牛顿和莱布尼兹毕竟还有许多相同之处,他们同样终身未娶,都是为世界科学文化献身的顽强斗士!

应知应会 1

一、选择题

1. 函数 $y=\dfrac{x^2-1}{\sqrt{x^2-2x-3}}$ 的定义域是( ).

   A. $(-\infty,-1]\cup[3,+\infty)$ B. $(-\infty,-1]\cup(3,+\infty)$

   C. $(-\infty,-1)\cup[3,+\infty)$ D. $(-\infty,-1)\cup(3,+\infty)$

2. 下列函数中,( )是奇函数.

   A. $f(x)=x^2\cos x$ B. $f(x)=x^3+\cos x$

   C. $f(x)=x\sin x$ D. $f(x)=x^3+\tan x$

3. 如果 $\lim\limits_{x\to x_0}f(x)$ 存在,则 $f(x)$ 在 x_0 处( ).

   A. 一定有定义   B. 一定无定义

   C. 可以有定义,也可以无定义   D. 有定义且 $\lim\limits_{x\to x_0}f(x)=f(x_0)$

4. 当 $x\to 0$ 时,下列变量中是无穷小量的是( ).

   A. $\sin\dfrac{1}{x}$ B. $1-\cos x$

   C. $\ln(x+2)$ D. e^x

5. $\lim\limits_{x\to 1}\dfrac{x-1}{x^2-1}=$( ).

   A. $\dfrac{1}{2}$ B. 1   C. 0   D. -1

6. $\lim\limits_{x\to\infty}\dfrac{2x+3}{x-2}=$( ).

   A. $\dfrac{1}{2}$ B. 1   C. 2   D. $-\dfrac{3}{2}$

7. 设 $\lim\limits_{x\to 0}\dfrac{\sin ax}{x}=3$,则 a 的值是( ).

   A. 3   B. 1   C. 2   D. $\dfrac{1}{3}$

8. $\lim\limits_{x\to 0}(1+x)^{\frac{2}{x}}=$( ).

   A. e   B. 1   C. 2e   D. e^2

9. 当 $x\to 0$ 时,$\ln(1+x)$ 与 x 比较是( ).

   A. 高阶的无穷小量   B. 等价的无穷小量

   C. 非等价的同阶无穷小量   D. 低阶的无穷小量

10. 函数 $f(x)$ 在点 x_0 处有定义是 $f(x)$ 在点 x_0 处连续的( )条件.

    A. 充分必要条件   B. 充分非必要条件

    C. 必要非充分条件   D. 既非必要条件又非充分条件

二、填空题

1. 函数 $f(x)=\dfrac{1}{\ln(x-2)}$ 的定义域是_____.

2. $\lim\limits_{x\to 1}\dfrac{x^2+x+2}{x^2-3}=$_____.

3. 当 $x\to 1$ 时,x^2-1 与 $\dfrac{x-1}{2x+1}$ 比较是_____无穷小量.

4. 当 $x\to 0$ 时,函数 $f(x)$ 与 $\sin x$ 是等价无穷小量,则 $\lim\limits_{x\to 0}\dfrac{f(x)}{\sin x}=$_____.

5. $\lim\limits_{x\to 0}\dfrac{\sin 3x}{2x}=$_____.

6. $\lim\limits_{x\to 3}\dfrac{\sin(x-3)}{x-3}=$_____.

7. $\lim\limits_{x\to\infty}\left(1-\dfrac{2}{x}\right)^x=$_____.

8. 函数 $f(x)$ 在点 x_0 处的极限存在是 $f(x)$ 在点 x_0 处连续的_____条件.

9. 设函数 $f(x)=\begin{cases}e^x+1, & x<0 \\ \cos x+2a, & x\geqslant 0\end{cases}$ 在 $x=0$ 处连续,则 $a=$_____.

10. 函数 $f(x)=\dfrac{x^2+3}{x^2-4}$ 的间断点是_____.

三、解答题

1. 求下列函数的定义域.

   (1) $y=\dfrac{1}{4-x^2}+\sqrt{x+1}$ (2) $f(x)=\dfrac{1}{\sqrt{4-x}}+\ln(x+3)$

2. 设 $f(x)=2^x+3x^2$，求 $f(-1),f(0),f(2),f(x-1)$.

3. 某公司销售某产品，如果一次销售量不超过 10kg，按每千克 10 元出售；如果一次销售量超过 10kg，但不超过 100kg，打 9 折，即按每千克 9 元出售；如果一次销售量超过 100kg，打 8 折，即按每千克 8 元出售. 试给出该产品一次销售收入 y(元)与销售量 x(kg)的函数关系.

4. 求下列函数的复合过程.

(1) $y=e^{2x^2+3}$

(2) $y=\sqrt{1-\cos 2x}$

(3) $y=(\arctan x+\ln x)^3$

(4) $y=\sqrt{\lg\dfrac{x}{2}}$

5. 设市场上售出的某商品的数量 Q_d 是价格 p 的线性函数 $Q_d=a-bp$，当价格为 8 元 1kg 时，可售出 3 000kg，当价格为 9 元 1kg 时，只能售出 1 000kg，求需求函数.

6. 某公司出售某种商品，定价为 10 元，若客户一次购买量超过 200 件，超出的部分 9 折出售，试将一次销售收入 y(元)表示成销售量 x(件)的函数.

7. 某公司生产某产品，每天的固定成本为 3 000 元，每生产一件该产品的可变成本为 20 元. 如果每件产品的出厂价定为 30 元，则该公司每天至少要生产多少件该产品才会不亏本？

8. 求下列函数的极限.

(1) $\lim\limits_{x\to 0}\dfrac{x^2+2x+5}{x+2}$

(2) $\lim\limits_{x\to 3}\dfrac{x^2-4x+3}{x^2-3x}$

(3) $\lim\limits_{n\to\infty}\dfrac{2n^3-n+5}{3n^3+4n-2}$

(4) $\lim\limits_{x\to\infty}\dfrac{5x^2-2x+1}{x^3+3x^2+x}$

(5) $\lim\limits_{x\to 1}\dfrac{x+2}{x^2-1}$

(6) $\lim\limits_{x\to 1}\left(\dfrac{1}{1-x}-\dfrac{3}{1-x^3}\right)$

9. 求下列函数极限.

(1) $\lim\limits_{x\to 0}\dfrac{\tan 5x}{x}$

(2) $\lim\limits_{x\to 0}\dfrac{\sin 4x}{\sin 2x}$

(3) $\lim\limits_{x\to 2}\dfrac{\sin(x-2)}{x^2-4}$

(4) $\lim\limits_{x\to\infty}\left(1+\dfrac{2}{x}\right)^{x+3}$

(5) $\lim\limits_{x\to\infty}\left(1-\dfrac{1}{x}\right)^{x+2}$

(6) $\lim\limits_{x\to 0}(1-3x)^{\frac{1}{x}+2}$

10. 求下列函数的极限.

(1) $\lim\limits_{x\to\frac{\pi}{2}}(\arcsin x+\arccos 2x)$;

(2) $\lim\limits_{x\to 0}\dfrac{\ln(x^2+2x+1)}{\cos(2x+3)}$

11. 现有本金 80 000 元，年利率为 3.6%，分别按一年 1 期、一年 4 期和连续复利 3 种计息方式，计算 5 年后的本利和.

12. 设年利率为 4.6%，按连续复利计算，现投资多少元，10 年末可得到 20 万元？

综合运用 1

1. 函数 $f(x-1)=x^2-2x+3$,求 $f(x)$.

2. 某运输公司规定,在 100 千米以内,货物的吨·千米运价为 6 元;超过 100 千米,且在 300 千米以内的吨·千米运价为 5.5 元;超过 300 千米的吨·千米运价为 5 元. 分析运价 y(元)和里程 x(千米)之间的函数关系.

3. 计算其中 a、b 为常数,且不等于 0.

(1) $\lim\limits_{x\to 0}\dfrac{\sin ax}{bx}$ (2) $\lim\limits_{x\to\infty}\left(1+\dfrac{a}{x}\right)^{bx}$

4. 求下列函数极限.

(1) $\lim\limits_{x\to 0}\left(\dfrac{2+x}{2-x}\right)^{\frac{1}{x}}$ (2) $\lim\limits_{x\to\infty}\left(\dfrac{x-1}{x+1}\right)^{\frac{x}{2}}$

5. 某市现有劳动力 80 000 人,预计在今后的 10 年劳动力每年增长 3%,问 10 年后将有多少劳动力?

6. 某设备原价值为 3 000 万元,折旧率为每年 6%,问连续折旧多少年,其价值是 1 000 万元?

7. 证明方程 $x^3-4x^2+1=0$ 在区间 $[0,1]$ 内至少存在一个实根.

第 2 章
微分及其经济应用

微分学是微积分的重要组成部分,本章主要介绍一元函数微分学的基本概念、基本计算方法,以及微分(导数)在函数图形与经济领域中的常见应用.

学习目标

【基本要求】

(1) 理解导数与微分的概念及其几何意义;

(2) 熟记基本初等函数的导数公式与四则运算法则,较好地运用复合函数求导法则进行简单复合函数的求导,会求简单的隐函数的导数及分段函数的导数;

(3) 会求高阶导数(主要是二阶导数)并加以应用;

(4) 熟练应用洛必达法则求未定式极限;

(5) 熟练应用导数求函数的单调区间、极值、凹凸区间与拐点;

(6) 会利用边际与弹性解决简单的经济问题,会解决最优化经济问题.

【学习重点】

(1) 导数(微分)的概念、几何意义和计算方法;

(2) 运用洛必达法则求未定式极限;

(3) 利用导数分析函数的性质;

(4) 导数在最优化经济问题中的应用.

2.1 导数的概念

问题导入

引例 2.1 如图 2-1 所示,设曲线 L 是函数 $y=f(x)$ 第一象限内的图形,直线 P_0T 是过定点 $P_0(x_0,y_0)$ 的切线,如何计算该切线 P_0T 的斜率 k?

分析 在 $P_0(x_0,y_0)$ 附近任取另外一点 $P(x,y)$,则直线 P_0P 称为曲线 L 的割线,它与 x 轴正向的夹角为 α. 设 $x=x_0+\Delta x$,则有 $y=f(x)=f(x_0+\Delta x)$,那么,由解析几何知识,割线 P_0P 的斜率为

$$\tan\alpha = \frac{y-y_0}{x-x_0} = \frac{f(x)-f(x_0)}{x-x_0} = \frac{f(x_0+\Delta x)-f(x_0)}{\Delta x} = \frac{\Delta y}{\Delta x}$$

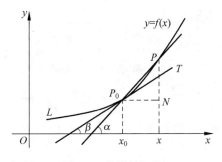

图 2-1　曲线的切线

当动点 P 沿着曲线无限趋近于定点 P_0 时,割线 P_0P 将会发生转动,如果转动的极限位置 P_0T 存在,就称直线 P_0T 为曲线 L 在点 $P_0(x_0,y_0)$ 的切线. 显然,动点 P 沿着曲线无限趋近于定点 P_0,即 $x \to x_0$ 或 $\Delta x \to 0$,如果设切线 P_0T 的斜率为 k,则

$$k = \lim_{\Delta x \to 0} \frac{f(x_0 + \Delta x) - f(x_0)}{\Delta x} = \lim_{\Delta x \to 0} \frac{\Delta y}{\Delta x}$$

也就是说,切线 P_0T 的斜率就是割线 P_0P 的斜率的极限.

引例 2.2　设某产品的总产量 Q 是时间 t 的函数 $Q=f(t)$,试分析总产量的变化率.

分析　当生产时间由 t_0 变到 $t_0 + \Delta t$ 时,总产量的变化量为

$$\Delta Q = f(t_0 + \Delta t) - f(t_0)$$

则在这段时间内的平均产量(即平均变化率)为

$$\frac{\Delta Q}{\Delta t} = \frac{f(t_0 + \Delta t) - f(t_0)}{\Delta t}$$

当 $\Delta t \to 0$ 时,则在 t_0 时刻的总产量的变化率为

$$\lim_{\Delta t \to 0} \frac{\Delta Q}{\Delta t} = \lim_{\Delta t \to 0} \frac{f(t_0 + \Delta t) - f(t_0)}{\Delta t}$$

也就是说,总产量的变化率(生产率)就是平均产量的极限.

以上两个引例,从抽象的数量关系来看,是在求当自变量的增量趋近于零时,函数的增量与自变量的增量之比值的极限,或者说,是在求某一种平均变化率的极限,而这样的极限在实际生活中是比较普遍的,因此在数学上进行抽象以后,就得到了导数的定义.

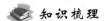
知识梳理

2.1.1　什么是导数

定义 2.1　设函数 $y=f(x)$ 在点 x_0 的某个邻域内有定义,在这个邻域中,当自变量 x 从 x_0 变化到 $x_0 + \Delta x$ 时,函数的增量为 $\Delta y = f(x_0 + \Delta x) - f(x_0)$. 当自变量的增量 $\Delta x \to 0$ 时,如果极限

$$\lim_{\Delta x \to 0} \frac{\Delta y}{\Delta x} = \lim_{\Delta x \to 0} \frac{f(x_0 + \Delta x) - f(x_0)}{\Delta x} = A$$

存在,则称函数 $y=f(x)$ 在点 x_0 处可导,称极限值 A 为函数 $y=f(x)$ 在点 x_0 处的

导数[1]，并记为 $f'(x_0)$，也可记为

$$y'|_{x=x_0} \quad \text{或} \quad \frac{dy}{dx}\bigg|_{x=x_0} \quad \text{或} \quad \frac{df}{dx}\bigg|_{x=x_0}$$

即

$$f'(x_0) = \lim_{\Delta x \to 0} \frac{\Delta y}{\Delta x} = \lim_{\Delta x \to 0} \frac{f(x_0+\Delta x)-f(x_0)}{\Delta x} = A \tag{2-1}$$

如果上述极限值 A 不存在，则称函数 $y=f(x)$ 在点 x_0 处不可导．

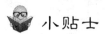 小贴士

(1) 由于 $\frac{\Delta y}{\Delta x}$ 表示函数 $y=f(x)$ 在区间 $[x_0, x_0+\Delta x]$ 上的平均变化率，故此导数 $f'(x_0)$ 表示的是因变量 y 在自变量 x_0 处的变化率，或者直观地说，表示的是因变量 y 在自变量 x_0 处随着自变量的变化而变化的大小程度．在实际中，需要讨论各种具有不同意义的变量的变化"快慢"问题，在数学上就是所谓函数的变化率问题．由导数定义可知，引例 2.1 中，切线 P_0T 的斜率为 $k=f'(x_0)$．引例 2.2 中，总产量在 t_0 时刻的变化率为 $f'(t_0)$．

(2) 如果设 $x=x_0+\Delta x$，则 $\Delta x \to 0$ 等价于 $x \to x_0$．导数的定义也可以表示为

$$f'(x_0) = \lim_{x \to x_0} \frac{f(x)-f(x_0)}{x-x_0}$$

定义 2.2 如果 $\lim\limits_{\Delta x \to 0^-} \frac{\Delta y}{\Delta x} = \lim\limits_{\Delta x \to 0^-} \frac{f(x_0+\Delta x)-f(x_0)}{\Delta x}$ 存在，则称此极限值为函数 $f(x)$ 在点 x_0 处的左导数，记作 $f'_-(x_0)$；

如果 $\lim\limits_{\Delta x \to 0^+} \frac{\Delta y}{\Delta x} = \lim\limits_{\Delta x \to 0^+} \frac{f(x_0+\Delta x)-f(x_0)}{\Delta x}$ 存在，则称此极限值为函数 $f(x)$ 在点 x_0 处的右导数，记作 $f'_+(x_0)$．

定义 2.3 如果函数 $y=f(x)$ 在开区间 (a,b) 内的每一个点都可导，则称函数 $y=f(x)$ 在开区间 (a,b) 内可导．此时，对于开区间 (a,b) 内的任意一个点 x，都会有一个唯一确定的导数值 $f'(x)$ 与之对应，于是在开区间 (a,b) 内定义了一个函数，称这个函数为函数 $y=f(x)$ 在开区间 (a,b) 内的导函数，简称为导数，并记为

$$f'(x) \quad \text{或} \quad y' \quad \text{或} \quad \frac{dy}{dx} \quad \text{或} \quad \frac{df}{dx}$$

显然，求函数 $y=f(x)$ 在点 x_0 处的导数值，就是求导函数 $f'(x)$ 在点 x_0 处的函数

---

[1] 导数概念 $f'(x_0) = \lim\limits_{\Delta x \to 0} \frac{\Delta y}{\Delta x}$ 反映了事物运动变化、量变到质变、否定之否定的哲学思想．$\frac{\Delta y}{\Delta x}$ 本是平均变化情况；$\Delta x \to 0$ 时 $\Delta y \to 0$，此量变过程进行到底，产生了质变，得到了瞬时变化情况，此时反映平均值的量 $\frac{\Delta y}{\Delta x}$ 消失了，而比例关系(质)显现了出来．对于 $\frac{dy}{dx}$，$f(x)$ 到 $f(x+\Delta x)$ 是否定，当 $\Delta x \to 0$ 时，$f(x+\Delta x)$ 又回到了 $f(x)$，此时体现了否定之否定思想．

值,即
$$f'(x_0) = f'(x)|_{x=x_0}$$

定理 2.1 函数 $y=f(x)$ 在 x_0 处可导的充要条件是函数 $y=f(x)$ 在 x_0 处的左导数、右导数都存在并且相等,即
$$f'(x_0) = A \Leftrightarrow f'_-(x_0) = f'_+(x_0) = A$$

2.1.2 导数的几何意义

在引例 2.1 的讨论中,根据导数的定义可知,导数 $f'(x_0)$ 表示曲线 $y=f(x)$ 在点 $P_0(x_0,y_0)$ 处的切线的斜率,这就是导数的几何意义,即
$$k = \tan\alpha = f'(x_0), \quad \alpha \neq \frac{\pi}{2}$$

由此可知,如果导数 $f'(x_0)$ 存在,那么函数 $y=f(x)$ 在点 $P_0(x_0,y_0)$ 处的切线方程为
$$y - y_0 = f'(x_0)(x - x_0)$$

法线方程为
$$y - y_0 = -\frac{1}{f'(x_0)}(x - x_0), \quad f'(x_0) \neq 0$$

2.1.3 可导与连续的关系

定理 2.2 如果函数 $y=f(x)$ 在 x_0 处的导数 $f'(x_0)$ 存在,则它在 x_0 处必连续;反之则不然.

典型例解

例 2.1 利用导数定义求函数 $y=x^3$ 在任一点处的导数 $f'(x)$.

解
$$f'(x) = \lim_{\Delta x \to 0} \frac{f(x+\Delta x) - f(x)}{\Delta x} = \lim_{\Delta x \to 0} \frac{(x+\Delta x)^3 - x^3}{\Delta x}$$
$$= \lim_{\Delta x \to 0} \frac{3x^2 \Delta x + 3x(\Delta x)^2 + (\Delta x)^3}{\Delta x}$$
$$= \lim_{\Delta x \to 0} [3x^2 + 3x\Delta x + (\Delta x)^2] = 3x^2$$

即 $(x^3)' = 3x^2$.

类似地,可以推得公式
$$(x^\alpha)' = \alpha x^{\alpha-1}$$

例 2.2 求函数 $y=x^2$ 在 $x=3$ 处的切线方程和法线方程.

解 当 $x=3$ 时,$y=9$,即曲线上的点是 $(3,9)$.

因为 $f'(3) = (x^2)'|_{x=3} = 2x|_{x=3} = 6$,即切线的斜率 $k=6$. 所以切线方程为
$$y - 9 = 6(x - 3), \quad 即 \quad 6x - y - 9 = 0$$

法线方程为
$$y - 9 = -\frac{1}{6}(x - 3), \quad 即 \quad x + 6y - 57 = 0$$

2.2 导数的运算

问题导入

函数的导数只能用定义求出吗？函数 $y = e^x \sin x$ 的导数如何计算呢？

2.2.1 导数的基本公式

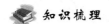

首先给出几个基本的导数公式，如表 2-1 所示.

表 2-1 导数基本公式

序号	公 式
1	$C' = 0$，C 为常数
2	$(x^\alpha)' = \alpha x^{\alpha-1}$，$\alpha$ 为任意实数
3	$(a^x)' = a^x \ln a$，$a > 0$，$a \neq 1$
4	$(e^x)' = e^x$
5	$(\log_a x)' = \dfrac{1}{x \ln a}$，$a > 0$，$a \neq 1$
6	$(\ln x)' = \dfrac{1}{x}$
7	$(\sin x)' = \cos x$
8	$(\cos x)' = -\sin x$
9	$(\tan x)' = \dfrac{1}{\cos^2 x} = \sec^2 x$
10	$(\cot x)' = -\dfrac{1}{\sin^2 x} = -\csc^2 x$
11	$(\sec x)' = \dfrac{\sin x}{\cos^2 x} = \sec x \cdot \tan x$
12	$(\csc x)' = -\dfrac{\cos x}{\sin^2 x} = -\csc x \cdot \cot x$
13	$(\arcsin x)' = \dfrac{1}{\sqrt{1-x^2}}$
14	$(\arccos x)' = -\dfrac{1}{\sqrt{1-x^2}}$
15	$(\arctan x)' = \dfrac{1}{1+x^2}$
16	$(\text{arccot}\, x)' = -\dfrac{1}{1+x^2}$

这些基本公式中，有的公式可以用导数的定义直接推导出来；但是有的公式，则是针对函数的结构特点根据下面的求导法则求出其导数的.

2.2.2 导数的四则运算法则

知识梳理

定理 2.3 设函数 $u(x)$、$v(x)$ 在点 x 处均可导，则 $u(x)+v(x)$、$u(x)-v(x)$、$u(x)v(x)$、$\dfrac{u(x)}{v(x)}$ 在点 x 处也可导，且有

$$[u(x)+v(x)]' = u'(x)+v'(x)$$
$$[u(x)-v(x)]' = u'(x)-v'(x)$$
$$[u(x)v(x)]' = u'(x)v(x)+u(x)v'(x)$$

特别地，当 $v=c$（c 为常数）时，$(c \cdot u)' = c \cdot u'$

$$\left[\frac{u(x)}{v(x)}\right]' = \frac{u'(x)v(x)-u(x)v'(x)}{v^2(x)}, v(x) \neq 0$$

特别地，当 $u=1$ 时，$\left(\dfrac{1}{v}\right)' = -\dfrac{v'}{v^2}$

典型例解

例 2.3 设函数 $y = x^4 + \ln x - \cos\dfrac{\pi}{3} - e^x + \pi^4$，求导数 y'、$y'(1)$.

解 $y' = (x^4)' + (\ln x)' - \left(\cos\dfrac{\pi}{3}\right)' - (e^x)' + (\pi^4)' = 4x^3 + \dfrac{1}{x} - e^x$

$$y'(1) = \left.\left(4x^3 + \frac{1}{x} - e^x\right)\right|_{x=1} = 5 - e$$

例 2.4 设函数 $y = 3x^2 \ln x$，求导数 y'.

解 $y' = (3x^2 \ln x)' = 3[(x^2)' \ln x + x^2 (\ln x)'] = 3(2x\ln x + x^2 \cdot \dfrac{1}{x}) = 3x(2\ln x + 1)$

例 2.5 设函数 $y = \dfrac{x}{x+2}$，求导数 y'.

解 $y' = \dfrac{x'(x+2) - x(x+2)'}{(x+2)^2} = \dfrac{1 \cdot (x+2) - x \cdot 1}{(x+2)^2} = \dfrac{2}{(x+1)^2}$

案例 2.1 设某家具的月总收入函数为 $R(q) = 400q - \dfrac{1}{3}q^2$，其中 q 为家具的月销售量，单位为件. 求当家具的月销售量 q 分别为 450、600、750 件时总收入的变化率.

解 总收入的变化率为 $R'(q) = \left(400q - \dfrac{1}{3}q^2\right)' = 400 - \dfrac{2}{3}q$，因此

$$R'(450) = 400 - \frac{2}{3} \times 450 = 100$$

$$R'(600) = 400 - \frac{2}{3} \times 600 = 0$$

$$R'(750) = 400 - \frac{2}{3} \times 750 = -100$$

所以，当家具的月销售量 q 分别为 450、600、750 件时总收入的变化率分别为 100、0、-100．

小贴士

案例 2.1 表明，当家具的月销售量为 450 件时，再多销售 1 件家具，那么总收入将增加 100 元；当家具的月销售量为 600 件时，再多销售 1 件家具，那么总收入不会增加；当家具的月销售量为 750 件时，再多销售 1 件家具总收入反而减少 100 元．该问题即为后面出现的边际问题．

2.2.3 复合函数的求导法则

问题导入

引例 2.3 已知函数 $y=\sin 2x$，如何计算其导数 y' 呢？

分析 函数 $y=\sin 2x$ 是一个复合函数，是由 $y=\sin u$，$u=2x$ 复合而成的．由三角函数中的二倍角公式，有 $\sin 2x = 2\sin x\cos x$，故

$$\begin{aligned}y' &= 2(\sin x\cos x)' = 2[(\sin x)'\cos x + \sin x(\cos x)'] \\ &= 2[\cos x \cdot \cos x + \sin x \cdot (-\sin x)] \\ &= 2(\cos^2 x - \sin^2 x) \\ &= 2\cos 2x\end{aligned}$$

显然

$$(\sin 2x)' \neq (\sin x)' \quad \text{且} \quad (\sin 2x)' \neq \cos 2x$$

一般来说，求复合函数的导数时有下面的链式法则．

知识梳理

定理 2.4 若函数 $y=f(u)$ 在点 u 处可导，而函数 $u=g(x)$ 在点 x 处可导，则复合函数 $y=f[g(x)]$ 在点 x 处也可导，且有

$$\frac{dy}{dx} = \frac{dy}{du} \cdot \frac{du}{dx}$$

或表示成

$$y'_x = y'_u \cdot u'_x$$

其中，y'_x 表示复合函数 $y=f[g(x)]$ 在点 x 处的导数，也可以直接表示成 y'；y'_u 表示函数 $y=f(u)$ 在点 u 处的导数；u'_x 表示函数 $u=g(x)$ 在点 x 处的导数．

有时在不产生混淆的情况下，我们也可以把这个链式法则表示成

$$y' = f'(u) \cdot g'(x)$$

因此，$y=\sin 2x$ 的导数可以利用复合函数的求导法则简单求出，即

$$y' = (\sin u)' \cdot (2x)' = 2\cos u = 2\cos 2x$$

由此可见,复合函数求导的关键是要正确分析函数的复合过程,准确地找出相应的中间变量.

典型例解

例 2.6 设函数 $y=\sin(2x^2+7)$,求导数 $\dfrac{\mathrm{d}y}{\mathrm{d}x}$.

解 设 $y=\sin u, u=2x^2+7$,则有
$$\frac{\mathrm{d}y}{\mathrm{d}x}=y'_u \cdot u'_x=(\sin u)' \cdot (2x^2+7)'=\cos u \cdot 4x=4x\cos(2x^2+7)$$

例 2.7 设函数 $y=(x^2+3x-4)^5$,求导数 y'.

解 设 $y=u^5, u=x^2+3x-4$,则有
$$y'=y'_u \cdot u'_x=(u^5)' \cdot (x^2+3x-4)'=5u^4 \cdot (2x+3)$$
$$=5(2x+3)(x^2+3x-4)^4$$

计算熟练以后,也可以不写出中间变量而直接求出复合函数的导数.例如,例 2.7 也可以写成下面的形式:
$$y'=[(x^2+3x-4)^5]'=5(x^2+3x-4)^4(x^2+3x-4)'$$
$$=5(2x+3)(x^2+3x-4)^4$$

2.2.4 隐函数的求导方法

知识梳理

前面讨论的函数都是 $y=f(x)$ 的形式,这样的函数称为显函数,如果由方程 $F(x,y)=0$ 所确定的 y 是 x 的函数,则称为隐函数.

一般而言,隐函数不能表示为显函数或者没必要化为显函数,所以,这里介绍一种隐函数直接求导法.方法是:把方程中的 y 看成 x 的函数 $y(x)$,方程两边同时对 x 求导,然后解出 y'.

典型例解

例 2.8 求由方程 $x^2-y^2=1$ 所确定的隐函数 y 对 x 的导数.

解 方程两边对 x 求导,得
$$2x-2yy'=0$$
于是
$$y'=\frac{x}{y}$$

例 2.9 设方程 $y-x+\mathrm{e}^{xy}=0$ 确定了函数 $y=f(x)$,求 y' 及 $y'|_{x=0}$.

解 方程两边对 x 求导,得
$$y'-1+(\mathrm{e}^{xy})'_x=0$$
即
$$y'-1+\mathrm{e}^{xy} \cdot (xy)'_x=0$$

$$y' - 1 + e^{xy} \cdot (y + xy') = 0$$

于是

$$y' = \frac{1 - ye^{xy}}{1 + xe^{xy}}$$

当 $x = 0$ 时,$y = -1$,代入上式得 $y'\big|_{\substack{x=0 \\ y=-1}} = 2$.

小贴士

隐函数 $F(x, y) = 0$ 求导时,对于含有因变量 y 的项,应按照复合函数求导方法求导.

2.2.5 分段函数的求导方法

知识梳理

先求出定义域中各开区间内的导数;再利用导数的定义讨论各分段点处的导数.

典型例解

例 2.10 求函数 $f(x) = \begin{cases} 1 + x, & x \geqslant 0 \\ 1 + \sin x, & x < 0 \end{cases}$ 的导数.

解 当 $x > 0$ 时,

$$f'(x) = (1 + x)' = 1$$

当 $x < 0$ 时,

$$f'(x) = (1 + \sin x)' = \cos x$$

当 $x = 0$ 时,

$$f'_{-}(0) = \lim_{x \to 0^{-}} \frac{(1 + \sin x) - (1 + \sin 0)}{x - 0} = \lim_{x \to 0^{-}} \frac{\sin x}{x} = 1$$

$$f'_{+}(0) = \lim_{x \to 0^{+}} \frac{(1 + x) - (1 + 0)}{x - 0} = \lim_{x \to 0^{+}} \frac{x}{x} = 1$$

则

$$f'(0) = f'_{-}(0) = f'_{+}(0) = 1$$

于是

$$f'(x) = \begin{cases} 1, & x \geqslant 0 \\ \cos x, & x < 0 \end{cases}$$

2.2.6 高阶导数

知识梳理

若函数 $y = f(x)$ 的导数 $f'(x)$ 仍然可导,则称 $f'(x)$ 的导数为 $f(x)$ 的二阶导数,记为

$f''(x)$ 或 y''.

类似地，可以定义二阶导数 $f''(x)$ 的导数为 $f(x)$ 的三阶导数，记为 $f'''(x)$ 或 y'''，…，$n-1$ 阶导数的导数称为 $f(x)$ 的 n 阶导数，记为 $f^{(n)}(x)$ 或 $y^{(n)}$. 习惯上，把二阶以及二阶以上的导数统称为高阶导数.

显然，求函数的高阶导数可以通过对 $f(x)$ 逐次求导而得，计算一阶导数是基础. 自然地，随着求导的阶数越来越高，很多函数的高阶导数是有规律的.

高阶导数也经常用下列符号表示：$\dfrac{d^2 y}{dx^2}, \dfrac{d^3 y}{dx^3}, \cdots, \dfrac{d^n y}{dx^n}$，等等.

知识梳理

例 2.11 设函数 $y = x^2$，求 y'' 及 $y^{(3)}$.

解 $y' = 2x, y'' = 2, y^{(3)} = 0$

一般来说，若 $y = x^n$，其中 n 为正整数，则有
$$y^{(n)} = n(n-1)(n-2)\cdots 3 \cdot 2 \cdot 1 = n!, \quad y^{(n+1)} = 0$$

例 2.12 设函数 $y = xe^x$，求二阶导数 $\dfrac{d^2 y}{dx^2}$ 以及 $\dfrac{d^n y}{dx^n}$.

解 $\dfrac{dy}{dx} = e^x + xe^x = (x+1)e^x, \dfrac{d^2 y}{dx^2} = e^x + (x+1)e^x = (x+2)e^x$

$\dfrac{d^3 y}{dx^3} = e^x + (x+2)e^x = (x+3)e^x, \quad \dfrac{d^4 y}{dx^4} = e^x + (x+3)e^x = (x+4)e^x$

分析归纳这些导数的规律，得到当 $n = 1, 2, 3, \cdots$ 时，有
$$\dfrac{d^n y}{dx^n} = (x+n)e^x$$

2.3 微分

问题导入

引例 2.4 如图 2-2 所示，一块边长为 x_0 米的正方形金属薄片，受温度变化的影响，问边长增量为 Δx 米时，金属薄片面积的增量是多少？当 $|\Delta x|$ 很小时，金属薄片的面积大约改变了多少？

分析 设金属薄片的边长为 x，面积为 A，则有面积函数 $A = x^2$. 显然，这块正方形金属薄片最初的边长为 x_0 米，受温度变化影响之后的边长为 $x_0 + \Delta x$ 米. 因此，面积的增量为
$$\begin{aligned}\Delta A &= (x_0 + \Delta x)^2 - x_0^2 \\ &= x_0^2 + 2x_0 \Delta x + (\Delta x)^2 - x_0^2 \\ &= 2x_0 \Delta x + (\Delta x)^2\end{aligned}$$

当 $|\Delta x|$ 很小时，$(\Delta x)^2$ 相对于 $2x_0 \Delta x$ 来说要变得更小，因此 $(\Delta x)^2$ 是 ΔA 的次要部分，$2x_0 \Delta x$ 是 ΔA 的线性主要部

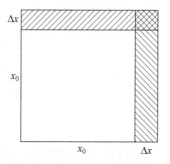

图 2-2 正方形金属薄片

分.所以,当 $|\Delta x|$ 很小时,金属薄片的面积大约增加了 $2x_0\Delta x$ 平方米,即
$$\Delta A \approx 2x_0 \Delta x$$
这里的 $2x_0$ 正好是面积函数 $A=x^2$ 在点 x_0 的导数,因此有
$$\Delta A \approx A'(x_0)\Delta x$$

2.3.1 微分的定义

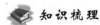

定义 2.4 设函数 $y=f(x)$ 在点 x 处的增量 Δy 可以表示为
$$\Delta y = f'(x)\cdot \Delta x + \alpha$$
其中,$f'(x)$ 只与 x 有关,与 Δx 无关,且 $\lim\limits_{\Delta x \to 0}\alpha = 0$,则称函数 $y=f(x)$ 在点 x 处可微,称 $f'(x)\Delta x$ 为函数在点 x 处的微分,并记为 $\mathrm{d}y$,即
$$\mathrm{d}y = f'(x)\Delta x \tag{2-2}$$

当函数 $y=x$ 时,微分
$$\mathrm{d}y = \mathrm{d}x = x'\Delta x = \Delta x$$
即
$$\mathrm{d}x = \Delta x$$
这样函数 $y=f(x)$ 的微分可以写成
$$\mathrm{d}y = f'(x)\mathrm{d}x \tag{2-3}$$

上式两边同除以 $\mathrm{d}x$,有 $\dfrac{\mathrm{d}y}{\mathrm{d}x}=f'(x)$,可见,可微与可导是等价的.

从函数的微分表达式 $\mathrm{d}y = f'(x)\mathrm{d}x$ 可以看出,要计算函数的微分,只需要计算函数的导数 $f'(x)$,再乘以自变量的微分 $\mathrm{d}x$ 就可以了.

典型例解

例 2.13 设函数 $y=\ln(x^2+1)$,求微分 $\mathrm{d}y$.

解 因为
$$y' = \frac{2x}{x^2+1}$$
因此
$$\mathrm{d}y = y'\mathrm{d}x = \frac{2x}{x^2+1}\mathrm{d}x$$

例 2.14 设函数 $y=\cos x^2$,求微分 $\mathrm{d}y$.

解 设 $y=\cos u, u=x^2$,按复合函数的求导法则,有

$$y' = (\cos u)' \cdot (x^2)' = -\sin u \cdot 2x = -2x\sin x^2$$

因此
$$dy = -2x\sin x^2 dx$$

2.3.2 微分的应用

知识梳理

由引例 2.3 及微分的定义可知,对函数 $y=f(x)$,如果 $f'(x_0)\neq 0$,那么当 $|\Delta x|$ 很小时,可用函数在点 x_0 处的微分 dy 近似代替改变量 Δy,即

$$\Delta y = dy|_{x=x_0}$$

而
$$\Delta y = f(x) - f(x_0)$$
$$dy|_{x=x_0} = f'(x_0)\Delta x$$

由此,有两个近似公式

$$\Delta y \approx f'(x_0)\Delta x \tag{2-4}$$
$$f(x) \approx f(x_0) + f'(x_0)\Delta x \tag{2-5}$$

式(2-4)用来求函数改变量的近似值,式(2-5)用来求函数在某一点的近似值.

典型例解

例 2.15 求 $\sin 29°$ 的近似值.

解 设 $f(x)=\sin x, x_0=30°=\dfrac{\pi}{6}, \Delta x=-1°=-0.017\,5\,\text{rad}$,则

$$\sin 29° = f(29°) = f\left(\dfrac{\pi}{6} - 0.017\,5\right)$$
$$\approx f\left(\dfrac{\pi}{6}\right) + f'\left(\dfrac{\pi}{6}\right)(-0.017\,5)$$
$$= \dfrac{1}{2} - \dfrac{\sqrt{3}}{2} \times 0.017\,5 = 0.485$$

案例 2.2 某公司的广告支出 x(千元)与总销售额 $S(x)$(千元)之间的函数关系为 $S(x)=-0.002x^3+0.6x^2+x+500, 0\leqslant x \leqslant 200$,如果该公司的广告支出从 100 000 元增加到 105 000 元,试估计该公司销售额的改变量.

解 根据题意及微分的定义可知

$$\Delta S \approx dS = S'(x)|_{x=100} dx = (-0.006x^2+1.2x+1)|_{x=100} \times 5$$
$$= (-60+120+1) \times 5 = 305$$

所以,销售额的改变量大约为 305 000 元.

2.4 洛必达法则

问题导入

引例 2.5 对于极限 $\lim\limits_{x\to 2}\dfrac{e^2-e^x}{4-x^2}$,如何计算呢?

分析 著名数学家洛必达给出了利用导数来计算此类极限的方法,即洛必达法则.

知识梳理

定理 2.5 ("$\dfrac{0}{0}$"型未定式的极限)设函数 $f(x)$ 与 $g(x)$ 满足条件:

(1) $\lim\limits_{x\to x_0}f(x)=0,\lim\limits_{x\to x_0}g(x)=0$;

(2) 在点 x_0 的某个邻域内,$f'(x)$ 与 $g'(x)$ 都存在且 $g'(x)\neq 0$;

(3) $\lim\limits_{x\to x_0}\dfrac{f'(x)}{g'(x)}=A\left(\text{或}\lim\limits_{x\to x_0}\dfrac{f'(x)}{g'(x)}=\infty\right)$;

则

$$\lim_{x\to x_0}\dfrac{f(x)}{g(x)}=A\quad\left(\text{或}\lim_{x\to x_0}\dfrac{f(x)}{g(x)}=\infty\right) \tag{2-6}$$

定理 2.6 ("$\dfrac{\infty}{\infty}$"型未定式的极限)设函数 $f(x)$ 与 $g(x)$ 满足条件:

(1) $\lim\limits_{x\to x_0}f(x)=\infty,\lim\limits_{x\to x_0}g(x)=\infty$;

(2) 在点 x_0 的某个邻域内,$f'(x)$ 与 $g'(x)$ 都存在且 $g'(x)\neq 0$;

(3) $\lim\limits_{x\to x_0}\dfrac{f'(x)}{g'(x)}=A\left(\text{或}\lim\limits_{x\to x_0}\dfrac{f'(x)}{g'(x)}=\infty\right)$;

则

$$\lim_{x\to x_0}\dfrac{f(x)}{g(x)}=A\quad\left(\text{或}\lim_{x\to x_0}\dfrac{f(x)}{g(x)}=\infty\right) \tag{2-7}$$

小贴士

将 $x\to x_0$ 更换成 $x\to\infty,x\to x_0^+,x\to x_0^-,x\to+\infty,x\to-\infty$ 等趋势,而其他条件不变时,定理 2.5、定理 2.6 结论依然成立.

典型例解

例 2.16 求 $\lim\limits_{x\to 0}\dfrac{x^2}{e^x-1}$.

解 这是一个"$\dfrac{0}{0}$"型未定式.利用洛必达法则,有

$$\lim_{x\to 0}\frac{x^2}{e^x-1}=\lim_{x\to 0}\frac{(x^2)'}{(e^x-1)'}=\lim_{x\to 0}\frac{2x}{e^x}=2\lim_{x\to 0}\frac{x}{e^x}=0$$

例 2.17 求 $\lim\limits_{x\to 2}\dfrac{e^2-e^x}{4-x^2}$.

解 这是一个"$\dfrac{0}{0}$"型未定式. 利用洛必达法则, 有

$$\lim_{x\to 2}\frac{e^2-e^x}{4-x^2}=\lim_{x\to 2}\frac{(e^2-e^x)'}{(4-x^2)'}=\lim_{x\to 2}\frac{e^x}{-2x}=-\frac{1}{2}\lim_{x\to 2}\frac{e^x}{x}=-\frac{1}{2}\cdot\frac{e^2}{2}=-\frac{e^2}{4}$$

例 2.18 求 $\lim\limits_{x\to+\infty}\dfrac{\ln x}{x^3}$.

解 这是一个"$\dfrac{\infty}{\infty}$"型未定式. 利用洛必达法则, 有

$$\lim_{x\to+\infty}\frac{\ln x}{x^3}=\lim_{x\to+\infty}\frac{(\ln x)'}{(x^3)'}=\lim_{x\to+\infty}\frac{\frac{1}{x}}{3x^2}=\frac{1}{3}\lim_{x\to+\infty}\frac{1}{x^3}=0$$

例 2.19 求 $\lim\limits_{x\to+\infty}\dfrac{x^3}{e^x}$.

解
$$\lim_{x\to+\infty}\frac{x^3}{e^x}=\lim_{x\to+\infty}\frac{(x^3)'}{(e^x)'}=\lim_{x\to+\infty}\frac{3x^2}{e^x}=\lim_{x\to+\infty}\frac{(3x^2)'}{(e^x)'}=\lim_{x\to+\infty}\frac{6x}{e^x}$$
$$=\lim_{x\to+\infty}\frac{(6x)'}{(e^x)'}=6\lim_{x\to+\infty}\frac{1}{e^x}=6\times 0=0$$

小贴士

计算极限时, 只要每一步极限符合洛必达法则条件, 都可以连续使用洛必达法则.

例 2.20 求 $\lim\limits_{x\to 0^+}x(e^{\frac{1}{x}}-1)$.

解 由于 $\lim\limits_{x\to 0^+}x=0$, $\lim\limits_{x\to 0^+}(e^{\frac{1}{x}}-1)=+\infty$, 所以这是一个"$0\cdot\infty$"型的未定式极限. 可以将其转化为"$\dfrac{\infty}{\infty}$"型的未定式, 则有

$$\lim_{x\to 0^+}x(e^{\frac{1}{x}}-1)=\lim_{x\to 0^+}\frac{e^{\frac{1}{x}}-1}{\frac{1}{x}}=\lim_{x\to 0^+}\frac{-\frac{1}{x^2}e^{\frac{1}{x}}}{-\frac{1}{x^2}}=+\infty$$

例 2.21 求 $\lim\limits_{x\to 1}\left(\dfrac{x}{x-1}-\dfrac{1}{\ln x}\right)$.

解 这是一个"$\infty-\infty$"型未定式, 通过通分化简, 可以将其转化为"$\dfrac{0}{0}$"型未定式, 有

$$\lim_{x\to 1}\left(\frac{x}{x-1}-\frac{1}{\ln x}\right)=\lim_{x\to 1}\frac{x\ln x-x+1}{(x-1)\ln x}=\lim_{x\to 1}\frac{\ln x+1-1}{\ln x+1-\frac{1}{x}}=\lim_{x\to 1}\frac{\ln x+1}{\ln x+1+1}=\frac{1}{2}$$

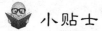

小贴士

在求极限的过程中还会遇到"$0 \cdot \infty$"型和"$\infty - \infty$"型未定式极限,解决此类问题的基本思路是先将其转化为"$\dfrac{0}{0}$"型或"$\dfrac{\infty}{\infty}$"型的未定式,再用洛必达法则计算.

2.5 利用导数分析函数的性质

2.5.1 函数的单调性与极值

问题导入

引例 2.6 对于函数 $y = f(x)$,如图 2-3 所示,如何利用一阶导数来讨论其增减性呢?

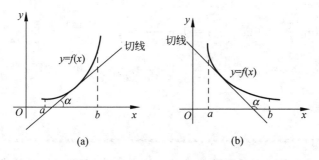

图 2-3 函数的增减性

分析 从图 2-3(a)直观分析得到,如果函数在开区间 (a,b) 内是单调递增的,这时曲线上的任一点的切线的倾斜角 α 都为锐角,从而切线斜率 $\tan\alpha = f'(x) > 0$;反之亦然.

从图 2-3(b)直观分析得到,如果函数在开区间 (a,b) 内是单调递减的,这时曲线上的任一点的切线的倾斜角 α 都为钝角,从而切线斜率 $\tan\alpha = f'(x) < 0$;反之亦然.

由此可见,函数的单调性与一阶导数的符号有着密切的联系.

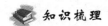

定理 2.7 (函数的单调性判定定理)设函数 $f(x)$ 在闭区间 $[a,b]$ 上连续,在开区间 (a,b) 内可导.

(1) 若 $f'(x) > 0$,则 $f(x)$ 在 (a,b) 上单调递增;

(2) 若 $f'(x) < 0$,则 $f(x)$ 在 (a,b) 上单调递减.

定义 2.5 设函数 $f(x)$ 在点 x_0 的某个邻域内有定义.

(1) 若对于这个邻域内的任意一个点 x,总有 $f(x_0) > f(x)$ 成立,则称 $f(x_0)$ 为函数

$f(x)$ 的一个极大值,称 x_0 为函数 $f(x)$ 的一个极大值点.

(2) 若对于这个邻域内的任意一个点 x,总有 $f(x_0) < f(x)$ 成立,则称 $f(x_0)$ 为函数 $f(x)$ 的一个极小值,称 x_0 为函数 $f(x)$ 的一个极小值点.

极大值和极小值统称为函数的极值,极大值点和极小值点统称为函数的极值点.

定义 2.6 若 $f'(x_0)=0$,则 x_0 称为函数 $f(x)$ 的驻点.

定理 2.8 (极值存在的第一充分条件)设函数 $f(x)$ 在点 x_0 的某个邻域内连续且可导,则 $f'(x_0)=0$(或 $f'(x_0)$ 不存在).

(1) 若当 $x<x_0$ 时 $f'(x)>0$,当 $x>x_0$ 时 $f'(x)<0$,则 $f(x_0)$ 是函数 $f(x)$ 的一个极大值,x_0 为函数 $f(x)$ 的一个极大值点.

(2) 若当 $x<x_0$ 时 $f'(x)<0$,当 $x>x_0$ 时 $f'(x)>0$,则 $f(x_0)$ 是函数 $f(x)$ 的一个极小值,x_0 为函数 $f(x)$ 的一个极小值点.

(3) 若在点 x_0 的两侧,$f'(x)$ 的正负号相同,则 $f(x_0)$ 不是函数 $f(x)$ 的极值,x_0 不是函数 $f(x)$ 的极值点.

定理 2.9 (极值存在的第二充分条件)设函数 $f(x)$ 在点 x_0 处具有二阶导数且 $f'(x_0)=0$,$f''(x_0) \neq 0$,则:

(1) 若 $f''(x_0)<0$,则 $f(x_0)$ 是函数 $f(x)$ 的一个极大值;

(2) 若 $f''(x_0)>0$,则 $f(x_0)$ 是函数 $f(x)$ 的一个极小值.

典型例解

例 2.22 讨论函数 $y=x^3+3$ 的单调性.

解 函数 $y=x^3+3x$ 的定义域为 $(-\infty,+\infty)$,又因为 $y'=3x^2>0$,所以函数 $y=x^3+3$ 在 $(-\infty,+\infty)$ 内单调递增.

例 2.23 观察图 2-4,指出其中的极值点与极值.

解 根据极值定义并观察图形,有:极大值点为 x_0、x_2 和 x_4,极大值为 $f(x_0)$、$f(x_2)$ 和 $f(x_4)$;极小值点为 x_1,x_3,极小值为 $f(x_1)$ 和 $f(x_3)$.

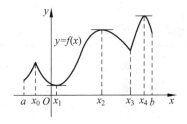

图 2-4 函数的极值

小贴士

(1) 函数的极值是一种局部性质,因此函数在其定义域内可能存在着多于一个的极大值或极小值,而且极大值不一定大于极小值,极小值也不一定小于极大值.

(2) 极值不可能在区间的端点处取到.如图 2.4 中,$f(a)$ 不是极小值,$f(b)$ 也不是极大值.

(3) 导数等于零的点和导数不存在的点都有可能是函数的极值点.如图 2.4 中,点 x_1,x_2 和 x_4 处的导数等于零,而点 x_0 和 x_3 处的导数不存在.

例 2.24 求函数 $f(x)=x^3-3x^2-9x+5$ 的极值.

解 函数的定义域为 $(-\infty,+\infty)$.
$$f'(x)=3x^2-6x-9=3(x+1)(x-3)$$
令 $f'(x)=0$, 得驻点
$$x_1=-1,\quad x_2=3$$
列表作答, 如表 2-2 所示.

表 2-2 $f(x)=x^3-3x^2-9x+5$ 的极值分析

x	$(-\infty,-1)$	-1	$(-1,3)$	3	$(3,+\infty)$
$f'(x)$	$+$	0	$-$	0	$+$
$f(x)$	↗	极大值	↘	极小值	↗

所以,函数 $f(x)=x^3-3x^2-9x+5$ 的递增区间为 $(-\infty,-1)$ 与 $(3,+\infty)$, 递减区间为 $(-1,3)$, $f(x)$ 的极大值为 $f(-1)=10$, 极小值为 $f(3)=-22$.

例 2.25 求函数 $f(x)=2x^3-6x^2-18x+7$ 的极值.

解 函数的定义域为 $(-\infty,+\infty)$.
$$f'(x)=6x^2-12x-18$$
令 $f'(x)=0$, 得驻点 $x=-1, x=3$.
$$f''(x)=12x-12$$
$f''(-1)=-24<0$, 所以 $f(x)$ 在点 $x=-1$ 取得极大值 $f(-1)=17$;
$f''(3)=24>0$, 所以 $f(x)$ 在点 $x=3$ 取得极小值 $f(3)=-47$.

小贴士

(1) 求单调区间及极值的一般步骤如下.
① 求函数的定义域;
② 求出全部驻点及使 $f'(x)$ 不存在的点;
③ 按照极值存在的第一或第二充分条件来判断单调性和极值点;
④ 求极值.

(2) 例 2.25 应用的是极值存在的第二充分条件, 其步骤简洁明了, 是求极值优先考虑的方法, 在经济应用上使用较为方便. 但它比第一充分条件适用范围小, 对于不可导点以及二阶导数等于零的点将失效, 此时只能用第一充分条件进行判断.

案例 2.3 设需求量 Q 随收入 x 而变化的恩格尔函数为 $Q(x)=\dfrac{6x}{x+2}$, 试讨论随着收入的减少, 需求的变化趋势.

解 求需求函数 $Q(x)$ 的一阶导数为
$$Q'(x)=\dfrac{12}{(x+2)^2}>0$$

因此,对这种商品的需求量随收入的减少而减少,所以这种商品是正常商品.

利用极值对需求函数进行分析之后,可以了解这种商品在市场中的需求变化.

2.5.2 曲线的凹凸性

问题导入

引例 2.7 对于函数 $y=f(x)$,如图 2-5 所示,如何利用导数来讨论该曲线的凹凸性呢?

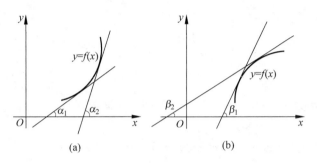

图 2-5 函数的凹凸性

分析 从图 2-5(a)直观分析得到,如果函数在开区间 (a,b) 内是凹的,这时曲线上的任一点的切线的倾斜角 α 都为锐角,且由小变大,也就是说切线斜率 $\tan\alpha=f'(x)$ 是递增的,即 $f''(x)>0$;反之亦然.

从图 2-5(b)直观分析得到,如果函数在开区间 (a,b) 内是凸的,这时曲线上的任一点的切线的倾斜角 α 都为锐角,且由大变小,也就是说切线斜率 $\tan\alpha=f'(x)$ 是递减的,即 $f''(x)<0$;反之亦然.

由此可见,函数的凹凸性与二阶导数的符号有着密切的联系.

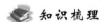

定义 2.7 设函数 $y=f(x)$ 在区间 (a,b) 内有定义.

若曲线上任意一点的切线都在曲线的上方,则称曲线为凸曲线,称 (a,b) 为函数的凸区间;若曲线上任意一点的切线都在曲线的下方,则称曲线为凹曲线,称 (a,b) 为函数的凹区间.若连续曲线上的点 (x_0,y_0) 是其凹凸区间的分界点,则 (x_0,y_0) 称为曲线的拐点.

定理 2.10 设函数 $y=f(x)$ 在区间 (a,b) 内有二阶导数 $f''(x)$.

(1) 如果 $f''(x)>0$,则 $f(x)$ 在区间 (a,b) 内是凹曲线;

(2) 如果 $f''(x)<0$,则 $f(x)$ 在区间 (a,b) 内是凸曲线.

典型例解

例 2.26 根据图像求函数 $y=x^3$ 的凹凸区间.

解 画出函数的图像并观察,如图 2-6 所示,得到 $y=x^3$ 在区间 $(-\infty,0)$ 内是凸且递增,在区间 $(0,+\infty)$ 内是凹且递增.所以,$y=x^3$ 的凸区间是 $(-\infty,0)$,凹区间是 $(0,+\infty)$;曲线的拐点是点 $(0,0)$.

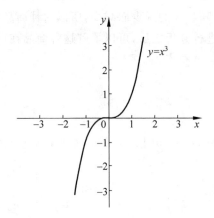

图 2-6 $y=x^3$ 的图像

例 2.27 求函数 $y=x^3-3x^2+5x-3$ 的凹凸区间与拐点.

解 定义域为 $(-\infty,+\infty)$.
$$y'=3x^2-6x+5, \quad y''=6x-6$$
令 $y''=0$,解得 $x=1$.
列表作答,如表 2-3 所示.

表 2-3 $y=x^3-3x^2+5x-3$ 的凹凸性与拐点分析

x	$(-\infty,1)$	1	$(1,+\infty)$
$f''(x)$	$-$	1	$+$
$f(x)$	$\cap$	拐点$(1,-3)$	$\cup$

所以,函数 $y=x^3-3x^2+5x-3$ 的凸区间为 $(-\infty,1)$,凹区间为 $(1,+\infty)$,拐点为 $(1,-3)$.

小贴士

求凹凸区间及拐点的一般步骤如下.
(1) 求函数的定义域;
(2) 求出使 $f''(x)=0$ 的点及使 $f''(x)$ 不存在的点;
(3) 按照曲线凹凸性的判定定理来判断凹凸区间;
(4) 求拐点.

2.5.3 函数的最值

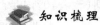知识梳理

在生产实践中,为了提高经济效益,必须要考虑在一定的条件下,怎样才能解决用料

最省、费用最低、效率最高、收益最大等问题.这类问题在数学上统统归结为求函数的最大值或最小值问题.

定义 2.8 设函数 $f(x)$ 在闭区间 $[a,b]$ 上有定义:若对于任意点 $x\in[a,b]$,都存在一点 $x_0\in[a,b]$,使 $f(x_0)\geqslant f(x)$[或 $f(x_0)\leqslant f(x)$]成立,则称 $f(x_0)$ 为函数 $f(x)$ 在闭区间 $[a,b]$ 上的最大值(或最小值),x_0 为最大值点(或最小值点).最大值或最小值统称为最值.

我们知道,闭区间上连续函数一定存在最大值和最小值.

可以证明,如果连续函数 $f(x)$ 的最大值(或最小值)在开区间 (a,b) 内取得,则这个最值一定是极值,也就是说,这个最值点一定是驻点或不可导点;此外最值也可能在区间的端点处取得(如图 2-7 所示).

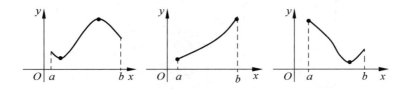

图 2-7 函数的最值

因此不难得到求连续函数在闭区间上最值的一般步骤:
(1)求驻点和不可导点;
(2)求驻点、不可导点以及区间端点处的函数值,比较大小,即得最大值或最小值.

 小贴士

在求函数的最值时,如果 $f(x)$ 在一个开区间内可导,且只有一个驻点 x_0,则当 x_0 是极大(小)值点时,则 x_0 一定是最大(小)值点(如图 2-8 所示).

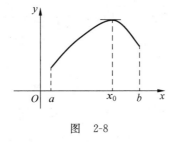

图 2-8

典型例解

例 2.28 计算函数 $y=x^4-2x^2+5$ 在区间 $[-2,2]$ 上的最大值和最小值.

解
$$f'(x)=4x^3-4x=4x(x^2-1)$$

令 $f'(x)=0$，得驻点 $x_1=-1, x_2=0, x_3=1$。

计算
$$f(-2)=f(2)=13, \quad f(-1)=f(1)=4, \quad f(0)=5$$

比较这些值的大小可知，$f(\pm 2)=13$ 为最大值，$f(\pm 1)=4$ 为最小值。

典型例解

案例 2.4 一个边长为 a 厘米的正方形铁皮，四角各截去一个大小相同的正方形，然后将四边折起做成一个无盖容器（如图 2-9 所示），试问截去的小正方形的边长为多大时，所得的容积最大？最大容积是多少？

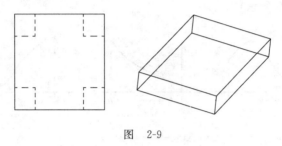

图 2-9

解 设截去的小正方形的边长为 x 厘米，容积为 V。

(1) 建立目标函数
$$V=(a-2x)^2 \cdot x, \quad x \in \left(0, \frac{a}{2}\right)$$

(2) 求最值点
$$V'=[(a-2x)^2 \cdot x]'=(a-2x)(a-6x)$$

令 $V'=0$，得驻点
$$x_1=\frac{a}{2}, \quad x_2=\frac{a}{6}$$

由于 $x_1=\frac{a}{2} \notin \left(0, \frac{a}{2}\right)$，应该舍去，因此 $x_2=\frac{a}{6}$ 是唯一的驻点，故截去的小正方形的边长为 $x=\frac{a}{6}$ 时，容积最大。

最大容积为
$$V=\left(a-2 \cdot \frac{a}{6}\right)^2 \cdot \frac{a}{6}=\frac{2}{27}a^3$$

案例 2.5 某房地产公司有 50 套公寓要出租，当租金定为每月 180 元时，公寓会全部租出去。当租金每月增加 10 元时，就有一套公寓租不出去，而租出去的房子每月需花费 20 元的整修维护费。试问房租定为多少可获得最高收入？

解 设每月房租定为 x 元，则每月租出去的房子有 $\left(50-\frac{x-180}{10}\right)$ 套，用 y 表示月总收入，那么有 $y=(x-20)\left(50-\frac{x-180}{10}\right)$，即

$$y = (x-20)\left(68 - \frac{x}{10}\right)$$

$$y' = \left(68 - \frac{x}{10}\right) + (x-20)\left(-\frac{1}{10}\right) = 70 - \frac{x}{5}$$

令 $y'=0$，得唯一驻点 $x=350$，故每月每套租金为 350 元时，收入最高. 最高收入为

$$y = (350-20)\left(68 - \frac{350}{10}\right) = 10\,890(元)$$

2.5.4 曲线的渐近线

为了准确地做出函数的图形，还必须研究曲线的渐近线.

定义 2.9 曲线 C 上的动点 M 沿曲线无限地远离原点时，点 M 与某固定直线 L 的距离趋向于零，则称 L 是曲线 C 的渐近线.

(1) 若 $\lim\limits_{x \to +\infty} f(x) = c$，或 $\lim\limits_{x \to -\infty} f(x) = c$，则曲线有水平渐近线 $y=c$.

(2) 若 $\lim\limits_{x \to c^+} f(x) = \infty$，或 $\lim\limits_{x \to c^-} f(x) = \infty$，则曲线有垂直渐近线 $x=c$.

例 2.29 求曲线 $y = \dfrac{1}{x}$ 的渐近线.

解 因为 $\lim\limits_{x \to 0} \dfrac{1}{x} = \infty$，所以曲线有垂直渐近线 $x=0$；

因为 $\lim\limits_{x \to \infty} \dfrac{1}{x} = 0$，所以曲线有水平渐近线 $y=0$，如图 2-10 所示.

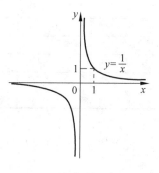

图 2-10 $y = \dfrac{1}{x}$ 的渐近线

2.5.5 函数图形的描绘

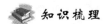

到目前，我们已经学习了函数的很多性态，利用这些性态可以做出函数比较精确的图形，一般讨论步骤如下.

(1) 确定函数的定义域；

(2) 确定函数的奇偶性，曲线与坐标轴的交点；

(3) 求出 $f'(x)$，利用 $f'(x)=0$ 及 $f'(x)$ 不存在的点将定义域划分为若干子区间，判断每个子区间函数的单调性及极值；

(4) 求出 $f''(x)$，利用 $f''(x)=0$ 及 $f''(x)$ 不存在的点将定义域划分为若干子区间，判断每个子区间函数的凹凸性及拐点；

(5) 求出曲线的渐近线；

(6) 将以上结果归纳列表，并作图.

典型例解

例 2.30 做函数 $y=\dfrac{2x}{1+x^2}$ 的图形.

解 (1) 函数的定义域是 $(-\infty,+\infty)$，显然函数又为奇函数，故只要研究 $x>0$ 部分,由对称性即可得出整个函数的图形.

(2) 考查曲线的驻点与可能的拐点：

$$y' = \frac{2(1+x^2)-4x^2}{(1+x^2)^2} = \frac{2(1-x^2)}{(1+x^2)^2}$$

$$y'' = \frac{-4x(1+x^2)^2-2(1+x^2)4x(1-x^2)}{(1+x^2)^4} = \frac{4x(x^2-3)}{(1+x^2)^3}$$

令 $y'=0$ 得 $x_1=-1, x_2=1$；

令 $y''=0$ 得 $x_2=-\sqrt{3}, x_3=0, x_4=\sqrt{3}$.

(3) 列表作答，如表 2-4 所示.

表 2-4　$y=\dfrac{2x}{1+x^2}$ 的单调性与凹凸性分析

x	0	(0,1)	1	$(1,\sqrt{3})$	$\sqrt{3}$	$(\sqrt{3},+\infty)$
y'		+	0	−	−	−
y''	0	−	−	−	0	+
y		↑∩	1	↓∩	$\dfrac{\sqrt{3}}{2}$	↓∪

极大值 $f(1)=1$，拐点 $\left(\sqrt{3},\dfrac{\sqrt{3}}{2}\right)$.

(4) 讨论渐近线.

由 $\lim\limits_{x\to+\infty}\dfrac{2x}{1+x^2}=0$，知 $y=0$ 是曲线的水平渐近线.

(5) 函数图形如图 2-11 所示.

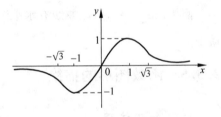

图 2-11　$y=\dfrac{2x}{1+x^2}$ 的图形

2.6 利用导数进行经济问题分析

问题导入

引例 2.8 假如你是一个航空公司经理，春节来临，你想决定是否增加新的航班，如果纯粹是从财务角度出发，你该如何决策？

分析 如何决策意思就是说，如果该航班能给公司挣钱，则应该增加.因此，需要考虑有关的成本和收入，关键是增加航班的附加成本是大于还是小于该航班所产生的附加收入，这种附加成本和收入便称为边际成本和边际收入.

设 $C(q)$ 是经营 q 个航班的总成本函数，若该航空公司原经营 200 个航班，则边际成

本为
$$C(201)-C(200)=\frac{C(201)-C(200)}{201-200}\approx C'(200)$$
因此,很多经济学家都选择将边际成本 MC 定义为总成本的瞬时变化率,即
$$边际成本 = MC = C'(q)$$
边际收入为
$$R(201)-R(200)=\frac{R(201)-R(200)}{201-200}\approx R'(200)$$
因此,很多经济学家都选择将边际收入 MR 定义为总收入的瞬时变化率,即
$$边际收入 = MR = R'(q)$$
这样,只需比较 $C'(200)$ 与 $R'(200)$,即可决定是否增加航班.

一般来说,导数在经济学中被称为边际,它对经济决策者做出正确的决策起着至关重要的作用,因此,导数在经济学的研究中有着深远而广泛的影响.

2.6.1 边际与边际分析

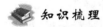

对于总成本函数 $C(q)$,当产量为 q,增加产量 Δq,相应的成本增加量 $\Delta C = C(q+\Delta q) - C(q)$,则 $\frac{\Delta C}{\Delta q}$ 就是成本的平均变化率. 当 $\Delta q \to 0$ 时,$\frac{\Delta C}{\Delta q}$ 的极限就是成本在 q 时的变化率.

定义 2.10 设总成本函数 $C(q)$ 在产品产量(或销量)为 q 时可导,其导数值称为 $C(q)$ 在 q 时的边际成本. 记为 MC,即
$$MC = C'(q) = \lim_{\Delta q \to 0}\frac{\Delta C}{\Delta q}$$

同理,可以利用导数定义:
$$边际收入\ MR = R'(q) = \lim_{\Delta q \to 0}\frac{\Delta R}{\Delta q}$$
$$边际利润\ ML = L'(q) = \lim_{\Delta q \to 0}\frac{\Delta L}{\Delta q}$$
$$边际需求\ Q'(p) = \lim_{\Delta p \to 0}\frac{\Delta Q}{\Delta p}$$

小贴士

利用边际函数可以较快地估计或预测出经济函数在某种状态下的未来发展趋势.常见边际函数的经济意义如下.

(1) 边际成本:当产量达到 q 个单位产品时,如果再生产一个单位产品,总成本将增加 MC 个单位.

(2) 边际收益:当产量达到 q 个单位产品时,如果再生产一个单位产品,总收益将增加 MR 个单位.

（3）边际利润：当产量达到 q 个单位产品时，如果再生产一个单位产品，总利润将增加 ML 个单位.

（4）边际需求：当价格达到 p 个单位时，如果价格再提高一个单位，总需求量将增加 $Q'(p)$ 个单位.

典型例解

案例 2.6 某企业对销售进行分析后指出，每天的利润 $L(x)$（元）与产量 x（kg）之间的关系为：$L(x)=12x-x^2$，试确定每天生产 4、6、8 时的边际利润.

分析 边际利润为总利润函数的导数，表示产量为 x 单位时总利润的变化率.

解 边际利润 $L'(x)=12-2x$. 于是 $L'(4)=4, L'(6)=0, L'(8)=-4$.

上述结果表明，在每天生产 4kg 的基础上再多生产 1kg 时，利润将增加 4 元；在每天生产 6kg 的基础上再多生产 1kg 时，利润不增加；在每天生产 8kg 的基础上再多生产 1kg 时，利润反而减少 4 元.

这说明该产品并非生产越多利润越高，供大于求时反而利润会下降.

通过这个实际例子可以看出，当企业决策时，如果采用边际利润进行分析，可以减少企业投资的盲目性，使企业在扩大再生产时了解投资前景，减少投资损失.另外，如果该企业是多种产品综合企业，通过这种方法计算出各种产品的边际利润率（边际利润与总利润之比），而使生产资金转向边际利润率相对较大的产品，会企业资金流向更加合理，从而提高经济效益.

2.6.2 弹性

知识梳理

导数实质上解决了函数的变化率问题，在经济问题中，还需要研究不同变量之间相对变化的情况，并且这些变量的单位各不相同，此时利用导数概念就不太合理，而必须采用一种与任何单位都无关的度量方法——弹性.

弹性是指一个变量相对于另一个变量的变化所做出的反应程度.它研究的是函数的相对变化率问题.

定义 2.11 设函数 $y=f(x)$ 在 x_0 处可导，$f(x_0)\neq 0$，极限

$$\lim_{\Delta x \to 0} \frac{\Delta y/y_0}{\Delta x/x_0} = \frac{x_0}{y_0} \lim_{\Delta x \to 0} \frac{\Delta y}{\Delta x} = \frac{x_0}{f(x_0)} f'(x_0)$$

称为函数 $y=f(x)$ 在 x_0 处的相对变化率或点弹性.

由弹性的定义可知，函数的弹性与量纲无关，即与 x、y 的计量单位无关，这使弹性在经济学中有了广泛的应用.

在市场经济中，商品经营者十分关心价格的变动对收入的影响，下面用需求弹性分析价格变动时引起收入的变化规律.

由于需求函数 $Q=Q(p)$ 为单调递减函数,因此 $Q'(p)\leqslant 0$,计算出来的弹性函数值也小于零.

典型例解

案例 2.7 某商品的需求函数为 $Q=e^{-\frac{p}{5}}$,求

(1) 需求弹性函数;

(2) $p=3, p=5, p=6$ 时的需求弹性,并说明经济意义.

解 (1) 需求弹性函数:

$$\eta(p)=\frac{p}{Q}\cdot Q'(p)=\frac{p}{e^{-\frac{p}{5}}}\cdot(e^{-\frac{p}{5}})'=\frac{p}{e^{-\frac{p}{5}}}\cdot\left(-\frac{1}{5}e^{-\frac{p}{5}}\right)=-\frac{p}{5}$$

(2) $\eta(3)=-\frac{3}{5}=-0.6$,表明当 $p=3$ 时,价格上涨(下降)1%时,需求量将减少(增加)0.6%. 即商品需求量变动的幅度低于价格变动的幅度.

$\eta(5)=-\frac{5}{5}=-1$,表明当 $p=5$ 时,商品需求量变动的幅度与价格变动的幅度相等.

$\eta(6)=-\frac{6}{5}=-1.2$,表明当 $p=6$ 时,价格上涨(下降)1%时,需求量将减少(增加)1.2%. 即商品需求量变动的幅度高于价格变动的幅度.

通过以上分析可知,当企业进行价格调整时,应经过调研分析,当低弹性即 $|\eta|<1$ 时,可以适当提价会使总收入增加,不会因盲目降价促销而影响企业收入;当高弹性即 $|\eta|>1$ 时,可以采用降价措施,能达到薄利多销增加收入的目的. 否则,随意调价会因产品积压或不能收回成本而使企业陷入困境,难以在竞争中谋求发展.

小贴士

$\eta(p)$ 在经济学中解释为:当价格为 p 时,价格上涨(下降)1%时,需求量将减少(增加)η%.

当 $|\eta|=1$ 时,需求相对变化率与价格相对变化率相等. 也就是说,在这时提价1%,需求量将下降1%,总收入不变.

当 $|\eta|<1$ 时,若价格 p 提高(降低)1%,需求量将下降(提高)不足1%,总收入将会增加(减少). 生活必需品多属此类.

当 $|\eta|>1$ 时,若价格 p 提高(降低)1%,需求量将下降(提高)大于1%,总收入将会减少(增加). 奢侈品多属此类.

通过以上分析,当企业进行价格调整时,应经过调研分析,当低弹性即 $|\eta|<1$ 时,可以适当提价会使收入增加,不会因盲目降价促销而影响企业收入;当高弹性即 $|\eta|>1$ 时,采用降价措施,能达到薄利多销多收入的目的. 否则,随意调价会因产品积压或不能收回成本而使企业陷入困境,难以在竞争中谋求发展.

2.6.3 最优化经济问题

知识梳理

在数学分析中,可以利用导数对某一函数进行分析,通过判断稳定点是否满足最值的充分条件来求函数最值.这一思想运用到经济上可以进行经济业务最大化、最小化分析,通过分析合理有效地安排生产,最大限度地取得利润,最小限度地消耗能量与原料.这就是最优化经济问题.

微观经济学认为,追求利润的最大化是企业经营的最根本的目的.如何确定产量(销量)水平就是利润最大时所要求的水平呢?这就是利润最大化所要解决的问题.

利润函数 $L(x) = R(x) - C(x)$ 被称为企业目标函数,为了求出使利润最大的产出水平,根据极值存在的必要条件和充分条件,应有

$$L'(x) = R'(x) - C'(x) = 0$$
$$L''(x) = R''(x) - C''(x) < 0$$

即

$$R'(x) = C'(x) \tag{2-8}$$
$$R''(x) < C''(x) \tag{2-9}$$

在经济学中,式(2-8)表明,边际收益等于边际成本,这就是利润最大化原则;式(2-9)表明,边际成本的变化率大于边际收益的变化率,这时的产出水平使利润最大.

典型例解

案例 2.8 已知某厂商在完全竞争中总成本函数和总收益函数分别为

$$C = C(Q) = \frac{2}{3}Q^3 - 10Q^2 + 36Q + 3 \quad \text{与} \quad R = R(Q) = 4Q$$

求利润最大化时的产出水平及最大利润.

解 利润函数为

$$L(Q) = R(Q) - C(Q)$$
$$= 4Q - \left(\frac{2}{3}Q^3 - 10Q^2 + 36Q + 3\right)$$
$$= -\frac{2}{3}Q^3 + 10Q^2 - 32Q - 3$$

由极值存在的必要条件

$$L'(Q) = -2Q^2 + 20Q - 32 = 0$$

解得

$$Q = 2 \quad \text{或} \quad Q = 8$$

再由极值存在的充分条件

$$L''(Q) = -4Q + 20$$
$$L''(2) = 12 > 0 (舍去)$$
$$L''(8) = -12 < 0$$

所以利润最大化的产出水平为 $Q=8$,最大利润为
$$L(8) = -\frac{2}{3} \times 8^3 + 10 \times 8^2 - 32 \times 8 - 3 = \frac{119}{3}$$

案例 2.9 某产品每天生产 Q 个单位时,平均成本函数为 $\bar{C}=0.25Q+10$,销售价格为 $p=25$ 元,求:每天生产多少个单位产品时,可获得最大利润,最大利润为多少?

解 根据题意,总收入函数为总成本函数分别为
$$R(Q) = pQ = 25Q, \quad C(Q) = Q \times \bar{C} = 0.25Q^2 + 10Q$$
求得利润函数为
$$L(Q) = R(Q) - C(Q) = 15Q - 0.25Q^2$$
令 $ML=L'(Q)=15-0.5Q=0$,得驻点 $Q=30$, $L(30)=225$ 元,根据实际问题驻点唯一,所以每天生产 30 个单位时,可获最大利润 225 元.

同理,可以对其他经济业务进行最大化和最小化分析,如收益最大化、成本最小化、费用最低等.

2.7 利用 MATLAB 计算函数的导数

2.7.1 导数计算

知识梳理

MATLAB 系统中,diff 命令用于求微分运算,具体调用格式如表 2-5 所示.

表 2-5 求微分命令

格　式	功　能
diff(f, x)	$\dfrac{\mathrm{d}f}{\mathrm{d}x}$ 或 $f'(x)$
diff(f, x, n)	$\dfrac{\mathrm{d}^n f}{\mathrm{d}x^n}$ 或 $f^{(n)}(x)$

典型例解

例 2.31 求下列函数的导数:

设 $y=(1+x^2)\sin x$,求 $\dfrac{\mathrm{d}y}{\mathrm{d}x}$、$\dfrac{\mathrm{d}y}{\mathrm{d}x}\bigg|_{x=1}$.

解 命令代码如下.

```
>> clear                    % 清除工作区中的变量,以免影响后面程序的结果
>> syms x;
>> y = (1 + x^2) * sin(x);
>> yy = diff(y,x)           % 结果:yy = 2 * x * sin(x) + (1 + x^2) * cos(x)
>> subs(yy,x,pi/2)          % 结果:ans = 3.1416
```

例 2.32 求函数 $y=\ln(1+x)$ 的二阶导数 $\dfrac{d^2y}{dx^2}$.

解 命令代码如下.

```
>> syms x;
>> y = log(1 + x);
>> diff(y,x,2)                  % 结果：ans = -1/(1 + x)^2
```

例 2.33 求函数 $z=e^{2x+y}$ 的偏导数 $\dfrac{\partial z}{\partial x}$、$\dfrac{\partial z}{\partial y}$.

解 命令代码如下.

```
>> syms x y;
>> z = exp(2*x + y);
>> diff(z,x)                    % 结果：ans = 2*exp(2*x + y)
>> diff(z,y)                    % 结果：ans = exp(2*x + y)
```

2.7.2 求一元函数的极值点

MATLAB 系统中，fminbnd 命令用于求一元函数的极值，格式如下.

格式：[x_min, f_min] = fminbnd(function, x1, x2)

功能：求函数 function 在区间 [x1, x2] 上的极小值点与极小值，结果分别保存在变量 x_min 和 f_min 中.

典型例解

例 2.34 求函数 $y=x^3+2x^2-1$ 的极小值点.

解 命令代码如下.

```
>> x = -3:0.1:3;
>> y = x.^3 + 2.*x.^2 - 1;
>> plot(x,y)                    % 画曲线图，如图 2-12 所示
>> y1 = 'x^3 + 2*x^2 - 1';
>>[x,y] = fminbnd(y1, -0.5, 0.5)  % 求极小值
x = 3.0620e - 006               % 得到函数的极小值点
y = -1.000                      % 得到函数的极小值
```

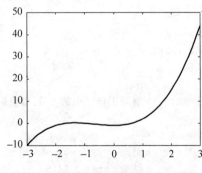

图 2-12 $y=x^3+2x^2-1$ 的图形

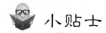 小贴士

求极值一般先画曲线图,然后从图中估计极值点所在的区间,最后利用 fminbnd 命令求出极值点.

案例 2.10 某种圆形易拉罐,假设其侧面和底面的厚度相同,而顶部的厚度是底面和侧面厚度的 3 倍,其容积 $V=4\pi$ 一定时,试分析易拉罐的高和底面的直径分别为多少时,制造易拉罐的材料最省.市场上的易拉罐,其高和底面直径之比是否符合你得到的结论?

解 第一步:问题分析

总材料最省即要使易拉罐的表面积最小.而表面积涉及底面、侧面、顶面三部分,可定性地写出目标函数:

$$表面积 = 底面积 + 侧面积 + 顶面积$$

第二步:建立模型

设圆柱形的底面圆半径为 r,高为 h,再设底面、侧面厚度为 l,则顶面厚度为 $3l$,表面积为 S,则

$$S = 2\pi rhl + \pi r^2 l + \pi r^2 3l = 2\pi rl(h+2r) \tag{2-10}$$

又已知体积 V 一定(即约束条件),得 $V=\pi r^2 h$,即

$$h = \frac{V}{\pi r^2} \tag{2-11}$$

将式(2-11)代入式(2-10),得

$$S = 2\pi l\left(\frac{V}{\pi r} + 2r^2\right), \quad r \in (0, +\infty)$$

第三步:模型求解

在 MATLAB 中计算代码如下.

```
>> r = 0.1:0.01:3;
>> v = 4 * pi;
>> l = 1;
>> s = 2 * pi * (v./(pi * r) + 2 * r. * r);
>> plot(r,s)                    % 画曲线图,如图 2-13 所示
>> fminbnd(ss,0.5,1.5)
ans = 1.0000
```

第四步:结果解释

(1) 从计算结果可以看出,易拉罐的底面半径 $r=1$ 时,表面积值最小,即所用材料最省.此时,底面直径为

$$d = 2r = 2 \times 1 = 2$$

易拉罐的高为

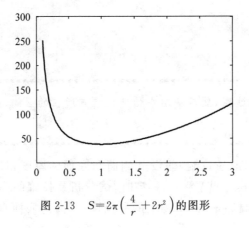

图 2-13 $S=2\pi\left(\dfrac{4}{r}+2r^2\right)$ 的图形

$$h = \frac{V}{\pi r^2} = \frac{4\pi}{\pi \times 1^2} = 4$$

（2）易拉罐的高是底面直径的一倍．市场上不少易拉罐，如可口可乐、椰汁等，均与此相似．

本章知识结构图

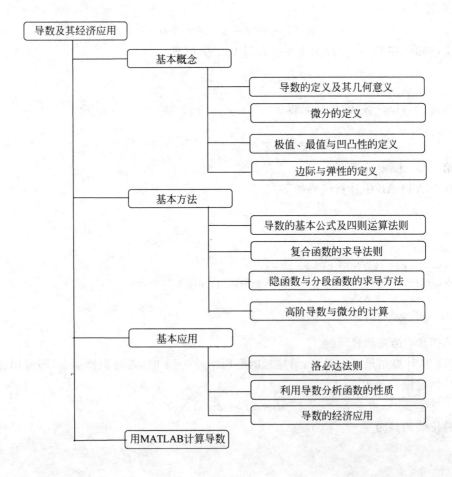

链接思考

(1) 从绿皮火车到高铁,彰显了中国速度.其中离不开无数个铁路人长年累月的艰辛劳动和精益求精的工匠精神.复兴号动车组列车不仅是世界上最快的高铁,更重要的它能在高速行驶下依然平稳运行,这些是怎么做到的呢?这其实就要用到导数,导数概念的本质是瞬时变化率,在不同的领域有不同的实际意义,在物理学中它就是瞬时速度,在几何学中它就是曲线的斜率,而从物理学的角度看斜率就是运动方向,结合导数在瞬时速度和运动方向方面的应用模型,试分析其中原理.

(2) 一阶导数的符号反映的是事物是增长还是减少,二阶导数的符号反映的则是增长或减少的快慢程度.试分析"1985 年美国国防部总抱怨国会削减了国防预算"这一事件的不正确性(提示:事实上,国会只是削减了国防预算增长的速度,而总预算依然在增长).

数学那些事——数学界的两大"诺贝尔奖"

一年一度令世人瞩目的诺贝尔奖中,只设有物理、化学、生物或医学、文学、和平事业及经济学六个类别,竟然没有数学这个科学之"王"的份额,使数学这个重要学科失去了在世界上评价其重大成就和表彰其卓越人物的机会.正是在这种背景下,世界上先后树起了两个国际性的数学大奖:一个是四年一度的菲尔兹奖;另一个是一年一度的沃尔夫奖.这两个数学大奖的权威性和国际性,以及所享有的荣誉都不亚于诺贝尔奖,因此被世人誉为"数学中的诺贝尔奖".

菲 尔 兹 奖

菲尔兹奖是以已故加拿大数学家、教育家 J.C. 菲尔兹的姓氏命名的.菲尔兹,1863 年生于加拿大渥太华,曾任美国阿勒格尼大学和加拿大多伦多大学教授,为使北美洲数学迅速发展并赶上欧洲,他第一个在加拿大推进研究生教育.并全力筹备并主持了 1924 年在多伦多召开的第一届国际数学家大会.当他得知大会经费有结余时,就萌发了设立一个国际数学奖的念头.菲尔兹在去世前立下遗嘱,把自己的遗产捐献到上述剩余经费中,由多伦多大学转交给第九届国际数学家大会.大会为赞许菲尔兹的远见卓识、组织才能和他为促进数学事业的国际交流所表现的无私奉献的伟大精神,一致同意将该奖命名为菲尔兹奖.

菲尔兹奖包括一枚纯金制成的奖章和 1 500 元美元,奖章上刻有希腊数学家阿基米德的头像,并用拉丁文镌刻"超越人类极限,做宇宙主人"的格言.

就奖金数目来说,菲尔兹奖与诺贝尔奖相比可以说是微不足道的,但它的地位却如此崇高,原因有三:第一,它是由数学界的国际权威学术团体——国际数学联合会主持,从全世界 40 岁以下青年数学家中评定遴选出来的;第二,它是在每隔四年才召开一次的国际数学家大会上隆重颁发的,且每次一般只有 2~4 名获奖者,因此获奖的机会比诺贝尔奖还要少;第三,也是最根本的一条是由于得奖人的出色才干,赢得了国际社会的声誉,他们都是数学天空中的灿烂明星,是数学界的精英.

沃尔夫奖

1976年1月1日,R.沃尔夫(Ricardo Wolf)及其家族捐献1 000万美元成立了沃尔夫基金会,其宗旨主要是为了促进全世界科学、艺术的发展.

沃尔夫,1887年生于德国,其父是德国汉诺威城的一位五金商人,也是该城犹太社会的名流.沃尔夫曾在德国研究化学,并获得博士学位.第一次世界大战前移居古巴.他用了将近20年的时间,经过大量试验,历尽艰辛,成功地发明了一种从熔炼废渣中回收铁的方法,从而成为百万富翁.1961—1973年曾任古巴驻以色列大使,以后定居以色列,1981年去世.

沃尔夫基金会的理事会主席由以色列政府官员担任,评奖委员会由世界著名科学家组成,授奖范围包括数学、物理、化学、医学、农业和艺术6个领域,1978年开始颁发,每年颁发一次,每个奖的奖金为10万美元,可以由几人分得.由于沃尔夫奖具有终身成就性质,是世界最高成就奖之一,所以获奖者都是闻名遐迩的当代数学大师,他们的成就在相当程度上代表了当代数学的水平和进展.

克拉福德奖

克拉福德奖是瑞典为诺贝尔奖未能涵盖的科学领域所设,授奖范围包括数学、地球科学、生命科学和天文学4个领域,每个学科每6年循环一次,奖金是50万美元.此奖是由已故人工肾脏发明者、瑞典大工业家霍尔格·克拉福德与其妻子安娜-格蕾塔·克拉福德于1980年捐款设立的,有人戏称它比诺贝尔奖还难拿,因此影响力有限.

阿贝尔奖

阿贝尔奖是由挪威王室向杰出数学家颁发的奖项,每年颁发一次,奖金高达80万美元.2003年,为了纪念挪威天才数学家阿贝尔诞辰200周年,挪威政府设立了一项数学奖——阿贝尔奖.因其奖项相当于诺贝尔奖的奖金,所以是目前世界上奖金最高的数学奖.

应知应会 2

一、选择题

1. 曲线 $y=e^x-e^{-x}$ 在点 $(0,2)$ 处切线斜率 $k=$（　　）.
   A. 0　　　　　　B. 1　　　　　　C. -1　　　　　　D. 2

2. 设函数 $y=e^{5x}+\sin\dfrac{\pi}{3}$,则 $y'=$（　　）.

   A. e^{5x}　　　　　　B. $5e^{5x}$

   C. $5e^{5x}+\cos\dfrac{\pi}{3}$　　　　　　D. $5e^x+\cos\dfrac{\pi}{3}$

3. 已知函数 $f(x)$ 在点 x_0 处可导,则极限 $\lim\limits_{\Delta x\to 0}\dfrac{f(x_0-3\Delta x)-f(x_0)}{\Delta x}=$（　　）.

A. $-3f'(x_0)$ B. $3f'(x_0)$
C. $-\dfrac{1}{3}f'(x_0)$ D. $\dfrac{1}{3}f'(x_0)$

4. 已知函数 $y=xe^x+x^2$，则 $y''(0)=(\quad)$.
   A. -3 B. 4 C. 0 D. 2

5. 已知 $y=\sin 2x$，则 $y''=(\quad)$.
   A. $-4\sin 2x$ B. $4\sin 2x$ C. $4\cos 2x$ D. $-4\cos 2x$

6. 曲线 $y=x^4-6x^2$ 的拐点是( ).
   A. ± 1 B. $(1,5)$ C. $(-1,5)$ D. $(\pm 1,5)$

7. 设函数 $f(x)$ 在 (a,b) 内有 $f''(x)>0$，则在 (a,b) 内必有( ).
   A. $f(x)>0$ B. $f(x)<0$
   C. $f(x)$ 是凸曲线 D. $f(x)$ 是凹曲线

8. 函数 $f(x)=e^x+e^{-x}$ 的极小值点是( ).
   A. 0 B. -1 C. 1 D. 不存在

9. 下列说法正确的是( ).
   A. 函数的极大值一定大于函数的极小值
   B. 函数的极值可以在端点上取得
   C. 函数的极值是唯一的
   D. 函数的极大值和极小值没有必然的大小关系

10. 某商品，当价格 $p=2$ 时，需求量 $Q=8$，需求量对价格的弹性 $\eta_p=0.1$，则 $p=2$ 时的边际需求为( ).
    A. 0.4 B. 1 C. 0 D. 1.2

二、填空题

1. 曲线 $y=x^2-2x$ 在点 $(0,1)$ 处的切线方程是_____.

2. 设 $f(x)=\dfrac{1+x}{1-x}+\ln 2$，则 $f'(2)=$ _____.

3. 设 $y=\cos 5x$，则 $\dfrac{d^2 y}{dx^2}=$ _____.

4. 设 $y=3x^3+x^2-5$，则 $y'''=$ _____.

5. 设 $y=x^3\cos x+\cos\dfrac{\pi}{3}$，则 $dy=$ _____.

6. 函数 $y=e^{-x^2}$ 的驻点是_____.

7. 函数 $f(x)=x^2\ln x$ 在 $[1,e]$ 上的最大值为_____，最小值为_____.

8. 曲线 $y=\dfrac{\ln x}{x}$ 的水平渐近线为_____，垂直渐近线为_____.

9. 某商品的需求函数为 $Q=100-p^2$，则当价格 $p=5$ 时的需求弹性是_____.

10. 某商品的成本函数为 $C(Q)=150+3Q+Q^2$，则当产量 $Q=3$ 时的边际成本是_____，其经济意义是_____.

三、计算题

1. 求下列函数的导数.

    (1) $y = x + \dfrac{1}{x}$

    (2) $y = \dfrac{\sqrt{x}}{2} + \ln x$

    (3) $y = \sin x + \sin \dfrac{\pi}{6}$

    (4) $y = 5e^x \cos x$

    (5) $y = \dfrac{\log_2 x}{x}$

    (6) $y = \dfrac{x-2}{x+2}$,求 $y'(0)$

2. 求下列复合函数的导数.

    (1) $y = (2-3x)^3$

    (2) $y = \ln(3x^2 + 7)$

    (3) $y = e^{x - \cos x}$

    (4) $y = \sin^2 x$

    (5) $y = \cos^2(2x + 3e^x)$

    (6) $y = \cos f(x)$ ($f(x)$可导)

3. 求下列方程所确定的隐函数的导数 y'.

    (1) $x^3 - y^3 + xy = 1$

    (2) $\cos xy = x$

4. 求下列函数的二阶导数.

    (1) $y = x^2 + \sin x$

    (2) $y = (3x + 1)^3$

    (3) $y = \ln(5 + x^2)$

    (4) $y = e^{-x}$

5. 求下列函数的微分.

    (1) $y = \ln x \cdot \sin x$

    (2) $y = \cos e^x$

    (3) $y = x^2 e^{-x^2}$

    (4) $y = \dfrac{1}{x^3} - x^3$

6. 利用洛必达法则求极限.

    (1) $\lim\limits_{x \to 0} \dfrac{1 - \cos x}{e^x - 1}$

    (2) $\lim\limits_{x \to 1} \dfrac{x^2 - 2x + 1}{x^2 - 1}$

    (3) $\lim\limits_{x \to 0} \dfrac{\sin 5x}{2x}$

    (4) $\lim\limits_{x \to 0} \dfrac{\ln(1 - x)}{x}$

    (5) $\lim\limits_{x \to +\infty} \dfrac{e^x}{x^2 - 1}$

    (6) $\lim\limits_{x \to \infty} \dfrac{16 - x^2}{x^2 + 5x - 4}$

    (7) $\lim\limits_{x \to 0^+} x \ln x$

    (8) $\lim\limits_{x \to \infty} x(e^{\frac{1}{x}} - 1)$

    (9) $\lim\limits_{x \to 0} \left(\dfrac{1}{x} - \dfrac{1}{\sin x} \right)$

    (10) $\lim\limits_{x \to 0} \left(\dfrac{1}{x} - \dfrac{1}{1 - e^x} \right)$

7. 求下列函数的单调区间和极值.

    (1) $f(x) = 2x^3 - 3x^2$

    (2) $f(x) = 2x^2 - \ln x$

8. 求下列函数在给定区间上的最值.

    (1) $f(x) = 2x^3 - 3x^2$,$[-1, 4]$

    (2) $f(x) = x + \sqrt{x}$,$[0, 4]$

9. 求下列函数的凹凸区间与拐点.

    (1) $f(x) = x^4 - 2x^3 + 1$

    (2) $f(x) = \sqrt[3]{x}$

10. 描绘函数 $f(x) = x^3 - 3x^2 + 2$ 的图形.

四、解答题

1. 已知某商品的总成本函数为 $C(Q)=1\,000+\dfrac{Q^2}{10}$，试求当 $Q=100$ 时的平均成本、边际成本，并给出经济解释.

2. 某公司型号的扩音器系统的需求量 Q(套)与单价 p(元)之间的函数关系为
$$Q=20\,000-50p$$
(1) 求需求弹性函数 η_p;
(2) 求 $p=100$ 时的需求弹性，并说明其经济意义.

3. 已知某产品的需求函数为 $Q=50-50p$（Q 为产量，p 为单价），成本函数为 $C(Q)=50-2Q$，求产量 Q 为多少时总利润 L 最大，最大利润是多少？

综合运用 2

1. 已知函数 $y=f(x)$ 在 $x=3$ 处可导且 $f'(3)=1$，求 $\lim\limits_{h\to 0}\dfrac{f(3+h)-f(3-h)}{h}$.

2. 已知函数 $y=x^3-1$，求函数曲线上点 $x=2$ 处的切线方程和法线方程.

3. 求曲线 $y=x^2$ 上与直线 $y=4x-7$ 平行的切线方程，并求出过相应切点的法线方程.

4. 半径为 15cm 的金属薄片，受热后半径伸长了 0.05cm，试问面积约增大了多少？

5. 求 $\sqrt[5]{0.99}$ 的近似值.

6. 讨论函数 $f(x)=\begin{cases}1+x, & x<0 \\ 1-x, & x\geq 0\end{cases}$ 在端点 $x=0$ 处的连续性与可导性.

7. 试分析函数 $y=x^3-9x^2+24x-10$ 的单调性与凹凸性.

8. 求曲线 $f(x)=\dfrac{x^3}{(x+1)^2}$ 的极值点、极值、拐点、渐近线及图像.

9. 已知某产品当产量为 x 时的总成本函数为 $C(x)=100+\dfrac{x^2}{4}$，求：
(1) 当产量 $x=10$ 时的边际成本；
(2) 产量为多少单位时平均成本最小.

10. 某厂生产某种产品 x 件的固定成本是 $1\,800$ 元，变动成本是 $\dfrac{1}{2}x^2+5x$，已知该产品的需求函数 $x=1\,400-p$（x 为产量，p 为单价），求获得最大利润时的产量.

第 3 章

积分及其经济应用

积分学包含定积分和不定积分两大部分,不定积分为定积分提供计算方法,定积分主要研究函数在一个区间上的整体性质,所研究的问题是静态的.这一部分内容提供的概念和基本方法是以后处理其他类似问题的基础.因此,要准确地理解本章的概念和掌握本章的基本方法,并注意理解定积分处理这类问题的思想.

学习目标

【基本要求】

(1) 理解(不)定积分的定义与几何意义,了解(不)定积分的基本性质;
(2) 熟练掌握不定积分的基本公式;
(3) 理解牛顿-莱布尼兹基本公式的意义,熟练掌握其使用方法;
(4) 熟练掌握(不)定积分的计算方法(换元、分部积分法);
(5) 理解掌握变上限定积分、广义积分的定义及计算方法;
(6) 理解掌握定积分在几何、经济方面的简单应用.

【学习重点】

(1) 不定积分的基本公式、牛顿-莱布尼兹基本公式、(不)定积分的第一换元方法、分部积分法;
(2) 平面图形的面积;
(3) 经济学中总函数的计算方法.

3.1 不定积分的概念

正如乘法有它的逆运算除法一样,微分法也有它的逆运算——积分法.在微分学中所研究的问题是寻求已知函数的导数,但在许多时间问题中,常常需要研究相反的问题,就是已知函数的导数,求原来的函数.

❓ 问题导入

引例 3.1 已知曲线 $y=F(x)$ 在横坐标为 x 的点处的切线斜率为 $2x$,且曲线过点

(1,2),求该曲线 $y=F(x)$ 的方程.

分析 这是已知曲线 $y=F(x)$ 的切线斜率,求曲线方程的问题.根据已知,切线斜率 $k=2x$,又由导数的几何意义可知,切线斜率 $k=F'(x)=2x$.

我们已经知道 $(x^2)'=2x$,若 C 是任意常数,也有 $(x^2+C)'=2x$,于是所求的曲线方程为
$$y=F(x)=x^2+C$$
又因为曲线过点(1,2),即当 $x=1$ 时,$y=2$,可以利用这个条件来确定常数 C,即
$$2=1^2+C, \quad C=1$$
从而所求的曲线方程为
$$y=F(x)=x^2+1$$

微分法是研究如何从已知函数求出其导数,而引例中的问题是:已知导函数 $F'(x)$ 要还原函数 $F(x)$.显然这是微分的逆问题,这也正是不定积分所要研究的问题.

3.1.1 不定积分的概念与性质

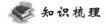

定义 3.1 设函数 $f(x)$ 在某个区间上有定义,如果存在一个函数 $F(x)$,使在此区间上每一点都有
$$F'(x)=f(x) \quad \text{或} \quad \mathrm{d}F(x)=f(x)\mathrm{d}x$$
则称函数 $F(x)$ 是函数 $f(x)$ 在该区间上的一个原函数.

通常情况下,若 $F(x)$ 是 $f(x)$ 的一个原函数,C 为任意常数,则 $F(x)+C$ 表示了 $f(x)$ 的全体原函数.

定义 3.2 如果函数 $F(x)$ 是函数 $f(x)$ 在某区间上的一个原函数,则函数 $f(x)$ 的全体原函数 $F(x)+C$(C 为任意常数)称为函数 $f(x)$ 在该区间上的不定积分,记作 $\int f(x)\mathrm{d}x$,即
$$\int f(x)\mathrm{d}x = F(x)+C \tag{3-1}$$

其中 $\int$ 称为积分号,x 称为积分变量,$f(x)$ 称为被积函数,$f(x)\mathrm{d}x$ 称为被积表达式,C 称为积分常数.

不定积分的几何意义是:若 $F(x)$ 为 $f(x)$ 的一个原函数,则 $y=F(x)$ 的图像称为 $f(x)$ 的一条积分曲线. 不定积分 $\int f(x)\mathrm{d}x$ 表示 $f(x)$ 的某一条积分曲线沿纵轴方向任意平移所得到的所有积分曲线组成的积分曲线族.显然,若在每一条积分曲线上横坐标相同的点作切线,则这些切线是互相平行的,如图 3-1 所示.

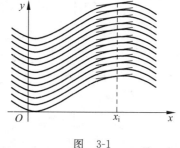

图 3-1

典型例解

例 3.1 求 $\int x^2 \mathrm{d}x$.

解 因为 $\left(\dfrac{1}{3}x^3\right)' = x^2$,即 $\dfrac{1}{3}x^3$ 是 x^2 的一个原函数,于是得

$$\int x^2 \mathrm{d}x = \dfrac{1}{3}x^3 + C$$

例 3.2 设曲线上每一点切线的斜率为 $2x$,且该曲线过点 $(1,3)$,求此曲线的方程.

解 设所求曲线方程为 $y = f(x)$,由题意可知:$y' = 2x$,即 $y = \int 2x \mathrm{d}x = x^2 + C$,将点 $(1,3)$ 代入上式,有 $3 = 1^2 + C$,得 $C = 2$,故该曲线方程为 $y = x^2 + 2$.

知识梳理

根据不定积分定义,不难得到下述性质:

性质 3.1 不定积分与求导或微分互为逆运算,即

(1) $\left(\int f(x)\mathrm{d}x\right)' = f(x)$ 或 $\mathrm{d}\int f(x)\mathrm{d}x = f(x)\mathrm{d}x$;

(2) $\int F'(x)\mathrm{d}x = F(x) + C$ 或 $\int \mathrm{d}F(x) = F(x) + C$.

性质 3.2 $\int kf(x)\mathrm{d}x = k\int f(x)\mathrm{d}x$,$k \neq 0$,$k$ 为常数.

性质 3.3 $\int [f(x) \pm g(x)]\mathrm{d}x = \int f(x)\mathrm{d}x \pm \int g(x)\mathrm{d}x$

性质 3.3 可以推广到有限多个函数的代数和作为被积函数的情形.

3.1.2 基本积分公式

由于求不定积分是求导数的逆运算,由基本初等函数的导数公式便可得到相应的基本积分公式,如表 3-1 所示.

表 3-1 基本积分公式

序号	公式
1	$\int 0\mathrm{d}x = C$
2	$\int k\mathrm{d}x = kx + C$,$k$ 为常数
3	$\int x^\alpha \mathrm{d}x = \dfrac{1}{\alpha+1}x^{\alpha+1} + C$,$\alpha \neq -1$
4	$\int \dfrac{1}{x}\mathrm{d}x = \ln|x| + C$
5	$\int a^x \mathrm{d}x = \dfrac{a^x}{\ln a} + C$,$a > 0$,$a \neq 1$;特别地 $\int \mathrm{e}^x \mathrm{d}x = \mathrm{e}^x + C$

续表

序号	公　　式
6	$\int \cos x \, dx = \sin x + C$
7	$\int \sin x \, dx = -\cos x + C$
8	$\int \sec^2 x \, dx = \tan x + C$
9	$\int \csc^2 x \, dx = -\cot x + C$
10	$\int \sec x \tan x \, dx = \sec x + C$
11	$\int \csc x \cot x \, dx = -\csc x + C$
12	$\int \dfrac{dx}{\sqrt{1-x^2}} = \arcsin x + C$
13	$\int \dfrac{dx}{1+x^2} = \arctan x + C$

典型例解

例 3.3 计算下列不定积分.

(1) $\int \left(2\sqrt{x} - \dfrac{1}{x}\right) dx$ 　　(2) $\int \left(2x^2 + x + \dfrac{1}{\sqrt{x}} - \dfrac{3}{x^2} + 5\right) dx$

(3) $\int \dfrac{x^2}{1+x^2} dx$ 　　(4) $\int \cos^2 \dfrac{x}{2} dx$

解 (1) $\int \left(2\sqrt{x} - \dfrac{1}{x}\right) dx = \int 2\sqrt{x} \, dx - \int \dfrac{1}{x} dx$

$$= 2 \times \dfrac{2}{3} x^{\frac{3}{2}} - \ln|x| + C = \dfrac{4}{3}\sqrt{x^3} - \ln|x| + C$$

(2) $\int \left(2x^2 + x + \dfrac{1}{\sqrt{x}} - \dfrac{3}{x^2} + 5\right) dx = \int 2x^2 \, dx + \int x \, dx + \int x^{-\frac{1}{2}} dx - \int 3x^{-2} dx + \int 5 \, dx$

$$= \dfrac{2}{3} x^3 + \dfrac{1}{2} x^2 + 2\sqrt{x} + \dfrac{3}{x} + 5x + C$$

(3) $\int \dfrac{x^2}{1+x^2} dx = \int \dfrac{x^2+1-1}{1+x^2} dx = \int \left(1 - \dfrac{1}{1+x^2}\right) dx$

$$= \int 1 \, dx - \int \dfrac{1}{1+x^2} dx = x - \arctan x + C$$

(4) $\int \cos^2 \dfrac{x}{2} dx = \int \dfrac{1+\cos x}{2} dx = \dfrac{1}{2} \int (1+\cos x) dx = \dfrac{1}{2}(x + \sin x) + C$

案例 3.1 已知生产某种产品的边际成本为 $2q+3$,其中 q 为产量,若固定成本为 2,求生产成本函数.

解 设所求生产成本函数为 $C(q)$,根据题意有
$$C'(q) = 2q+3$$
从而有
$$C(q) = \int (2q+3)\mathrm{d}q = q^2 + 3q + C$$
已知固定成本为 2,即 $C(0)=2$,解得 $C=2$,故生产成本函数为
$$C(q) = q^2 + 3q + 2$$

 小贴士

(1) 例 3.3 的求解过程是直接(或对被积函数经过简单的变形后)利用积分的基本性质和基本公式进行积分计算的,常称为直接积分法.

(2) 不定积分计算的结果是否正确,只需对结果求导,如果等于被积函数则计算结果正确,否则是错误的.

(3) 计算不定积分时千万不能将积分常数 C 漏掉,否则求出的结果只是其中一个原函数.

3.2 不定积分的计算

问题导入

利用不定积分的性质以及基本积分公式,可以计算一些简单函数的不定积分,对于一些比较复杂函数的不定积分,仅用上述方法是不能解决的,比如 $\int e^{2x}\mathrm{d}x$、$\int x^2 \ln x \mathrm{d}x$ 等. 对此需要引进更多的计算方法和技巧. 本节将介绍换元积分法和分部积分法.

引例 3.2 求不定积分 $\int e^{2x}\mathrm{d}x$.

分析 在基本积分表中有公式 $\int e^u \mathrm{d}u = e^u + C$,为了利用这个公式,作以下变形:
$$\int e^{2x}\mathrm{d}x = \frac{1}{2}\int e^{2x}\cdot(2x)'\mathrm{d}x = \frac{1}{2}\int e^{2x}\mathrm{d}(2x) \xrightarrow{\diamondsuit 2x=u} \frac{1}{2}\int e^u \mathrm{d}u$$
$$= \frac{1}{2}e^u + C \xrightarrow{\text{回代}} \frac{1}{2}e^{2x} + C$$

引例 3.2 解法的特点是引入新的变量 $2x=u$,从而把原积分化为以 u 为积分变量的积分,再利用基本积分公式求出积分,最后将 $2x=u$ 代回,这种方法就是不定积分的换元积分法.

3.2.1 不定积分的换元积分法

1. 第一换元法(凑微分法)

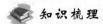 知识梳理

一般来说,如果不定积分能写成 $\int f[\phi(x)]\phi'(x)\mathrm{d}x = \int f[\phi(x)]\mathrm{d}[\phi(x)]$ 的形式,则令 $u = \phi(x)$,于是

$$\int f[\phi(x)]\phi'(x)\mathrm{d}x = \int f[\phi(x)]\mathrm{d}[\phi(x)]$$
$$= \int f(u)\mathrm{d}u = F(u) + C = F[\phi(x)] + C \quad (3-2)$$

利用复合函数的求导公式,可以验证上述结论的正确性,即

$$\frac{\mathrm{d}}{\mathrm{d}x}(F[\phi(x)] + C) = f[\phi(x)] \cdot \phi'(x)$$

显然,利用上述方法求积分的关键是将被积表达式通过引入中间变量凑成某个已知函数的微分形式,然后再利用基本积分表求出积分.因此将这种方法称为凑微分法(第一换元法).

常见的凑微分形式有如下.

(1) $\int f(ax+b)\mathrm{d}x = \dfrac{1}{a}\int f(ax+b)\mathrm{d}(ax+b)$

(2) $\int x^{n-1}f(ax^n+b)\mathrm{d}x = \dfrac{1}{n \cdot a}\int f(ax^n+b)\mathrm{d}(ax^n+b)$

(3) $\int \dfrac{1}{\sqrt{x}} \cdot f(\sqrt{x})\mathrm{d}x = 2\int f(\sqrt{x})\mathrm{d}(\sqrt{x})$

(4) $\int \dfrac{1}{x} \cdot f(\ln x)\mathrm{d}x = \int f(\ln x)\mathrm{d}\ln x$

(5) $\int \mathrm{e}^x \cdot f(\mathrm{e}^x)\mathrm{d}x = \int f(\mathrm{e}^x)\mathrm{d}\mathrm{e}^x$

(6) $\int \cos x \cdot f(\sin x)\mathrm{d}x = \int f(\sin x)\mathrm{d}\sin x$

(7) $\int \sin x \cdot f(\cos x)\mathrm{d}x = -\int f(\cos x)\mathrm{d}\cos x$

(8) $\int \sec^2 x \cdot f(\tan x)\mathrm{d}x = \int f(\tan x)\mathrm{d}\tan x$

(9) $\int \dfrac{1}{1+x^2} \cdot f(\arctan x)\mathrm{d}x = \int f(\arctan x)\mathrm{d}\arctan x$

(10) $\int \dfrac{1}{\sqrt{1-x^2}} \cdot f(\arcsin x)\mathrm{d}x = \int f(\arcsin x)\mathrm{d}\arcsin x$

典型例解

例 3.4 计算下列不定积分.

(1) $\int \cos 3x \, dx$ 　　　　　(2) $\int (2x+1)^9 \, dx$

(3) $\int x(3x^2-1)^5 \, dx$ 　　　(4) $\int \dfrac{1}{x\ln x} \, dx$

(5) $\int e^x \sin(e^x+3) \, dx$ 　　(6) $\int \tan x \, dx$

解 (1) 设 $u = 3x$, 则 $du = d(3x) = 3dx$, 因此

$$\int \cos 3x \, dx = \int \cos u \cdot \frac{1}{3} du = \frac{1}{3} \int \cos u \, du = \frac{1}{3}\sin u + C = \frac{1}{3}\sin 3x + C$$

当运算比较熟练之后，设变量及回代的过程可以省略不写，直接"凑"成基本积分表中的形式，求出结果.

(2) $\int (2x+1)^9 \, dx = \dfrac{1}{2} \int (2x+1)^9 \, d(2x+1) = \dfrac{1}{2} \cdot \dfrac{1}{10}(2x+1)^{10} + C$

$\qquad = \dfrac{1}{20}(2x+1)^{10} + C$

(3) $\int x(3x^2-1)^5 \, dx = \dfrac{1}{6} \int (3x^2-1)^5 \, d(3x^2-1) = \dfrac{1}{36}(3x^2-1)^6 + C$

(4) $\int \dfrac{1}{x\ln x} \, dx = \int \dfrac{1}{\ln x} \, d\ln x = \ln|\ln x| + C$

(5) $\int e^x \sin(e^x+3) \, dx = \int \sin(e^x+3) \, d(e^x+3) = -\cos(e^x+3) + C$

(6) $\int \tan x \, dx = \int \dfrac{\sin x}{\cos x} \, dx = -\int \dfrac{1}{\cos x} \, d\cos x = -\ln|\cos x| + C$

2. 第二换元法

知识梳理

第一换元法是选择新的积分变量 $u = \phi(x)$，但对于某些被积函数则需要利用相反的方式换元，即令 $x = \phi(u)$，其中 $\phi(u)$ 可导，且 $\phi'(u)$ 连续，可将不定积分化为

$$\int f(x) \, dx = \int f[\phi(u)] \phi'(u) \, du = F(u) + C \tag{3-3}$$

此方法即为第二换元法.

典型例解

例 3.5 计算不定积分 $\int \dfrac{dx}{1+\sqrt{x}}$.

解 设 $u = \sqrt{x}$, 则 $x = u^2$, $dx = du^2 = 2u \, du$, 因此

$$\int \frac{dx}{1+\sqrt{x}} = \int \frac{2u}{1+u} du = 2\int \frac{u+1-1}{1+u} du$$

$$= 2\int \left(1 - \frac{1}{1+u}\right) du = 2(u - \ln|1+u|) + C$$

$$= 2(\sqrt{x} - \ln|1+\sqrt{x}|) + C$$

3.2.2 不定积分的分部积分法

与微分学中乘积的求导法则相对应的,是另一种基本的积分法则——分部积分法.
设 $u=u(x)$ 和 $v=v(x)$ 都是可微函数,则

$$d(uv) = udv + vdu$$

移项,得

$$udv = d(uv) - vdu$$

两边积分,得

$$\int udv = uv - \int vdu \tag{3-4}$$

此公式即称为不定积分的分部积分公式. 其意义在于把积分 $\int udv$ 这一较难计算的问题转变为较简单的 $\int vdu$ 的计算问题.

利用分部积分法,关键是选择适当的 u 和 v,一般可根据"反三角函数→对数函数→幂函数→三角函数→指数函数"的次序来确定 u 和 v,也就是将排在左边的函数作为 u,而把排在右边的函数凑到微分符号后面作为 v.

例 3.6 求下列不定积分.

(1) $\int x\cos x dx$ (2) $\int x^2 e^x dx$

(3) $\int x^2 \ln x dx$ (4) $\int \arctan x dx$

解 (1) $\int x\cos x dx = \int x d\sin x = x\sin x - \int \sin x dx = x\sin x + \cos x + C$

(2) $\int x^2 e^x dx = \int x^2 de^x = x^2 e^x - \int e^x dx^2 = x^2 e^x - 2\int x e^x dx = x^2 e^x - 2\int x de^x$

$$= x^2 e^x - 2\left[xe^x - \int e^x dx\right] = x^2 e^x - 2xe^x + e^x + C$$

(3) $\int x^2 \ln x \mathrm{d}x = \dfrac{1}{3}\int \ln x \mathrm{d}x^3 = \dfrac{1}{3}\left(x^3 \ln x - \int x^3 \mathrm{d}\ln x\right) = \dfrac{1}{3}\left(x^3 \ln x - \int x^3 \cdot \dfrac{1}{x} \mathrm{d}x\right)$

$= \dfrac{1}{3}\left(x^3 \ln x - \dfrac{1}{3}x^3\right) + C$

(4) $\int \arctan x \mathrm{d}x = x \cdot \arctan x - \int x \mathrm{d}\arctan x = x \cdot \arctan x - \int \dfrac{x}{1+x^2}\mathrm{d}x$

$= x \cdot \arctan x - \dfrac{1}{2}\int \dfrac{1}{1+x^2}\mathrm{d}(1+x^2)$

$= x \cdot \arctan x - \dfrac{1}{2}\ln|1+x^2| + C$

3.3 定积分的概念与计算

问题导入

引例 3.3 在直角坐标系中,由连续曲线 $y=f(x)$(假设 $f(x)\geqslant 0$))与直线 $x=a,x=b$ 及 $y=0$(即 x 轴)所围成的平面图形叫作曲边梯形,如图 3-2 所示,求此曲边梯形的面积.

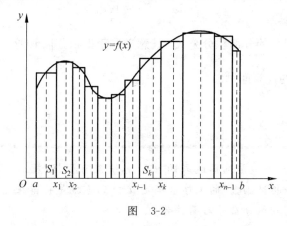

图 3-2

分析 一般来说,曲边梯形的高 $f(x)$ 是连续变化的,但是,在长度很小的区间内函数值的改变量也很小,曲边梯形可以近似地看成是小矩形.因此,若把 $[a,b]$ 分成若干个小区间,在每个小区间上,相应的小曲边梯形面积可用小矩形的面积来近似,将这些近似值相加就得到曲边梯形面积的近似值.可以看到,区间分割得越细,近似的程度就越好.于是通过取极限就可得到曲边梯形面积的精确值.这个思路可以分解为下列 4 个步骤.

(1) 分割:在 $[a,b]$ 内任意插入 $n-1$ 个分点 $a=x_0<x_1<x_2<\cdots<x_{n-1}<x_n=b$,则 $[a,b]$ 被分割成 n 个小区间,其中第 k 个小区间 $[x_{k-1},x_k]$ 的长度为

$$\Delta x_k = x_k - x_{k-1}, \quad k=1,2,\cdots,n$$

(2) 近似代替:任取 $\zeta_k \in [x_{k-1},x_k]$,相应的第 k 个小曲边梯形的面积 ΔS_k 可用小矩形的面积近似代替为

$$\Delta s_k \approx f(\zeta_k) \cdot \Delta x_k, \quad k=1,2,\cdots,n$$

(3) 求和：将所有小矩形面积相加得到曲边梯形面积 S 的近似值为

$$S \approx \sum_{k=1}^{n} f(\zeta_k) \Delta x_k$$

(4) 取极限：令 $\Delta x = \max_k\{\Delta x_k\}$，则当 $\Delta x \to 0$ 时上述和式的极限即为 S 的精确值

$$S = \lim_{\Delta x \to 0} \sum_{k=1}^{n} f(\zeta_k) \Delta x_k$$

引例 3.4 如果某种商品的生产是非均匀的，即生产率是随生产时间变化的函数 $q = q(t)$，那么如何计算在一定时间内的总产量呢？

分析 如果生产是均匀的，即生产率是一个常数，则一定时间内的总产量为

$$总产量 = 生产率 \times 生产时间$$

但是本题生产是非均匀的，所求总产量不能简单地用上述公式求得. 此时，可按照下列 4 个步骤进行分析.

(1) 分割：将时间区间 $[a,b]$ 任意分割为 n 个小区间 $[t_0,t_1],[t_1,t_2],\cdots,[t_{n-1},t_n]$，其中 $a=t_0<t_1<\cdots<t_{n-1}<t_n=b$，第 k 个小区间的长度记为 $\Delta t_k = t_k - t_{k-1}$.

(2) 取近似：在每个小区间 $[t_{k-1},t_k]$ $(k=1,2,\cdots,n)$ 上可以看成是均匀生产的，生产率 $q(t)$ 可以用其中任一时刻 ζ_k $(\zeta_k \in [t_{k-1},t_k])$ 时的生产速度近似替代，从而求得各小区间内的产量为

$$\Delta Q_k \approx q(\zeta_k) \Delta t_k, \quad k=1,2,\cdots,n$$

(3) 求和：将各段时间内的产量近似值相加，就得到时间区间 $[a,b]$ 内总产量的近似值

$$Q \approx \sum_{k=1}^{n} q(\zeta_k) \Delta t_k$$

(4) 取极限：令 $\lambda = \max_k\{\Delta t_k\}$，则当所有小区间长度 $\Delta t_1, \Delta t_2, \cdots, \Delta t_n$ 都趋于零即 $\lambda \to 0$ 时 (此时 $n \to \infty$)，通过取极限 (如果存在)，产量的近似值的极限即为所求总产量的精确值，即

$$Q = \lim_{\lambda \to 0} \sum_{k=1}^{n} q(\zeta_k) \Delta t_k$$

前面两个问题尽管实际意义不同，但分析过程都可以总结为"分割（化整为零）、取近似（以直代曲线）、求和（积零为整）、取极限（精确化）"四个步骤，这种解决问题的方法称为微元分析法简称微元法[①]. 其中蕴含了丰富的转化与融合的思辨思想，这种思想在多个学科领域都有涉及，甚至对我们解决生活中的困难也有很大的启示. 当我们面对一个很大的困难时，感觉束手无策，这时我们可以尝试将大问题分解成若干个小问题，解决小问题相对来说比较容易，针对每个小问题，我们可以用我们熟悉的方法解决，这样各个击破，当我们解决好每个小问题时，大问题也就最终被解决了. 战国时期思想家、文学家荀子所著《劝学》中的一句名言："不积跬步，无以至千里；不积小流，无以成江海."也恰恰体现了微元法的思想.

---

① 微元法包含"分割→近似替代→求和→取极限"4 个步骤，这是一种非常重要的思想方法，这种方法正是我们常见、常用的化整为零、分而治之、各个击破的思想方法，同时也体现了直线和曲线、近似与精确、动态与静态的对立统一和相互转化思想.

3.3.1 定积分的定义

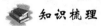

定义 3.3 设函数 $f(x)$ 在 $[a,b]$ 上有界,在 $[a,b]$ 内任意插入 $n-1$ 个分点:
$$a = x_0 < x_1 < \cdots < x_{n-1} < x_n = b$$
把 $[a,b]$ 分割成 n 个小区间,第 k 个小区间 $[x_{k-1}, x_k]$ 的长度为
$$\Delta x_k = x_k - x_{k-1}, \quad k = 1, 2, \cdots, n$$
任取 $\zeta_k \in [x_{k-1}, x_k]$,作乘积:
$$f(\zeta_k) \cdot \Delta x_k, \quad k = 1, 2, \cdots, n$$
把所有这些项相加得到和式
$$\sum_{k=1}^{n} f(\zeta_k) \Delta x_k$$
无论区间 $[a,b]$ 怎样划分及点 ζ_k 怎样选取,只要当 $\Delta x = \max_{k}\{\Delta x_k\} \to 0$ 时,该和式都趋于确定的极限 I,这时我们称该极限 I 为函数 $f(x)$ 在区间 $[a,b]$ 上的定积分(简称积分),记作 $\int_a^b f(x) \mathrm{d}x$,即

$$\int_a^b f(x) \mathrm{d}x = \lim_{\Delta x \to 0} \sum_{k=1}^{n} f(\zeta_k) \Delta x_k \tag{3-5}$$

其中 x 称为积分变量,$f(x)$ 称为被积函数,$f(x)\mathrm{d}x$ 称为被积表达式,a,b 分别称为积分下限、积分上限,$[a,b]$ 称为积分区间.

若 $[a,b]$ 上 $f(x)$ 的定积分存在,则称函数 $f(x)$ 在区间 $[a,b]$ 上可积.

可以证明,如果函数 $y = f(x)$ 在区间 $[a,b]$ 上连续,则 $y = f(x)$ 在 $[a,b]$ 上可积.

根据定积分的定义,前面两个实际问题中曲边梯形的面积和非匀速生产的总产量可以用定积分表示为 $S = \int_a^b f(x) \mathrm{d}x$ 和 $Q = \int_a^b q(t) \mathrm{d}t$.

小贴士

(1) 定积分 $\int_a^b f(x) \mathrm{d}x$ 是一个确定的数,它的值仅与被积函数 $f(x)$ 及积分区间 $[a,b]$ 有关,而与区间的分割和 ζ_k 的选取方式无关. 与积分变量用什么字母表示也无关,即
$$\int_a^b f(x) \mathrm{d}x = \int_a^b f(t) \mathrm{d}t$$

(2) 规定:

① $\int_a^b f(x) \mathrm{d}x = -\int_b^a f(x) \mathrm{d}x$;

② 当 $a = b$ 时,$\int_a^b f(x) \mathrm{d}x = 0$.

3.3.2 定积分的几何意义

知识梳理

由引例 3.3 可知,当在 $[a,b]$ 上 $f(x) \geqslant 0$ 时,定积分 $\int_a^b f(x)dx$ 的值等于由曲线 $y = f(x)$ 与直线 $x=a, x=b$ 及 $y=0$(即 x 轴)所围成的曲边梯形的面积 S(如图 3-3(a)所示),即

$$\int_a^b f(x)dx = S$$

如果在 $[a,b]$ 上 $f(x) \leqslant 0$,那么由曲线 $y=f(x)$ 与直线 $x=a, x=b$ 及 x 轴所围成的曲边梯形位于 x 轴下方(如图 3-3(b)所示),所以定积分 $\int_a^b f(x)dx$ 表示曲边梯形面积 S 的负值,即

$$\int_a^b f(x)dx = -S$$

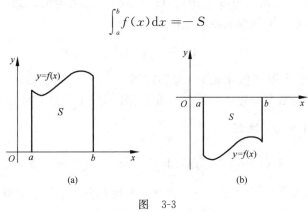

图 3-3

3.3.3 定积分的性质

知识梳理

性质 3.4 两个函数代数和的定积分等于各个函数定积分的代数和,即

$$\int_a^b [f(x) \pm g(x)]dx = \int_a^b f(x)dx \pm \int_a^b g(x)dx$$

这个性质可推广到有限个可积函数的情况.

性质 3.5 常数因子可以提到积分符号的外面:

$$\int_a^b kf(x)dx = k\int_a^b f(x)dx, \quad k \text{ 为常数}$$

性质 3.6 (对区间的可加性)不论 a、b、c 大小关系如何,恒有

$$\int_a^b f(x)dx = \int_a^c f(x)dx + \int_c^b f(x)dx$$

3.3.4 变上限的定积分

知识梳理

考虑函数 $f(x)$，它在闭区间 $[a,b]$ 上连续，因此定积分 $\int_a^b f(x)\mathrm{d}x$ 是存在的．定积分的值取决于被积函数 $f(x)$ 的对应关系"f"、积分下限 a 和积分上限 b，若被积函数 $f(x)$ 的对应关系"f"确定不变，积分下限 a 固定，只有积分上限 b 变化，则称这样的定积分为变上限定积分，用变量记号 x 表示变上限定积分的积分上限，这时对于闭区间 $[a,b]$ 上每一点 x，恒有一个定积分值与之对应，因此变上限定积分为积分上限 x 的函数，记作 $\Phi(x)$，即

$$\Phi(x) = \int_a^x f(x)\mathrm{d}x, \quad a \leqslant x \leqslant b$$

注意到函数 $\Phi(x)$ 为积分上限 x 函数，而不是积分变量 x 的函数，为避免混淆，将积分变量记号 x 改写为 t，于是变上限的定积分为

$$\Phi(x) = \int_a^x f(t)\mathrm{d}t, \quad a \leqslant x \leqslant b \tag{3-6}$$

下面给出反映变上限定积分重要性质的定理．

定理 3.1 （原函数存在定理）若 $f(x)$ 在区间 $[a,b]$ 上连续，则变上限积分 $\Phi(x) = \int_a^x f(t)\mathrm{d}t$ 在 $[a,b]$ 上可导，且有

$$\Phi'(x) = \frac{\mathrm{d}}{\mathrm{d}x}\int_a^x f(t)\mathrm{d}t = f(x), \quad a \leqslant x \leqslant b \tag{3-7}$$

从定理 3.1 可以看出，求导运算正是求变上限定积分运算的逆运算，这就建立了表面上似乎不相干的两个概念——导数与积分间的深刻联系．

典型例解

例 3.7 求下列函数的导数

(1) $F(x) = \int_1^x \sqrt{2t^2-1}\,\mathrm{d}t$

(2) $F(x) = \int_x^2 \cos \mathrm{e}^t \mathrm{d}t$

解 (1) $F'(x) = \left(\int_1^x \sqrt{2t^2-1}\,\mathrm{d}t\right)' = \sqrt{2x^2-1}$

(2) $F'(x) = \left(\int_x^2 \cos \mathrm{e}^t \mathrm{d}t\right)' = \left(-\int_2^x \cos \mathrm{e}^t \mathrm{d}t\right)' = -\left(\int_2^x \cos \mathrm{e}^t \mathrm{d}t\right)' = -\cos \mathrm{e}^x$

例 3.8 已知 $F(x) = \int_0^{x^2} \frac{t^2}{1+t}\mathrm{d}t$，求 $\frac{\mathrm{d}F(x)}{\mathrm{d}x}$．

解 若设 $u = x^2$，则该函数可看成是由函数 $\int_0^u \frac{t^2}{1+t}\mathrm{d}t$ 和 $u = x^2$ 复合而成．因此，根据复合函数的导数法则，有

$$\frac{\mathrm{d}F(x)}{\mathrm{d}x} = \frac{\mathrm{d}}{\mathrm{d}x}\int_0^{x^2} \frac{t^2}{1+t}\mathrm{d}t = \frac{\mathrm{d}}{\mathrm{d}u}\int_0^u \frac{t^2}{1+t}\mathrm{d}t \cdot \frac{\mathrm{d}u}{\mathrm{d}x}$$

$$= \frac{u^2}{1+u} \cdot (x^2)' = \frac{x^4}{1+x^2} \cdot 2x = \frac{2x^5}{1+x^2}$$

例 3.9 求极限 $\lim\limits_{x\to 0}\dfrac{\int_0^x \sin^2 t\mathrm{d}t}{x^3}$.

解 $\lim\limits_{x\to 0}\dfrac{\int_0^x \sin^2 t\mathrm{d}t}{x^3} = \lim\limits_{x\to 0}\dfrac{\left(\int_0^x \sin^2 t\mathrm{d}t\right)'}{(x^3)'} = \lim\limits_{x\to 0}\dfrac{\sin^2 x}{3x^2} = \dfrac{1}{3}\lim\limits_{x\to 0}\left(\dfrac{\sin x}{x}\right)^2 = \dfrac{1}{3}$

由定理 3.1 可知连续函数一定有原函数,而且原函数可以由该连续函数的变上限定积分来表示,由此可以推出利用原函数计算定积分的方法.

3.3.5 定积分的计算

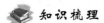

定理 3.2 (牛顿-莱布尼兹公式)若函数 $f(x)$ 在区间 $[a,b]$ 上连续,$F(x)$ 是 $f(x)$ 在 $[a,b]$ 上的一个原函数,则

$$\int_a^b f(x)\mathrm{d}x = F(b) - F(a) \tag{3-8}$$

证明 由定理 3.1 知,$\int_a^x f(t)\mathrm{d}t$ 是 $f(x)$ 在 $[a,b]$ 上的一个原函数,所以

$$F(x) = \int_a^x f(t)\mathrm{d}t + C$$

令 $x=a$ 时,$F(a)=C$,所以

$$F(x) = \int_a^x f(t)\mathrm{d}t + F(a)$$

令 $x=b$,则

$$F(b) = \int_a^b f(t)\mathrm{d}t + F(a)$$

即

$$\int_a^b f(x)\mathrm{d}x = F(b) - F(a)$$

在实际使用时,为方便起见,常将上述公式记为

$$\int_a^b f(x)\mathrm{d}x = F(x)\Big|_a^b$$

 小贴士

(1) 由定积分的定义可以看出,它与不定积分是完全不同的概念,定积分的结果是一个确定的数值,而不定积分是全体原函数.

(2) 定积分与不定积分看起来没有关系,但是牛顿-莱布尼兹公式揭示了导数、不定积分与定积分的内在联系,从而使微分学和积分学形成一个有机整体.

(3) 牛顿-莱布尼兹公式为定积分的计算提供了一个有效且简便的计算方法:先利用不定积分计算在该区间上的一个原函数,再计算该原函数在积分区间上的增量即可.

典型例解

例 3.10 求定积分 $\int_0^1 (2x + e^x) dx$.

解 由于 $\int (2x + e^x) dx = x^2 + e^x + C$,由牛顿-莱布尼兹公式,得

$$\int_0^1 (2x + e^x) dx = (x^2 + e^x) \Big|_0^1 = (1 + e) - (0 + e^0) = e$$

例 3.11 求定积分 $\int_0^2 |x - 1| dx$.

解 被积函数是分段函数,即

$$f(x) = |x - 1| = \begin{cases} 1 - x, & x < 1 \\ x - 1, & x \geq 1 \end{cases}$$

利用定积分对区间的可加性,有

$$\int_0^2 |x - 1| dx = \int_0^1 (1 - x) dx + \int_1^2 (x - 1) dx$$

因为

$$\int (1 - x) dx = x - \frac{1}{2} x^2 + C$$

$$\int (x - 1) dx = \frac{1}{2} x^2 - x + C$$

因此得

$$\int_0^2 |x - 1| dx = \left(x - \frac{1}{2} x^2 \right) \Big|_0^1 + \left(\frac{1}{2} x^2 - x \right) \Big|_1^2 = 1$$

例 3.12 计算下列定积分.

(1) $\int_1^2 (x - 1)^7 dx$ 　　　　　　　(2) $\int_0^1 x \sqrt{1 - x^2} dx$

(3) $\int_0^2 \frac{x}{1 + x^2} dx$ 　　　　　　　(4) $\int_0^{\ln 2} e^x (1 + e^x)^2 dx$

解 (1) 因为

$$\int (x - 1)^7 dx = \int (x - 1)^7 d(x - 1) = \frac{1}{8} (x - 1)^8 + C$$

因此

$$\int_1^2 (x - 1)^7 dx = \frac{1}{8} (x - 1)^8 \Big|_1^2 = \frac{1}{8} (1 - 0) = \frac{1}{8}$$

(2) 因为
$$\int x\sqrt{1-x^2}\,dx = -\frac{1}{2}\int(1-x^2)^{\frac{1}{2}}\,d(1-x^2) = -\frac{1}{3}(1-x^2)^{\frac{3}{2}} + C$$

因此
$$\int_0^1 x\sqrt{1-x^2}\,dx = -\frac{1}{3}(1-x^2)^{\frac{3}{2}}\bigg|_0^1 = \frac{1}{3}$$

(3) 因为
$$\int \frac{x}{1+x^2}\,dx = \frac{1}{2}\int\frac{1}{1+x^2}\,d(1+x^2) = \frac{1}{2}\ln(1+x^2) + C$$

因此
$$\int_0^2 \frac{x}{1+x^2}\,dx = \frac{1}{2}\ln(1+x^2)\bigg|_0^2 = \frac{1}{2}(\ln 5 - \ln 1) = \frac{1}{2}\ln 5$$

(4) 因为
$$\int e^x(1+e^x)^2\,dx = \int(1+e^x)^2\,d(1+e^x) = \frac{1}{3}(1+e^x)^3 + C$$

因此
$$\int_0^{\ln 2} e^x(1+e^x)^2\,dx = \frac{1}{3}(1+e^x)^3\bigg|_0^{\ln 2} = \frac{1}{3}(3^3 - 2^3) = \frac{19}{3}$$

例 3.13 求下列定积分.

(1) $\int_0^4 \frac{dx}{\sqrt{x}+1}$ 　　　(2) $\int_0^1 x\sqrt{1-x}\,dx$

解 (1) 令变量 $t=\sqrt{x}$，则 $x=t^2$，$dx=2t\,dt$，则
$$\int\frac{dx}{\sqrt{x}+1} = \int\frac{2t\,dt}{t+1} = 2\int\left(1-\frac{1}{t+1}\right)dt = 2\left[\int dt - \int\frac{1}{t+1}\,d(t+1)\right]$$
$$= 2[t-\ln(t+1)] + C = 2[\sqrt{x}-\ln(\sqrt{x}+1)] + C$$

因此
$$\int_0^4\frac{dx}{\sqrt{x}+1} = 2[\sqrt{x}-\ln(\sqrt{x}+1)]\bigg|_0^4 = 4 - 2\ln 3$$

(2) 令变量 $t=\sqrt{1-x}$，则 $x=1-t^2$, $t\geqslant 0$, $dx=-2t\,dt$，则
$$\int x\sqrt{1-x}\,dx = \int(1-t^2)t(-2t\,dt) = -2\int(t^2-t^4)\,dt = -2\left(\frac{1}{3}t^3-\frac{1}{5}t^5\right)+C$$
$$= -2\left[\frac{1}{3}(\sqrt{1-x})^3 - \frac{1}{5}(\sqrt{1-x})^5\right] + C$$

因此
$$\int_0^1 x\sqrt{1-x}\,dx = -2\left[\frac{1}{3}(\sqrt{1-x})^3 - \frac{1}{5}(\sqrt{1-x})^5\right]\bigg|_0^1$$
$$= -2\left(0-\frac{2}{15}\right) = \frac{4}{15}$$

例 3.14 计算下列定积分.

(1) $\int_0^{\frac{\pi}{2}} x\sin x\,dx$ 　　　(2) $\int_1^e x^2\ln x\,dx$ 　　　(3) $\int_0^9 e^{\sqrt{x}}\,dx$

解 (1) 因为
$$\int x\sin x\,dx = -\int x\,d\cos x = -\left(x\cos x - \int \cos x\,dx\right) = -(x\cos x - \sin x) + C$$
因此
$$\int_0^{\frac{\pi}{2}} x\sin x\,dx = -(x\cos x - \sin x)\Big|_0^{\frac{\pi}{2}} = 1$$

(2) 因为 $\int x^2 \ln x\,dx = \frac{1}{3}\int \ln x\,dx^3 = \frac{1}{3}\left(x^3 \ln x - \int x^3\,d\ln x\right)$
$$= \frac{1}{3}\left(x^3 \ln x - \int x^2\,dx\right) = \frac{1}{3}\left(x^3 \ln x - \frac{1}{3}x^3\right) + C$$
因此
$$\int_1^e x^2 \ln x\,dx = \frac{1}{3}\left(x^3 \ln x - \frac{1}{3}x^3\right)\Big|_1^e = \frac{2}{9}e^3 + \frac{1}{9}$$

(3) 令 $t = \sqrt{x}$,则 $x = t^2$,$dx = 2t\,dt$,可得
$$\int e^{\sqrt{x}}\,dx = \int e^t \cdot 2t\,dt = 2\int t\,de^t = 2\left(te^t - \int e^t\,dt\right)$$
$$= 2(te^t - e^t) + C = 2(\sqrt{x}\,e^{\sqrt{x}} - e^{\sqrt{x}}) + C$$
因此
$$\int_0^9 e^{\sqrt{x}}\,dx = \int_0^3 e^t \cdot 2t\,dt = 2(\sqrt{x}\,e^{\sqrt{x}} - e^{\sqrt{x}})\Big|_0^9 = 4e^3 + 2$$

小贴士

(1) 例 3.12 使用了不定积分的第一换元积分法,例 3.13 使用了不定积分的第二换元积分法,例 3.14 使用了不定积分的分部积分法.

(2) 熟练掌握定积分的计算后,其步骤经常简化,如例 3.12(1)可简写为
$$\int_1^2 (x-1)^7\,dx = \int_1^2 (x-1)^7\,d(x-1) = \frac{1}{8}(x-1)^8\Big|_1^2 = \frac{1}{8}$$

例 3.15 求下列定积分.

(1) $\int_{-1}^1 \dfrac{x^4 \sin x}{\sqrt{1+x^4}}\,dx$ \qquad (2) $\int_{-2}^2 (x^2 - 1)\,dx$

解 (1) 因为 $\dfrac{x^4 \sin x}{\sqrt{1+x^4}}$ 在 $[-1,1]$ 上是连续的奇函数,所以有
$$\int_{-1}^1 \dfrac{x^4 \sin x}{\sqrt{1+x^4}}\,dx = 0$$

(2) 因为 $x^2 - 1$ 在 $[-2,2]$ 上是连续的偶函数,所以有
$$\int_{-2}^2 (x^2 - 1)\,dx = 2\int_0^2 (x^2 - 1)\,dx = 2\left(\frac{1}{3}x^3 - x\right)\Big|_0^2 = \frac{4}{3}$$

小贴士

例 3.15 利用了下面一个结论:设函数 $f(x)$ 在区间 $[-a,a]$ 上连续,则:

(1) 若 $f(x)$ 为偶函数,有

$$\int_{-a}^{a} f(x)\mathrm{d}x = 2\int_{0}^{a} f(x)\mathrm{d}x$$

(2) 若 $f(x)$ 为奇函数,有

$$\int_{-a}^{a} f(x)\mathrm{d}x = 0$$

3.4 无穷区间上的广义积分

前面所讨论的定积分都是以有限区间与有界函数为前提的. 但在实际问题中,有时还会遇到函数在无穷区间上的积分以及无界函数在有界区间上的积分,二者称为广义积分. 下面仅介绍无穷区间上的广义积分.

问题导入

引例 3.5 计算由曲线 $y = \mathrm{e}^{-x}$,直线 $x = 0, y = 0$ 所围成平面图形的面积.

分析 由图 3-4 可以看出该图形右侧是开口的. 由于 $y = 0$ 是曲线 $y = \mathrm{e}^{-x}$ 的水平渐近线,图形向右无限延伸,且越向右开口越小,可以认为曲线 $y = \mathrm{e}^{-x}$ 在无穷远点与 x 轴相交.

为了求得该图形的面积,取 $b > 0$,先作直线 $x = b$,由定积分的几何意义,图中阴影部分面积为

$$\int_{0}^{b} \mathrm{e}^{-x}\mathrm{d}x = -\mathrm{e}^{-x}\Big|_{0}^{b} = 1 - \mathrm{e}^{-b}$$

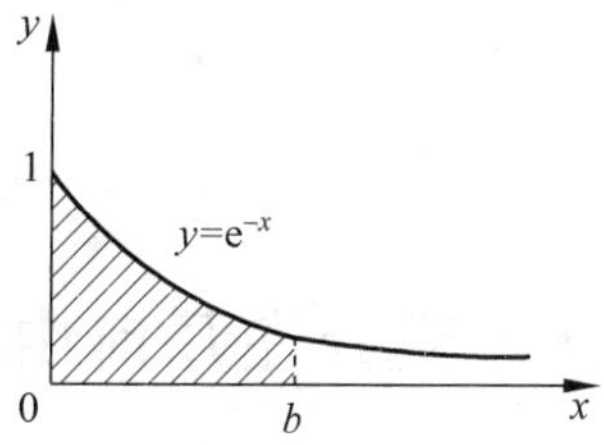

显然,直线 $x = b$ 越向右移动,阴影部分的图形越向右延伸,从而越接近所要求的面积. 按照对极限概念的理解,自然应认为所求的面积为

$$\lim_{b \to +\infty} \int_{0}^{b} \mathrm{e}^{-x}\mathrm{d}x = \lim_{b \to +\infty}(1 - \mathrm{e}^{-b}) = 1$$

图 3-4

这里,先求定积分,再求极限得到了结果. 仿照定积分的记法,所求图形面积可形式地记作 $\int_{0}^{+\infty} \mathrm{e}^{-x}\mathrm{d}x$. 这就是无穷区间上的反常积分.

知识梳理

定义 3.4 设函数 $f(x)$ 在 $[a, +\infty)$ 上连续,若对任何 $b > a$, $f(x)$ 在 $[a,b]$ 上都可积,则称 $\lim\limits_{b \to +\infty}\int_{a}^{b} f(x)\mathrm{d}x$ 为 $f(x)$ 在无穷区间 $[a, +\infty)$ 上的广义积分,记作

$$\int_a^{+\infty} f(x)\mathrm{d}x = \lim_{b \to +\infty} \int_a^b f(x)\mathrm{d}x \qquad (3\text{-}9)$$

若极限存在,则称广义积分 $\int_a^{+\infty} f(x)\mathrm{d}x$ 收敛;如果极限不存在,则称广义积分 $\int_a^{+\infty} f(x)\mathrm{d}x$ 发散.

类似地,可定义 $f(x)$ 在无穷区间 $[a,+\infty)$ 上的广义积分

$$\int_{-\infty}^b f(x)\mathrm{d}x = \lim_{a \to -\infty} \int_a^b f(x)\mathrm{d}x \qquad (3\text{-}10)$$

函数 $f(x)$ 在无穷区间 $(-\infty,+\infty)$ 上的广义积分

$$\int_{-\infty}^{+\infty} f(x)\mathrm{d}x = \int_{-\infty}^c f(x)\mathrm{d}x + \int_c^{+\infty} f(x)\mathrm{d}x, \quad c \text{ 为任意实数} \qquad (3\text{-}11)$$

典型例解

例 3.16 计算广义积分.

(1) $\int_1^{+\infty} \dfrac{1}{x^3}\mathrm{d}x$ \qquad (2) $\int_1^{+\infty} \dfrac{1}{x}\mathrm{d}x$ \qquad (3) $\int_{-\infty}^{+\infty} \dfrac{1}{1+x^2}\mathrm{d}x$

解 (1) $\int_1^{+\infty} \dfrac{1}{x^3}\mathrm{d}x = \lim\limits_{b \to +\infty}\int_1^b \dfrac{1}{x^3}\mathrm{d}x = \lim\limits_{b \to +\infty}\left(-\dfrac{1}{2}x^{-2}\right)\bigg|_1^b = \lim\limits_{b \to +\infty} -\dfrac{1}{2}\left(\dfrac{1}{b^2}-1\right) = \dfrac{1}{2}$

(2) $\int_1^{+\infty} \dfrac{1}{x}\mathrm{d}x = \lim\limits_{b \to +\infty}\int_1^b \dfrac{1}{x}\mathrm{d}x = \lim\limits_{b \to +\infty}\ln x\bigg|_1^b = \lim\limits_{b \to +\infty}(\ln b - \ln 1) = +\infty$

即广义积分发散.

(3) $\int_{-\infty}^{+\infty} \dfrac{1}{1+x^2}\mathrm{d}x = \int_{-\infty}^0 \dfrac{1}{1+x^2}\mathrm{d}x + \int_0^{+\infty} \dfrac{1}{1+x^2}\mathrm{d}x$

$\qquad = \lim\limits_{a \to -\infty}\int_a^0 \dfrac{1}{1+x^2}\mathrm{d}x + \lim\limits_{b \to +\infty}\int_0^b \dfrac{1}{1+x^2}\mathrm{d}x$

$\qquad = \lim\limits_{a \to -\infty}\arctan x\bigg|_a^0 + \lim\limits_{b \to +\infty}\arctan x\bigg|_0^b = \dfrac{\pi}{2} + \dfrac{\pi}{2} = \pi$

3.5 积分在几何中的应用

与微分学一样,积分学在几何中有着广泛的应用.积分在几何上的应用可以说是积分学对数学的一个贡献.它成功地将古时无限分割求和获得一些不规则平面图形面积和一些旋转体体积的方法化为简单的数学运算.

3.5.1 平面图形的面积

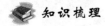
知识梳理

由定积分的几何意义可知,若 $f(x)$ 在 $[a,b]$ 上连续,则由曲线 $y=f(x)$,直线 $x=a$, $x=b$ 及 x 轴所围图形的面积就应是 $|f(x)|$ 在 $[a,b]$ 上的积分 $\int_a^b |f(x)|\mathrm{d}x$.

由连续曲线 $y=f(x),y=g(x)$ 且 $f(x)>g(x)$ 和直线 $x=a,x=b$ 所围图形(如图 3-5 所示)的面积可看作是分别以 $f(x)$ 和 $g(x)$ 为曲边的两个曲边梯形面积的差,因此

$$S=\int_a^b f(x)\mathrm{d}x-\int_a^b g(x)\mathrm{d}x=\int_a^b [f(x)-g(x)]\mathrm{d}x$$

类似地,可以得到由连续曲线 $x=\phi(y),x=\varphi(y)$ 且 $\phi(y)>\varphi(y)$ 和直线 $y=c,y=d$ 所围图形(如图 3-6 所示)的面积

$$S=\int_c^d [\phi(y)-\varphi(y)]\mathrm{d}y$$

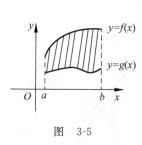

图 3-5

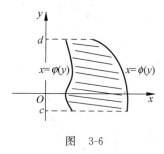

图 3-6

小贴士

一般来说,在 $[a,b]$ 上不论 $f(x)$ 与 $g(x)$ 的大小如何,曲线 $f(x)$ 与 $g(x)$ 所夹的面积 S 均可表示为

$$S=\int_a^b |f(x)-g(x)|\mathrm{d}x$$

在 $[c,d]$ 上不论 $\varphi(y)$ 与 $\phi(y)$ 的大小如何,曲线 $\varphi(y)$ 与 $\phi(y)$ 所夹的面积 S 均可表示为

$$S=\int_c^d |\phi(y)-\varphi(y)|\mathrm{d}y$$

典型例解

例 3.17 求曲线 $y=\mathrm{e}^x$ 与直线 $y=x-1,x=0,x=1$ 围成平面图形的面积 S.

解 画出曲线 $y=\mathrm{e}^x$ 与直线 $y=x-1,x=0,x=1$,得到它们围成的平面图形,如图 3-7 所示.

选取 x 作积分变量,积分区间为 $[0,1]$,所求平面图形的面积为

$$\begin{aligned}S&=\int_0^1 [\mathrm{e}^x-(x-1)]\mathrm{d}x=\int_0^1 (\mathrm{e}^x-x+1)\mathrm{d}x\\&=\left(\mathrm{e}^x-\frac{1}{2}x^2+x\right)\Big|_0^1=\left(\mathrm{e}+\frac{1}{2}\right)-1\\&=\mathrm{e}-\frac{1}{2}\end{aligned}$$

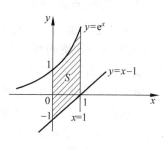

图 3-7

例 3.18 求由抛物线 $y=x^2$ 与直线 $y=x+2$ 围成平面图形的面积 S.

解 画出抛物线 $y=x^2$ 与直线 $x+y=2$,得到它们围成的平面图形,如图 3-8 所示.

解方程组 $\begin{cases} y=x^2 \\ y=x+2 \end{cases}$ 得交点 $(-1,1)$ 及 $(2,4)$.

选取 x 作积分变量,积分区间为 $[-1,2]$,所求平面图形的面积为

$$S=\int_{-1}^{2}[(x+2)-x^2]dx=\left(2x+\frac{1}{2}x^2-\frac{1}{3}x^3\right)\Big|_{-1}^{2}$$

$$=\frac{10}{3}-\left(-\frac{7}{6}\right)=\frac{9}{2}$$

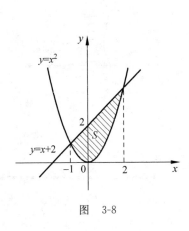

图 3-8

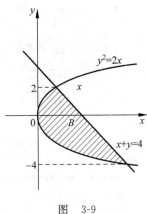

图 3-9

例 3.19 求由曲线 $y^2=2x$ 及直线 $x+y=4$ 所围成的平面图形的面积.

解 画出抛物线 $y^2=2x$ 与直线 $x+y=4$,得到它们围成的平面图形,如图 3-9 所示.

解方程组 $\begin{cases} y^2=2x \\ x+y=4 \end{cases}$ 得交点 $(8,-4)$ 及 $(2,2)$.

选取 y 作积分变量,积分区间为 $[-4,2]$,所求平面图形的面积为

$$S=\int_{-4}^{2}\left[(4-y)-\frac{y^2}{2}\right]dy=\left(4y-\frac{y^2}{2}-\frac{y^3}{6}\right)\Big|_{-4}^{2}=18$$

3.5.2 旋转体的体积

知识梳理

旋转体是指由一个平面图形绕一条直线旋转而成的立体,这条直线叫作旋转轴.例如,半圆形绕它的直径旋转得到一个球体;矩形绕它的一边旋转得到一个圆柱体.下面讨论曲边梯形绕坐标轴旋转所成的旋转体的体积.

设在区间 $[a,b]$ 上,连续曲线 $y=f(x)$ 在 x 轴上方,求由曲线 $y=f(x)$,直线 $x=a$,$x=b$ 以及 x 轴所围成的曲边梯形绕 x 轴旋转所成的旋转体(如图 3-10 所示)的体积 V.

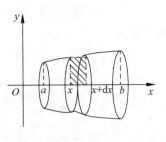

图 3-10

由微元法在$[a,b]$上任取一个小区间$[x,x+\mathrm{d}x]$,于是在$[x,x+\mathrm{d}x]$上的旋转体体积ΔV可以用体积微元$\mathrm{d}V$来作近似代替.$\mathrm{d}V$为图3-10中阴影部分的小矩形绕x轴旋转所成的正圆体的体积,即

$$\mathrm{d}V = \pi[f(x)]^2\mathrm{d}x$$

于是,旋转体的体积为

$$V = \pi\int_a^b [f(x)]^2\mathrm{d}x = \pi\int_a^b y^2\mathrm{d}x$$

典型例解

例 3.20 求由曲线$y=\mathrm{e}^x$,x轴,y轴及$x=1$所围成的平面图形(如图3-11所示)绕x轴旋转一周而成的旋转体的体积.

解

$$V_x = \pi\int_0^1 (\mathrm{e}^x)^2\mathrm{d}x = \pi\int_0^1 \mathrm{e}^{2x}\mathrm{d}x$$
$$= \frac{\pi}{2}\mathrm{e}^{2x}\Big|_0^1 = \frac{\pi}{2}(\mathrm{e}^2-1)$$

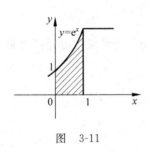

图 3-11

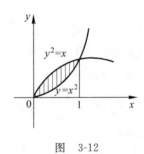

图 3-12

例 3.21 求由曲线$y=x^2$及$y^2=x$所围成的平面图形(如图3-12所示)绕x轴旋转一周而成的旋转体的体积.

解

$$V_x = \pi\int_0^1 [x-(x^2)^2]\mathrm{d}x = \pi\int_0^1 (x-x^4)\mathrm{d}x$$
$$= \pi\left(\frac{x^2}{2}-\frac{x^5}{5}\right)\Big|_0^1 = \frac{3\pi}{10}$$

例 3.22 求椭圆$\frac{x^2}{a^2}+\frac{y^2}{b^2}=1$的上半部分与$x$轴所围成的曲边梯形绕$x$轴旋转形成的椭球体的体积.

解 椭圆上半部的方程是$y=\frac{b}{a}\sqrt{a^2-x^2}$.根据旋转体体积公式和图形的对称性,有

$$V = 2\pi\int_0^a y^2\mathrm{d}x = 2\pi\int_0^a \frac{b^2}{a^2}(a^2-x^2)\mathrm{d}x = 2\pi\frac{b^2}{a^2}\int_0^a (a^2-x^2)\mathrm{d}x$$
$$= 2\pi\frac{b^2}{a^2}\left(a^2x-\frac{x^3}{3}\right)\Big|_0^a = 2\pi\cdot\frac{b^2}{a^2}\cdot\frac{2}{3}a^3 = \frac{4}{3}\pi ab^2$$

特别地，当 $a=b$ 时就得到了以 a 为半径的球的体积 V

$$V = \frac{4}{3}\pi a^3$$

3.6 利用定积分进行经济总量分析

在边际函数的讨论中，经济函数的导函数称为边际函数，因此，可以通过对边际函数进行积分来确定所需的总函数，这是积分在经济学中的重要应用.

📚 知识梳理

对于一个已知经济总量函数 $F(x)$（如总成本函数 $C(Q)$、总收入函数 $R(Q)$、需求函数 $Q(p)$ 等），它的边际函数是它的导数 $F'(x)$. 若已知边际函数 $F'(x)$，由牛顿-莱布尼兹公式可知 $\int_0^x F'(x)\mathrm{d}x = F(x) - F(0)$，移项，可由变上限的定积分求得经济总量函数

$$F(x) = \int_0^x F'(x)\mathrm{d}x + F(0)$$

若已知边际成本 MC，边际收入 MR，边际需求 MQ，则可得相应经济总量函数为

总成本函数

$$C(Q) = \int_0^Q MC\,\mathrm{d}Q + C_0 \quad \text{（其中 } C_0 = C(0) \text{ 为固定成本）}$$

总收入函数

$$R(Q) = \int_0^Q MR\,\mathrm{d}Q \quad \text{（其中 } R(0) = 0\text{，即销售量为 0 时总收入也为 0）}$$

总需求函数

$$Q(p) = \int_0^p MQ\,\mathrm{d}p + Q_0 \quad \text{（其中 } p \text{ 为价格，} Q_0 = Q(0) \text{ 为商品最大需求量）}$$

另外，若已知边际函数 $F'(x)$，由牛顿-莱布尼兹公式也可以求经济总量函数从 a 到 b 的增量，即

$$\Delta F(x) = F(b) - F(a) = \int_a^b F'(x)\mathrm{d}x$$

✅ 典型例解

案例 3.2 已知边际成本函数为 $MC = 4 + \dfrac{Q}{4}$（万元），固定成本为 $Q_0 = 1$ 万元，Q 为产量（单位：百台），求：(1)生产该产品两百台时的总成本；(2)产量从一百台增加到五百台时，总成本增加了多少？

解 (1) 总成本函数为

$$C(Q) = C_0 + \int_0^Q MC\,dQ = 1 + \int_0^Q \left(4 + \frac{Q}{4}\right)dQ = 1 + 4Q + \frac{1}{8}Q^2$$

则生产该产品两百台时的总成本为

$$C(2) = 1 + 4\times 2 + \frac{1}{8}\times 2^2 = 9.5(万元)$$

（2）产量从一百台增加到五百台时，总成本增加量 ΔC 为

$$\Delta C = \int_1^5 \left(4 + \frac{Q}{4}\right)dQ = \left(4Q + \frac{1}{8}Q^2\right)\Big|_1^5 = 19(万元)$$

案例 3.3 已知生产某产品 Q 单位时的边际收入为 $MR = 100 - 2Q$(元/单位)，求生产 30 单位时的总收入及平均收入，并求再增加生产 10 个单位时所增加的总收入．

解 生产 30 单位时的总收入为

$$R(30) = \int_0^{30} MR\,dQ = \int_0^{30}(100 - 2Q)dQ = (100Q - Q^2)\Big|_0^{30} = 2\,100(元)$$

平均收入为

$$\frac{R(30)}{30} = \frac{2\,100}{30} = 70(元)$$

生产 30 单位后再生产 10 单位所增加的收入为

$$\Delta R = R(40) - R(30) = \int_{30}^{40} MR\,dQ = \int_{30}^{40}(100 - 2Q)dQ$$

$$= (100Q - Q^2)\Big|_{30}^{40} = 300(元)$$

案例 3.4 某企业生产的产品的市场需求量对价格的边际需求函数为

$$Q'(p) = -3\,000 p^{-2.5} + 36 p^{0.2}$$

试求该产品价格由 1.2 元增加到 1.5 元时对市场需求量的影响．

解 设该产品价格由 1.2 元增加到 1.5 元时，相应需求量的改变量为 Q，由变化率求总改变量得

$$Q = \int_{1.2}^{1.5} Q'(p)dp = \int_{1.2}^{1.5}(-3\,000 p^{-2.5} + 36 p^{0.2})dp$$

$$= (2\,000 p^{-1.5} + 30 p^{1.2})\Big|_{1.2}^{1.5} \approx -421.3$$

因此，当价格由 1.2 元增加到 1.5 元时，该产品的市场需求量将减少 421.3 个单位．

案例 3.5 已知边际成本函数为 $MC = 3 + \frac{q}{3}$，固定成本为 $C_0 = 2$，q 为产量，边际收益为 $MR = 7 - q$，求：(1)总成本 $C(q)$ 和总收益 $R(q)$；(2)产量为多少时，总利润最大？最大利润是多少？

解 （1）总成本函数为

$$C(q) = C_0 + \int_0^q MC\,dq$$

$$= 2 + \int_0^q \left(3 + \frac{q}{3}\right)dq$$

$$= 2 + 3q + \frac{1}{6}q^2$$

总收益函数为

$$R(q) = \int_0^q MR\,\mathrm{d}q = \int_0^q (7-q)\,\mathrm{d}q = 7q - \frac{1}{2}q^2$$

（2）总利润函数为

$$L(q) = R(q) - C(q)$$
$$= \left(7q - \frac{1}{2}q^2\right) - \left(2 + 3q + \frac{1}{6}q^2\right)$$
$$= -\frac{2}{3}q^2 + 4q - 2$$
$$L'(q) = \left(-\frac{2}{3}q^2 + 4q - 2\right)' = -\frac{4}{3}q + 4$$

令 $L'(q) = 0$，得唯一驻点 $q = 3$. 所以当产量为 3 时，利润达到最大，最大利润为 $L(3) = 4$.

小贴士

对企业经营者来说，对其经济环节进行定量分析是非常必要的．将数学作为分析工具，不但可以给企业经营者提供精确的数值，而且在分析的过程中，还可以给企业经营者提供新的思路和视角，这也是数学应用性的具体体现．因此，作为一个合格的企业经营者，应该掌握相应的数学分析方法，从而为科学的经营决策提供可靠的依据．

3.7 利用 MATLAB 计算积分

知识梳理

MATLAB 系统中，int 命令用于求积分运算，具体调用格式如表 3-2 所示.

表 3-2 求积分命令

格　式	功　能
int(f,x)	$\int f(x)\,\mathrm{d}x$
int(f,x,a,b)	$\int_a^b f(x)\,\mathrm{d}x$

典型例解

例 3.23 求下述积分.

(1) $\int \dfrac{x}{3+x^2}\mathrm{d}x$ 　　　　(2) $\int x^3 \ln x \,\mathrm{d}x$

(3) $\int_0^1 (x\mathrm{e}^x+1)\mathrm{d}x$ 　　　　(4) $\int_1^{+\infty} \mathrm{e}^{-2x}\mathrm{d}x$

解 命令代码如下.

```
>> syms x;
>> int(x/(3+x^2),x)           % 执行结果：ans = 1/2 * log(3 + x^2)
>> int(x^3 * log(x),x)         % 执行结果：ans = 1/4 * x^4 * log(x) - 1/16 * x^4
>> int(x * exp(x)+1,x,0,1)    % 执行结果：ans = 2
>> int(exp(-2 * x),x,0,inf)    % 执行结果：ans = 1/2
```

案例 3.6 据统计,北京 2011 年的人均年收入为 56 061 元(人民币),假设人均收入以速度 $v(t)=600\times 1.05^t$(单位：元/年)增长,其中 t 是从 2011 年算起的年数,试估算 2021 年北京的人均年收入是多少.

解 已知北京人均收入以速度 $v(t)=600\times 1.05^t$ 增长,由变化率求总改变量的方法可知,从 2011 年到 2021 年这 10 年间人均年收入的总变化 R 为

$$R=\int_0^{10} 600\times 1.05^t \,\mathrm{d}t$$

命令代码如下.

```
>> syms t;
>> int(600 * 1.05^t,0,10)
ans =
19319642934603/(51200000000 * log(21/20)) % 得到解析解
>> double(ans)  % 得到双精度解
ans =
   7.7339e+03
```

即 $R=\int_0^{10} 600\times 1.05^t \,dt \approx 7734(元)$

```
>> 56061+7734
ans =
   63795
```

因此,2021 年北京的人均年收入为 63795(元).

案例 3.7 2020 年 7 月 23 日我国自主研制的火星探测器天问一号,由长征五号运载火箭成功发射,于 2021 年 5 月 15 日成功实施火星着陆,火星上首次留下中国印迹.天问一号的成功着陆,使得中国成为了继美国之后,第二个成功向火星发射探测器并且成功着陆的国家,对于每个中国人来说都是一件值得骄傲和自豪的事情.火星距离地球遥远,那么天问一号是以什么样的速度飞往火星的呢?

解 设地球的半径为 R，天问一号的质量为 m，天问一号的飞行速度为 v_0，地面上的重力加速度为 g。由万有引力定律，在距地心 $x(x \geqslant R)$ 处天问一号所受的引力为

$$F = \frac{mgR^2}{x^2}$$

因为火星距地球很远（天问一号实际飞行超过 4 亿公里），所以可视天问一号的飞行距离为无穷远，于是这一过程火箭需克服地球引力而对天问一号所做的功为

$$\int_R^{+\infty} \frac{mgR^2}{x^2} dx$$

命令代码如下：

```
>> syms x m g R positive
>> f = m * g * R^2/x^2;
>> int(f,x,R,inf)                  % 计算火箭对天问一号所做的功
ans =
m * g * R
```

即 $\int_R^{+\infty} \dfrac{mgR^2}{x^2} dx = mgR$

再根据机械能守恒定律，可得天问一号的飞行速度 v_0 应满足

$$\frac{1}{2} m v_0^2 = mgR$$

可得 $v_0 = \sqrt{2gR}$

命令代码如下：

```
>> v0 = sqrt(2 * g * R);
>> g = 9.81;                       % 重力加速度
>> R = 6371000;                    % 地球半径
>> eval(v0)                        % 计算天问一号的飞行速度 v0
ans =
   1.1180e + 004
```

即 $v_0 = \sqrt{2gR} \approx 11.2 \text{(km/s)}$

这就是说天问一号至少要以 11.2km/s 的速度才能挣脱地球引力飞向火星，而这个速度也就是第二宇宙速度。

链接思考

（1）积分概念中体现的"微元法"思想极具深度，试比较其与"曹冲称象"方法的异同，并且体会人类社会利用"分"与"合"的方法逐步发展的过程。

（2）凡是某个变量是对另一个变量有存储和积累的过程，一般都含有积分环节。例如工程技术中利用速度求路程、利用加速度求速度、利用温度求热量，经济问题中利用生产率求产量、利用边际求经济总量等，试分析其中的数学原理。

本章知识结构图

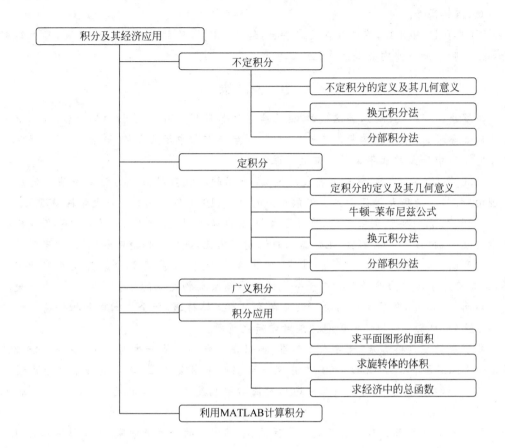

数学那些事——中国现代数学大师

陈 省 身

陈省身(1911—2004)，出生于浙江嘉兴，美籍华人，国际数学大师、著名教育家、中国科学院外籍院士，被尊为"微分几何之父"．他少年时就显露数学才华，喜欢独立思考，自主发展，1926 年考入南开大学，1930 年赴清华大学攻读研究生，成为中国培养的第一名数学研究生．1934 年公派留学，前往德国汉堡大学攻读博士学位．1937 年回国任教于西南联大，1943 年后，历任美国普林斯顿高等研究院研究员、芝加哥大学、伯克利加州大学终身教授，1981 年创办美国国家数学研究所，1985 年创建南开大学数学研究所．

陈省身开创了整体微分几何、纤维丛微分几何、陈氏示性类等领域研究，他引进的概念、方法和工具，成为整个现代数学中的重要组成部分．正因他的卓越贡献，1984 年他荣获沃尔夫奖(犹如数学界的诺贝尔奖，华人仅陈省身与学生丘成桐获此殊荣)．2004 年，国际天文联合会将新发现的小行星命名为"陈省身星"，以表彰他对全人类的贡献．

陈省身虽然漂泊海外四十余年，却始终心系祖国的数学事业发展，培养了丘成桐、吴文俊等一批世界级中国科学家及著名学者,他提出,21世纪中国要成为数学大国和数学强国的远大目标,成为了数学界众所周知的"陈省身猜想",鼓舞着一代代青年科学人才追求卓越、勇攀高峰.

2004年12月3日,陈省身在天津去世,终年93岁,他的墓碑是一块黑板,其上镌刻的是他证明高斯—博内公式的手记.

华 罗 庚

华罗庚(1910—1985),著名数学家.出生于江苏常州,1925年,初中毕业后,就读上海中华职业学校,因拿不出学费而中途退学,故一生只有初中毕业文凭.此后,他用5年时间自学完了高中和大学低年级的全部数学课程.

1930年,他在《科学》杂志上发表的论文《苏家驹之代数的五次方程式解法不能成立之理由》引起了清华大学数学系主任熊庆来的注意,1931年被调到清华大学任助理员.

1936年,前往英国剑桥大学,度过了关键性的两年,他至少有15篇文章是在剑桥的时期发表的.抗日战争爆发后,他怀着强烈的爱国热忱,风尘仆仆地回到祖国,被当时的最高学府西南联合大学聘为教授.1941年,他完成了专著《堆垒素数论》,其成果震动了世界,完全确定了他作为纯粹数学若干分支的世界领袖人物之一的地位.1946年,华罗庚赴美国访问.1950年,华罗庚毅然决定放弃在美国的优厚待遇,率全家回国并担任清华大学数学系主任.1952年,担任中国科学院数学研究所所长.

华罗庚的经典格言是"天才在于积累,聪明在于勤奋",他一生写了10多部著作,200多篇论文.1985年6月12日,在日本东京一个国际学术会议上,华罗庚作了十分生动活泼而又精彩的报告.当他讲完最后一句话时因心脏病复发倒在了讲台上.当晚,因抢救无效逝世,享年75岁.

华罗庚不仅是当代自学成长的科学巨匠、誉满中外的著名数学家,更以科学家的博大胸怀提携后进和培养人才,以高度的历史责任感投身科普和应用数学推广,为数学科学事业的发展作出了贡献,为祖国现代化建设付出了毕生精力.他的名字被列为"芝加哥科学技术博物馆中当今世界88位数学伟人之一".

丘 成 桐

丘成桐(1949—),生于广东汕头市,美籍华人,童年随父母移居香港.国际著名数学家,美国科学院院士、中国科学院外籍院士.1983年获得世界数学领域的诺贝尔奖——菲尔兹奖,是获得该奖的第一位华人.毕业于香港中文大学数学系,师从著名微分几何学家陈省身,在美国加州大学伯克利分校获得博士学位.现任清华大学丘成桐数学科学中心主任,求真书院院长,北京雁栖湖应用数学研究院院长.

他证明了世界级数学难题"卡拉比猜想",解决了爱因斯坦广义相对论中的正质量猜想、镜对称猜想等一连串难题,以他的研究命名的卡拉比-丘流形在数学与理论物理上发挥了重要作用.因为这些成就,他先后囊括菲尔兹奖、克拉福德奖、沃尔夫奖等世界顶级科学大奖.

丘成桐热爱数学、心系祖国,为中国培养数学领军人才是他长久的愿望.在国外任教时,他培养的博士大多来自中国,其中许多人已成为知名学者,活跃于国内外学术界;如今,他受聘为清华讲席教授,希望依托丘成桐数学科学中心及求真书院,实现"兴中国基础之学问"的夙愿.

说到天才,他在自传里写到"恐怕很多人都把'天才'浪漫化了,以为那些人能无中生有,创造奇迹,提出凡人想不出的方法,或者完成惊人的数学证明.……我的经验是,解决数学难题需要艰辛的努力,没有快捷方式可走,除非问题本身其实颇易."

应知应会 3

一、选择题

1. 若 $\int f(x)\mathrm{d}x = (x^3+2)\mathrm{e}^x + C$,则 $f(x) = (\quad)$.

   A. $(x^3+2)\mathrm{e}^x$ B. $3x^2\mathrm{e}^x$

   C. $(x^3+3x^2+2)\mathrm{e}^x$ D. $(x^3-2x+2)\mathrm{e}^x$

2. 若 $F'(x)=f(x)$,则下列($\quad$)成立.

   A. $\int F'(x)\mathrm{d}x = f(x)+C$ B. $\int f(x)\mathrm{d}x = F(x)+C$

   C. $\int F(x)\mathrm{d}x = f(x)+C$ D. $\int f'(x)\mathrm{d}x = F(x)+C$

3. 已知 $y'=2x$,且 $x=1$ 时 $y=2$,则 $y=(\quad)$.

   A. x^2 B. x^2+c C. x^2+1 D. x^2+2

4. 若函数 $f(x)$ 的一个原函数为 $\ln x$,则 $f'(x)=(\quad)$.

   A. $\dfrac{1}{x}$ B. $-\dfrac{1}{x}$ C. $\ln x$ D. $-\dfrac{1}{x^2}$

5. 设 $f(x)$ 是 $\cos x$ 的一个原函数,则 $f(x)=(\quad)$.

   A. $-\sin x$ B. $\sin x$ C. $\sin x + C$ D. $\cos x + C$

6. 设 $f'(x)$ 存在,则 $\left[\int \mathrm{d}f(x)\right]' = (\quad)$.

   A. $f(x)$ B. $f'(x)$ C. $f(x)+C$ D. $f'(x)+C$

7. 下列等于1的积分是($\quad$).

   A. $\int_0^1 x\mathrm{d}x$ B. $\int_0^1 (x+1)\mathrm{d}x$ C. $\int_0^1 1\mathrm{d}x$ D. $\int_0^1 \dfrac{1}{2}\mathrm{d}x$

8. $\dfrac{\mathrm{d}}{\mathrm{d}x}\int_a^b \arcsin x\mathrm{d}x = (\quad)$.

   A. $\arcsin x$ B. $\dfrac{1}{\sqrt{1-x^2}}$

   C. $\arcsin b - \arcsin a$ D. 0

9. 设 $F(x) = \int_x^0 \mathrm{e}^t \sin t\mathrm{d}t$,则 $F'(x) = (\quad)$.

   A. $\mathrm{e}^x \cos x$ B. $-\mathrm{e}^{-x}\cos x$ C. $\mathrm{e}^x \sin x$ D. $-\mathrm{e}^x \sin x$

10. $\int_0^1 x(1+\sqrt{x})\mathrm{d}x = (\quad)$.

   A. $\dfrac{1}{2}$　　　　B. $\dfrac{2}{5}$　　　　C. $\dfrac{9}{10}$　　　　D. 0

11. $\int_0^1 (\mathrm{e}^x + \mathrm{e}^{-x})\mathrm{d}x = (\quad)$.

   A. $\mathrm{e}+\dfrac{1}{\mathrm{e}}$　　　B. $2\mathrm{e}$　　　C. $\dfrac{2}{\mathrm{e}}$　　　D. $\mathrm{e}-\dfrac{1}{\mathrm{e}}$

12. $\int_0^{+\infty} \mathrm{e}^{-2x}\mathrm{d}x = (\quad)$.

   A. 2　　　　B. $\dfrac{1}{2}$　　　　C. -2　　　　D. $-\dfrac{1}{2}$

二、填空题

1. 函数 e^{2x} 为_____的原函数.

2. 函数 e^{3x} 的原函数为_____.

3. 若不定积分 $\int f(x)\mathrm{d}x = x\ln x + C$,则 $f(x) = $ _____.

4. $\left[\int \arcsin x \mathrm{d}x\right]' = $ _____; $\int (\arcsin x)' \mathrm{d}x = $ _____.

5. $\int_{-\frac{\pi}{2}}^{\frac{\pi}{2}} \dfrac{\sin x}{2+\cos x}\mathrm{d}x = $ _____.

6. $f(x)=\begin{cases} x^2, & x>0 \\ x, & x\leqslant 0 \end{cases}$,则 $\int_{-1}^1 f(x)\mathrm{d}x = $ _____.

7. 反常积分 $\int_2^{+\infty} \dfrac{1}{x^2}\mathrm{d}x = $ _____.

8. $\lim\limits_{x\to 0} \dfrac{\int_0^x \cos^2 t \mathrm{d}t}{x} = $ _____.

9. 若 $F(x) = \int_0^x (t-1)(t-2)\mathrm{d}t$,则 $F'(0) = $ _____.

10. 由曲线 $y=\sin x$ 与 x 轴在区间 $[0,\pi]$ 上所围成的曲边梯形的面积为_____.

11. 若 $F'(x)=f(x)$,则 $\int f(ax+b)\mathrm{d}x = $ _____.

12. 若 $\int f(x)\mathrm{d}x = F(x)+C$,则 $\int f(\ln x)\cdot \dfrac{1}{x}\mathrm{d}x = $ _____.

三、计算题

1. $\int (1-3x^2)\mathrm{d}x$　　　　2. $\int (2^x + x^2)\mathrm{d}x$　　　　3. $\int (2x-3)^5 \mathrm{d}x$

4. $\int x(3x^2+5)^{10}\mathrm{d}x$　　　5. $\int \dfrac{\ln x}{x}\mathrm{d}x$　　　6. $\int \dfrac{\cos\sqrt{x}}{\sqrt{x}}\mathrm{d}x$

7. $\int x\mathrm{e}^x \mathrm{d}x$　　　　8. $\int x^3 \ln x \mathrm{d}x$　　　　9. $\int_{-1}^1 (x^3 - 3x^2)\mathrm{d}x$

10. $\int_{-1}^{2} |2x| \, dx$ 11. $\int_{0}^{1} x^2 e^{x^3} \, dx$ 12. $\int_{0}^{\frac{\pi}{2}} x\cos x \, dx$

13. $\int_{0}^{\ln 2} e^x (1+e^x)^2 \, dx$ 14. $\int_{1}^{e} \ln x \, dx$ 15. $\int_{0}^{1} x e^{-x} \, dx$

16. $\int_{0}^{1} \frac{\sqrt{x}}{1+x} \, dx$

四、解答题

1. 求由曲线 $y=x^2$，直线 $x=1$ 以及 x 轴所围成的平面图形的面积，及其绕 x 轴旋转一周得到的旋转体的体积.

2. 求由曲线 $y=e^x$，$y=e^{-x}$ 以及直线 $x=1$ 所围成的平面图形.

3. 求由抛物线 $y=x^2$ 和 $x=y^2$ 所围成的平面图形.

4. 已知边际成本 $C'(x)=33+38x-12x^2$，固定成本 $C(0)=68$，求：

(1) 总成本函数；

(2) 平均成本函数 $\frac{C(x)}{x}$.

5. 设某产品的生产是连续的，总产量 Q 在时刻 t 的变化率为 $Q'(t)=50+10t-\frac{3}{2}t^2$(kg/h)，试求从 $t=3$ 到 $t=8$ 的总产量.

6. 已知某产品的边际成本函数为 $MC=3q^2-12q+18$(万元)，边际收益函数为 $MR=315-6q$(万元)，固定成本为 100 万元，q 为产量(单位：百台)，试问产量为多少时利润最大，最大利润是多少？

综合运用 3

1. 某曲线在任一点的切线斜率等于该点横坐标的倒数，且过点 $(e^2, 3)$，求该曲线方程.

2. 利用定积分定义计算下列极限.

(1) $\lim\limits_{n\to\infty} \left(\frac{1}{n+1} + \frac{1}{n+2} + \cdots + \frac{1}{n+n} \right)$

(2) $\lim\limits_{n\to\infty} \left(\frac{n}{n^2+1^2} + \frac{n}{n^2+2^2} + \cdots + \frac{n}{n^n+n^n} \right)$

3. 设 $f(x)=\begin{cases} 1+x, 0\leqslant x\leqslant 2, \\ x^2-1, 2<x\leqslant 4, \end{cases}$ 求 $\int_{3}^{5} f(x-2) \, dx$.

4. 已知 $f(0)=1, f(2)=3, f'(x)=5$，试计算 $\int_{0}^{2} x f''(x) \, dx$.

5. 计算下列积分.

(1) $\int \cos^3 x \, dx$ (2) $\int \frac{\ln \ln x}{x} \, dx$ (3) $\int_{0}^{n\pi} x |\sin x| \, dx$

(4) $\int_{0}^{2a} x \sqrt{2ax-x^2} \, dx$ (5) $\int_{\frac{2}{\pi}}^{+\infty} \frac{1}{x^2} \sin \frac{1}{x} \, dx$ (6) $\int_{2}^{+\infty} \frac{1}{x^2+x-2} \, dx$

6. 已知 $F(x) = \int_0^x (x-t)f(t)dt$，求 $F''(x)$.

7. 已知 $f(x) = \dfrac{e^x}{x}$，求 $\int xf''(x)dx$.

8. 设 $f(x)$ 是以 T 为周期的周期函数，试证明：对任意常数 a，有
$$\int_a^{a+T} f(x)dx = \int_0^T f(x)dx$$

9. 利用定积分求椭圆 $\dfrac{x^2}{a^2} + \dfrac{y^2}{b^2} = 1$ 的面积.

10. 某工厂排出大量废气，造成了严重污染，于是工厂通过减产来控制废气的排放量，若第 t 年废气的排放量为
$$C(t) = \dfrac{20\ln(t+1)}{(t+1)^2}$$
求该厂在 $t=0$ 到 $t=5$ 年间排出的废气总量.

第二单元

线性代数

数学方法渗透并支配着一切自然科学的理论分支,它越来越成为衡量科学成就的主要标志了.

冯·诺依曼
(1903—1957,美国)

第 4 章
线性代数及其经济应用

在现代管理中,有许多实际问题都可归结为解线性方程组,而矩阵是研究线性方程组解的有力工具,随着现代计算技术的发展,线性代数[①]在经济管理、自然科学、工程技术和生产实际中的作用日趋显著.

学习目标

【基本要求】

(1) 理解矩阵的概念,熟练掌握矩阵的加法、乘法、数乘的运算;
(2) 理解初等行变换法,熟练掌握利用初等行变换法求矩阵秩、逆矩阵的方法;
(3) 了解向量组的线性相关性,掌握求向量组的秩和极大无关组;
(4) 理解线性方程组解的判定定理,会判断线性方程组解的存在情况;
(5) 理解基础解系的概念,理解线性方程组解的结构,熟练掌握求线性方程组的基础解系与通解的计算方法;
(6) 会利用线性方程组进行投入产出分析.

【学习重点】

(1) 矩阵的初等行变换,矩阵的秩,逆矩阵;
(2) 线性方程组的基础解系与通解.

4.1 矩阵及其运算

问题导入

引例 4.1 A、B、C 三个企业都生产甲、乙、丙、丁四种产品,2012 年年底甲、乙、丙、丁四种产品的库存量如表 4-1 所示.

---

① 这是一门研究线性关系的数学学科.由于解决问题的复杂性、线性关系的普遍性以及科学技术的推动性,本学科得以迅速发展和应用,学习中要用心体会其中蕴含的数形结合、化归与转换、数学建模等丰富的数学思想方法,有效提升数学素养.

表 4-1　甲、乙、丙、丁四种产品的库存情况表　　　　　单位：kg

产品 企业	甲	乙	丙	丁
A 企业	120	200	150	无
B 企业	145	180	40	145
C 企业	121	220	89	160

当把表 4-1 中的文字说明部分去掉，并把默认的项目填成数字 0，就得到了一个只有数字的数表 $\begin{pmatrix} 120 & 200 & 150 & 0 \\ 145 & 180 & 40 & 145 \\ 121 & 220 & 89 & 160 \end{pmatrix}$，这种数表就称为矩阵．

矩阵可以把研究的问题化成简单的易于理解和分析的形式，可以把庞大且杂乱无章的数据变得有序，为应用计算机进行科学计算和处理日常事务带来很大方便与可能．

4.1.1　矩阵的概念

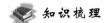

1. 矩阵的定义

定义 4.1　将形如 $\boldsymbol{A} = \begin{pmatrix} a_{11} & a_{12} & \cdots & a_{1n} \\ a_{21} & a_{22} & \cdots & a_{2n} \\ \vdots & \vdots & & \vdots \\ a_{m1} & a_{m2} & \cdots & a_{mn} \end{pmatrix}$ 的矩形数表，称为一个 $m \times n$ 阶矩阵，记为 $\boldsymbol{A} = (a_{ij})_{m \times n}$，其中的每一个数称为矩阵的元素，矩阵的元素 a_{ij} 的第一个下标 i 表示该元素所在的行，第二个下标 j 表示矩阵所在的列，a_{ij} 是位于第 i 行第 j 列的元素．

2. 特殊的矩阵

（1）n 阶方阵：行数与列数相等且都为 n 的矩阵．

（2）对角阵：主对角线以外的元素全为零的方阵，即

$$\boldsymbol{\Lambda} = \begin{pmatrix} \lambda_1 & & & \\ & \lambda_2 & & \\ & & \ddots & \\ & & & \lambda_n \end{pmatrix}$$

（3）单位矩阵：主对角线上元素全是 1 的对角阵，记为 $\boldsymbol{I}$，即

$$\boldsymbol{I} = \begin{pmatrix} 1 & 0 & \cdots & 0 \\ 0 & 1 & \cdots & 0 \\ \vdots & \vdots & & \vdots \\ 0 & 0 & \cdots & 1 \end{pmatrix}$$

（4）零矩阵：元素全为零的矩阵．

（5）同型矩阵：行数相等，列数也相等的两个矩阵．

例如,$A=\begin{pmatrix} 3 & -2 & 2 & 0 \\ 1 & 3 & 0 & 8 \\ 2 & 4 & 6 & 9 \end{pmatrix}$,$B=\begin{pmatrix} 7 & 4 & -3 & 3 \\ 3 & 1 & 0 & 7 \\ 6 & 2 & 6 & 9 \end{pmatrix}$ 为同型矩阵.

4.1.2 矩阵的运算

1. 矩阵的加法

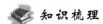 知识梳理

定义 4.2 设有两个 $m \times n$ 矩阵 $A=(a_{ij})$ 和 $B=(b_{ij})$,矩阵 A 与 B 的和记作 $A+B$,规定为

$$A+B=(a_{ij}+b_{ij})_{m \times n}=\begin{pmatrix} a_{11}+b_{11} & a_{12}+b_{12} & \cdots & a_{1n}+b_{1n} \\ a_{21}+b_{21} & a_{22}+b_{22} & \cdots & a_{2n}+b_{2n} \\ \vdots & \vdots & & \vdots \\ a_{m1}+b_{m1} & a_{m2}+b_{m2} & \cdots & a_{mn}+b_{mn} \end{pmatrix}$$

设矩阵 $A=(a_{ij})$,记 $-A=(-a_{ij})$,称 $-A$ 为矩阵 A 的负矩阵.

矩阵的加法满足下列运算规律:

(1) 交换律 $A+B=B+A$;

(2) 结合律 $(A+B)+C=A+(B+C)$;

(3) 零矩阵的特性 $A+0=A$;

(4) 负矩阵的特性 $A+(-A)=0$.

2. 数乘矩阵

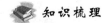 知识梳理

定义 4.3 数 k 与矩阵 A 的乘积记作 kA 或 Ak,规定为

$$kA=Ak=(ka_{ij})=\begin{pmatrix} ka_{11} & ka_{12} & \cdots & ka_{1n} \\ ka_{21} & ka_{22} & \cdots & ka_{2n} \\ \vdots & \vdots & & \vdots \\ ka_{m1} & ka_{m2} & \cdots & ka_{mn} \end{pmatrix}$$

数与矩阵的乘积运算称为数乘运算.

设 A、B、0 都是同型矩阵,k、l 是常数,则:

(1) $1A=A$;　　(2) $0A=0$;　　(3) $(kl)A=k(lA)$;

(4) $(k+l)A=kA+lA$;　　(5) $k(A+B)=kA+kB$.

典型例解

例 4.1 已知 $A=\begin{pmatrix} 7 & 4 & -3 & 3 \\ 3 & 1 & 0 & 7 \\ 6 & 2 & 6 & 9 \end{pmatrix}$,$B=\begin{pmatrix} 3 & -2 & 2 & 0 \\ 1 & 3 & 0 & 8 \\ 2 & 4 & 6 & 9 \end{pmatrix}$,且 $B+2X=A$,求矩阵 X.

解 由 $B+2X=A$ 得 $2X=A-B$，所以

$$X=\frac{1}{2}(A-B)$$

$$=\frac{1}{2}\begin{pmatrix} 7-3 & 4-(-2) & -3-2 & 3-0 \\ 3-1 & 1-3 & 0-0 & 7-8 \\ 6-2 & 2-4 & 6-6 & 9-9 \end{pmatrix}$$

$$=\frac{1}{2}\begin{pmatrix} 4 & 6 & -5 & 3 \\ 2 & -2 & 0 & -1 \\ 4 & -2 & 0 & 0 \end{pmatrix}$$

$$=\begin{pmatrix} 2 & 3 & -\frac{5}{2} & \frac{3}{2} \\ 1 & -1 & 0 & -\frac{1}{2} \\ 2 & -1 & 0 & 0 \end{pmatrix}$$

小贴士

(1) 只有两个矩阵是同型矩阵时，才能进行矩阵的加法运算.

(2) 矩阵的加法与矩阵的数乘两种运算统称为矩阵的线性运算.

案例 4.1 设甲、乙两个蔬菜基地分别向 A、B、C 三个城市供应蔬菜，若每吨蔬菜每千米的运费为 80 元，运输里程表如表 4-2 所示，试用矩阵形式表示从两个蔬菜基地到三个城市的运费情况.

表 4-2 蔬菜基地到 A、B、C 城市的距离　　　　　　　单位：km

基地＼城市	A 城市	B 城市	C 城市
甲蔬菜基地	320	200	350
乙蔬菜基地	200	380	240

解 运输里程（单位：km）用矩阵可表示为

$$A=\begin{bmatrix} 320 & 200 & 350 \\ 200 & 380 & 240 \end{bmatrix}$$

其中，$a_{12}=200$ 表示从甲蔬菜基地到 B 城市的里程，由于每吨产品每千米的运费为 80 元，所以，从甲蔬菜基地到 B 城市的费用（单位：元/吨）为 80×200，即 $80a_{12}$.

由上式可知，从两个蔬菜基地到三个城市的运费，若用矩阵表示，可写成如下形式：

$$\begin{bmatrix} 80\times320 & 80\times200 & 80\times350 \\ 80\times200 & 80\times380 & 80\times240 \end{bmatrix}$$

为了简单，可记作

$$80\boldsymbol{A} = 80\begin{bmatrix} 320 & 200 & 350 \\ 200 & 380 & 240 \end{bmatrix}$$

3. 矩阵的乘法

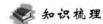

定义 4.4 设

$$\boldsymbol{A} = (a_{ij})_{m\times s} = \begin{pmatrix} a_{11} & a_{12} & \cdots & a_{1s} \\ a_{21} & a_{22} & \cdots & a_{2s} \\ \vdots & \vdots & & \vdots \\ a_{m1} & a_{m2} & \cdots & a_{ms} \end{pmatrix}, \quad \boldsymbol{B} = (b_{ij})_{s\times n} = \begin{pmatrix} b_{11} & b_{12} & \cdots & b_{1n} \\ b_{21} & b_{22} & \cdots & b_{2n} \\ \vdots & \vdots & & \vdots \\ b_{s1} & b_{s2} & \cdots & b_{sn} \end{pmatrix}$$

矩阵 $\boldsymbol{A}$ 与矩阵 $\boldsymbol{B}$ 的乘积记作 $\boldsymbol{AB}$，规定为

$$\boldsymbol{AB} = (c_{ij})_{m\times n} = \begin{pmatrix} c_{11} & c_{12} & \cdots & c_{1n} \\ c_{21} & c_{22} & \cdots & c_{2n} \\ \vdots & \vdots & & \vdots \\ c_{m1} & c_{m2} & \cdots & c_{mn} \end{pmatrix}$$

其中

$$c_{ij} = a_{i1}b_{1j} + a_{i2}b_{2j} + \cdots + a_{is}b_{sj} = \sum_{k=1}^{s} a_{ik}b_{kj}, \quad i = 1, 2, \cdots, m; \quad j = 1, 2, \cdots, n$$

矩阵的乘法满足下列运算规律（假定运算都是可行的）：

(1) $(\boldsymbol{AB})\boldsymbol{C} = \boldsymbol{A}(\boldsymbol{BC})$ 　　　　　　(2) $(\boldsymbol{A}+\boldsymbol{B})\boldsymbol{C} = \boldsymbol{AC} + \boldsymbol{BC}$

(3) $\boldsymbol{C}(\boldsymbol{A}+\boldsymbol{B}) = \boldsymbol{CA} + \boldsymbol{CB}$ 　　　　　(4) $k(\boldsymbol{AB}) = (k\boldsymbol{A})\boldsymbol{B} = \boldsymbol{A}(k\boldsymbol{B})$

(5) $\boldsymbol{IA} = \boldsymbol{AI} = \boldsymbol{A}$

小贴士

(1) 只有当左边矩阵 $\boldsymbol{A}$ 的列数等于右边矩阵 $\boldsymbol{B}$ 的行数时，矩阵乘法 $\boldsymbol{AB}$ 才有意义.

(2) 如果 $\boldsymbol{C} = \boldsymbol{AB}$，左边矩阵 $\boldsymbol{A}$ 的行数即为 $\boldsymbol{C}$ 的行数. 右边矩阵 $\boldsymbol{B}$ 的列数即为 $\boldsymbol{C}$ 的列数.

(3) 若 $\boldsymbol{C} = \boldsymbol{AB}$，则矩阵 $\boldsymbol{C}$ 的元素 c_{ij} 即为矩阵 $\boldsymbol{A}$ 的第 i 行元素与矩阵 $\boldsymbol{B}$ 的第 j 列对应元素乘积的和.

典型例解

案例 4.2 某女生买了 2 件 T 恤衫，每件 38 元；开衫 3 件，每件 35 元；牛仔裤 1 条，每条 80 元. 问共花去多少钱？

解 共花去的钱数显然是 $38\times 2 + 35\times 3 + 80\times 1$，经计算得 261 元. 此算式可用下述形式表达：

$$(38 \quad 35 \quad 80)\begin{pmatrix} 2 \\ 3 \\ 1 \end{pmatrix} = 38\times 2 + 35\times 3 + 80\times 1 = 261(元)$$

例 4.2 设 $A=(2,0,4)$，$B=\begin{pmatrix}1\\2\\0\end{pmatrix}$. A 是一个 1×3 矩阵，B 是 3×1 矩阵，因此 AB 有意义，BA 也有意义；但

$$AB=(2,0,4)\begin{pmatrix}1\\2\\0\end{pmatrix}=(2\times 1+0\times 2+4\times 0)=(2)$$

$$BA=\begin{pmatrix}1\\2\\0\end{pmatrix}(2,0,4)=\begin{pmatrix}1\times 2 & 1\times 0 & 1\times 4\\2\times 2 & 2\times 0 & 2\times 4\\0\times 2 & 0\times 0 & 0\times 4\end{pmatrix}=\begin{pmatrix}2 & 0 & 4\\4 & 0 & 8\\0 & 0 & 0\end{pmatrix}$$

例 4.3 设 $A=\begin{pmatrix}2 & -1\\-4 & 0\\3 & 5\end{pmatrix}$，$B=\begin{bmatrix}9 & -8\\-7 & 10\end{bmatrix}$，求 AB、BA.

解

$$AB=\begin{pmatrix}2 & -1\\-4 & 0\\3 & 5\end{pmatrix}\begin{bmatrix}9 & -8\\-7 & 10\end{bmatrix}$$

$$=\begin{bmatrix}2\times 9+(-1)\times(-7) & 2\times(-8)+(-1)\times 10\\-4\times 9+0\times(-7) & -4\times(-8)+0\times 10\\3\times 9+5\times(-7) & 3\times(-8)+5\times 10\end{bmatrix}$$

$$=\begin{bmatrix}25 & -26\\-36 & 32\\-8 & 26\end{bmatrix}$$

由于矩阵 B 有 2 列，矩阵 A 有 3 行，即 B 的列数不等于 A 的行数，所以 BA 没意义.

例 4.4 设 $A=\begin{bmatrix}-2 & 4\\1 & -2\end{bmatrix}$，$B=\begin{bmatrix}2 & 4\\-3 & -6\end{bmatrix}$，则

$$AB=\begin{bmatrix}-2 & 4\\1 & -2\end{bmatrix}\begin{bmatrix}2 & 4\\-3 & -6\end{bmatrix}=\begin{bmatrix}-16 & -32\\8 & 16\end{bmatrix}$$

$$BA=\begin{bmatrix}2 & 4\\-3 & -6\end{bmatrix}\begin{bmatrix}-2 & 4\\1 & -2\end{bmatrix}=\begin{bmatrix}0 & 0\\0 & 0\end{bmatrix}$$

例 4.5 设 $A=\begin{bmatrix}1 & 2\\0 & 3\end{bmatrix}$，$B=\begin{bmatrix}1 & 0\\0 & 4\end{bmatrix}$，$C=\begin{bmatrix}1 & 1\\0 & 0\end{bmatrix}$，则

$$AC=\begin{bmatrix}1 & 2\\0 & 3\end{bmatrix}\begin{bmatrix}1 & 1\\0 & 0\end{bmatrix}=\begin{bmatrix}1 & 1\\0 & 0\end{bmatrix},\quad BC=\begin{bmatrix}1 & 0\\0 & 4\end{bmatrix}\begin{bmatrix}1 & 1\\0 & 0\end{bmatrix}=\begin{bmatrix}1 & 1\\0 & 0\end{bmatrix}$$

小贴士

(1) 从例 4.2 可以看出：矩阵的乘法一般不满足交换律，即 $AB\neq BA$.

(2) 从例 4.4 可以看出：两个非零矩阵相乘，可能是零矩阵，故不能从 $AB=0$ 必然推出 $A=0$ 或 $B=0$.

(3) 从例 4.5 可以看出：矩阵乘法一般不满足消去律，即不能从 $AB=AC$ 必然推出 $B=C$.

4. 矩阵的转置

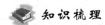

定义 4.5 把矩阵 A 的行换成同序数的列得到的新矩阵，称为 A 的转置矩阵，记作 A^{T}（或 A'）. 即若

$$A=\begin{pmatrix} a_{11} & a_{12} & \cdots & a_{1n} \\ a_{21} & a_{22} & \cdots & a_{2n} \\ \vdots & \vdots & & \vdots \\ a_{m1} & a_{m2} & \cdots & a_{mn} \end{pmatrix}$$

则

$$A^{\mathrm{T}}=\begin{pmatrix} a_{11} & a_{21} & \cdots & a_{m1} \\ a_{12} & a_{22} & \cdots & a_{m2} \\ \vdots & \vdots & & \vdots \\ a_{1n} & a_{2n} & \cdots & a_{mn} \end{pmatrix}$$

矩阵的转置满足以下运算规律（假设运算都是可行的）：
(1) $(A^{\mathrm{T}})^{\mathrm{T}}=A$ (2) $(A+B)^{\mathrm{T}}=A^{\mathrm{T}}+B^{\mathrm{T}}$
(3) $(kA)^{\mathrm{T}}=kA^{\mathrm{T}}$ (4) $(AB)^{\mathrm{T}}=B^{\mathrm{T}}A^{\mathrm{T}}$

定义 4.6 设方阵 $A=(a_{ij})_{n\times n}$，规定 A^k 称为 A 的 k 次幂，即

$$A^k=\overbrace{AA\cdots A}^{k}, \quad k \text{ 为自然数}$$

规定 $A^0=I$.

方阵的幂满足以下运算规律（假设运算都是可行的）：
(1) $A^m A^n=A^{m+n}$（m、n 是自然数）；(2) $(A^m)^n=A^{mn}$.
注：一般来说，$(AB)^m\neq A^m B^m$.

4.1.3 矩阵的秩

1. 矩阵的初等行变换及阶梯形矩阵

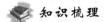

定义 4.7 对矩阵 A 施行的下列三种变换称为 A 的初等行变换.
(1) 对换变换：交换 A 的第 i 行与第 j 行，记作 $r_i \leftrightarrow r_j$；
(2) 倍乘变换：用一个非零实数 c 乘以 A 的第 i 行，即用该数乘以该行的每个元素，所得各数按原来次序作为同一行的元素，记作 $r_i \cdot c$；
(3) 倍加变换：用一实数 c 乘以 A 的第 j 行后，再加到 A 的第 i 行上，记作 $r_i+r_j \cdot c$.

定义 4.8 如果矩阵满足以下条件，则称这样的矩阵为阶梯形矩阵.
(1) 各行第一个非零元素所在的列数严格增大，也就是首个非零元素之前的零元素

个数随行的序数增多而严格增多；

(2) 如果有零行，零行在最下方.

例如，下列矩阵都是阶梯型矩阵（⊗表示非零元素，×表示零或非零元素）：

$$\begin{pmatrix} 1 & 2 & 2 & 0 & 0 \\ 0 & -3 & 2 & 0 & 2 \\ 0 & 0 & 0 & -3 & 1 \end{pmatrix}, \begin{pmatrix} 1 & 0 & 0 & 0 \\ 0 & 1 & 0 & 0 \\ 0 & 0 & 0 & 1 \end{pmatrix}, \begin{pmatrix} \otimes & \times & \times & \times & \times & \times & \times \\ 0 & \otimes & \times & \times & \times & \times & \times \\ 0 & 0 & 0 & \otimes & \times & \times & \times \\ 0 & 0 & 0 & 0 & 0 & 0 & \otimes \\ 0 & 0 & 0 & 0 & 0 & 0 & 0 \end{pmatrix}$$

定义 4.9 对于阶梯形矩阵，若非零行的第一个非零元素都为 1，且这些非零元素所在的列的其他元素都为 0，则称该矩阵为行最简形阶梯阵.

例如

$$\begin{pmatrix} 1 & 2 & 0 & 6 \\ 0 & 0 & 1 & -3 \\ 0 & 0 & 0 & 0 \end{pmatrix} \text{是行最简形阶梯阵；} \begin{pmatrix} 1 & 0 & 0 & -1 \\ 0 & 4 & 0 & 2 \\ 0 & 0 & 1 & -1 \\ 0 & 0 & 0 & 0 \end{pmatrix} \text{不是行最简形阶梯阵；}$$

$$\begin{pmatrix} 1 & 0 & 2 & 0 \\ 0 & 1 & 0 & 0 \\ 0 & 0 & 1 & 0 \\ 0 & 0 & 0 & 1 \end{pmatrix} \text{不是行最简形阶梯阵.}$$

定理 4.1 任意矩阵 A 均可经有限次初等行变换化为阶梯形矩阵，进而化为行最简形阶梯阵.

略去此定理的一般证明，用一个具体实例来说明定理的结论.

📖 **典型例解**

例 4.6 把矩阵 $A = \begin{pmatrix} 1 & 2 & 3 & 4 \\ 1 & -2 & 4 & 5 \\ 1 & 10 & 1 & 2 \end{pmatrix}$ 化为阶梯形，并求 A 的行最简形阶梯阵.

解

$$A = \begin{pmatrix} 1 & 2 & 3 & 4 \\ 1 & -2 & 4 & 5 \\ 1 & 10 & 1 & 2 \end{pmatrix} \xrightarrow[r_3 - r_1]{r_2 - r_1} \begin{pmatrix} 1 & 2 & 3 & 4 \\ 0 & -4 & 1 & 1 \\ 0 & 8 & -2 & -2 \end{pmatrix} \xrightarrow{r_3 + r_2 \cdot 2} \begin{pmatrix} 1 & 2 & 3 & 4 \\ 0 & -4 & 1 & 1 \\ 0 & 0 & 0 & 0 \end{pmatrix}$$

此即 A 的一个阶梯形矩阵，接着对上式进行初等行变换，即

$$A \xrightarrow{\left(-\frac{1}{4}\right) \cdot r_2} \begin{pmatrix} 1 & 2 & 3 & 4 \\ 0 & 1 & -\frac{1}{4} & -\frac{1}{4} \\ 0 & 0 & 0 & 0 \end{pmatrix} \xrightarrow{r_1 + (-2) \cdot r_2} \begin{pmatrix} 1 & 0 & \frac{7}{2} & \frac{9}{2} \\ 0 & 1 & -\frac{1}{4} & -\frac{1}{4} \\ 0 & 0 & 0 & 0 \end{pmatrix}$$

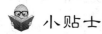

（1）用矩阵的初等行变换将矩阵 A 化为最简形阶梯阵的步骤如下．

① 将矩阵 A 化为阶梯形矩阵：首先是第一行第一个元素为 1，然后将其下方元素全部化为 0；再将第二行从左至右第一个非零元素下方全化为 0；逐行做下去，直至把矩阵化为阶梯形矩阵．

② 将阶梯形矩阵化为最简形阶梯阵：从非零行最后一行起，将该非零行第一个非零元素化为 1，并将其上方元素全化为 0，再将倒数第二个非零行第一个非零元素化为 1，并将其上方元素全化为 0；直至把矩阵化为最简形阶梯阵．

（2）矩阵 A 的阶梯形矩阵不是唯一的，但矩阵 A 的最简形阶梯阵是唯一的．

（3）对于任意矩阵，经过初等行变换化成的阶梯形矩阵不唯一，但所有化成的阶梯形矩阵中非零行的行数都是相同的．

2. 矩阵的秩

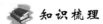

定义 4.10 阶梯形矩阵 A 中非零行的个数称为矩阵 A 的秩，记作 $r(A)$．

例如，例 4.6 的矩阵通过初等行变换化成的阶梯形矩阵有两个非零行，因此 $r(A)=2$．

典型例解

例 4.7 已知矩阵 $A=\begin{pmatrix} 1 & 1 & 1 & -1 \\ -1 & -1 & 2 & 3 \\ 2 & 2 & 5 & 0 \end{pmatrix}$，求 $r(A)$．

解

$$A=\begin{pmatrix} 1 & 1 & 1 & -1 \\ -1 & -1 & 2 & 3 \\ 2 & 2 & 5 & 0 \end{pmatrix} \xrightarrow{r_2+r_1} \begin{pmatrix} 1 & 1 & 1 & -1 \\ 0 & 0 & 3 & 2 \\ 2 & 2 & 5 & 0 \end{pmatrix} \xrightarrow{r_3+(-2)\cdot r_1} \begin{pmatrix} 1 & 1 & 1 & -1 \\ 0 & 0 & 3 & 2 \\ 0 & 0 & 3 & 2 \end{pmatrix}$$

$$\xrightarrow{r_3+(-1)\cdot r_2} \begin{pmatrix} 1 & 1 & 1 & -1 \\ 0 & 0 & 3 & 2 \\ 0 & 0 & 0 & 0 \end{pmatrix}$$

因为最后一个是阶梯形矩阵，它有两个非零行，故 $r(A)=2$．

4.1.4 逆矩阵

1. 逆矩阵的定义

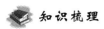

在数学中，几乎每一种运算都伴随着一种逆运算，那么矩阵的乘法是否也有逆运算

呢？我们知道，算术中乘法的逆运算是除法，那么两个矩阵是否可以相除呢？由于矩阵的乘法不可交换，所以我们无法直接定义矩阵的除法．但是依照数的关系 $b \cdot \frac{1}{b} = 1$，可以考虑定义一个矩阵 A 的相当于数的倒数的对应矩阵 A^{-1}，也就是 A 的逆矩阵．

定义 4.11 设 A 是 n 阶方阵，若存在 n 阶矩阵 B，使 $AB = BA = I$，则称 A 是可逆的，或说 A 是可逆矩阵，而 B 称为 A 的逆矩阵，记为 $B = A^{-1}$．

容易证明，逆矩阵具有下列性质：

(1) 如果 A 可逆，则其逆矩阵是唯一的；

(2) $(A^{-1})^{-1} = A$；

(3) 若 A 可逆，$k \neq 0$，则 kA 可逆，且 $(kA)^{-1} = \frac{1}{k} A^{-1}$；

(4) $(A^{-1})^T = (A^T)^{-1}$；

(5) $(AB)^{-1} = B^{-1} A^{-1}$．

性质(5)可以推广到任意个矩阵相乘的情形，即 $(A_1 \cdots A_n)^{-1} = A_n^{-1} \cdots A_1^{-1}$．

2．逆矩阵的运算

定理 4.2 n 阶方阵 A 可逆的充要条件是 $r(A) = n$．

推论 4.1 可逆矩阵经过一系列初等行变换必可化为单位矩阵 I．

定理 4.3 如果用一系列初等行变换将方阵 A 化为单位矩阵 I，则用同样的初等行变换作用于 I，就能将 I 化为 A 的逆矩阵．即 $(A | I) \xrightarrow{\text{初等行变换}} (I | A^{-1})$．

> **典型例解**

例 4.8 已知矩阵 $A = \begin{pmatrix} 0 & 1 & 2 \\ 1 & 1 & 4 \\ 2 & -1 & 0 \end{pmatrix}$，判断 A 是否可逆，如果可逆，求逆矩阵 A^{-1}．

解 $(A \vdots I_3) = \begin{pmatrix} 0 & 1 & 2 & \vdots & 1 & 0 & 0 \\ 1 & 1 & 4 & \vdots & 0 & 1 & 0 \\ 2 & -1 & 0 & \vdots & 0 & 0 & 1 \end{pmatrix} \xrightarrow{r_1 \leftrightarrow r_2} \begin{pmatrix} 1 & 1 & 4 & \vdots & 0 & 1 & 0 \\ 0 & 1 & 2 & \vdots & 1 & 0 & 0 \\ 2 & -1 & 0 & \vdots & 0 & 0 & 1 \end{pmatrix}$

$\xrightarrow{r_3 - r_1 \cdot 2} \begin{pmatrix} 1 & 1 & 4 & \vdots & 0 & 1 & 0 \\ 0 & 1 & 2 & \vdots & 1 & 0 & 0 \\ 0 & -3 & -8 & \vdots & 0 & -2 & 1 \end{pmatrix}$

$\xrightarrow{r_3 - r_2 \cdot 3} \begin{pmatrix} 1 & 1 & 4 & \vdots & 0 & 1 & 0 \\ 0 & 1 & 2 & \vdots & 1 & 0 & 0 \\ 0 & 0 & -2 & \vdots & 3 & -2 & 1 \end{pmatrix}$

$\xrightarrow{r_3 \cdot \left(-\frac{1}{2}\right)} \begin{pmatrix} 1 & 1 & 4 & \vdots & 0 & 1 & 0 \\ 0 & 1 & 2 & \vdots & 1 & 0 & 0 \\ 0 & 0 & 1 & \vdots & -\frac{3}{2} & 1 & -\frac{1}{2} \end{pmatrix}$

$$\xrightarrow[r_1-r_3\cdot 4]{r_2-r_3\cdot 2}\begin{pmatrix} 1 & 1 & 0 & \vdots & 6 & -3 & 2 \\ 0 & 1 & 0 & \vdots & 4 & -2 & 1 \\ 0 & 0 & 1 & \vdots & -\dfrac{3}{2} & 1 & -\dfrac{1}{2} \end{pmatrix}$$

$$\xrightarrow{r_1-r_2}\begin{pmatrix} 1 & 0 & 0 & \vdots & 2 & -1 & 1 \\ 0 & 1 & 0 & \vdots & 4 & -2 & 1 \\ 0 & 0 & 1 & \vdots & -\dfrac{3}{2} & 1 & -\dfrac{1}{2} \end{pmatrix}$$

因此 A 可逆，且

$$A^{-1}=\begin{pmatrix} 2 & -1 & 1 \\ 4 & -2 & 1 \\ -\dfrac{3}{2} & 1 & -\dfrac{1}{2} \end{pmatrix}$$

3. 逆矩阵的应用

对于矩阵方程 $AX=B$，如果 A 可逆，将方程两边同时左乘以 A^{-1}，便可得到它的解为 $X=A^{-1}B$；对于矩阵方程 $XA=B$，如果 A 可逆，将方程两边同时右乘以 A^{-1}，便可得到它的解为 $X=BA^{-1}$；对于矩阵方程 $AXB=C$，如果 A、B 均可逆，将方程两边同时左乘以 A^{-1}，再右乘以 B^{-1}，便可得到它的解为 $X=A^{-1}CB^{-1}$。

典型例解

例 4.9 求矩阵方程 $AX=B$，其中 $A=\begin{pmatrix} 0 & 1 & 2 \\ 1 & 1 & 4 \\ 2 & -1 & 0 \end{pmatrix}, B=\begin{pmatrix} 1 \\ 1 \\ 0 \end{pmatrix}$。

解 由例 4.8 可知 $A^{-1}=\begin{pmatrix} 2 & -1 & 1 \\ 4 & -2 & 1 \\ -\dfrac{3}{2} & 1 & -\dfrac{1}{2} \end{pmatrix}$，于是方程组的解为

$$X=A^{-1}B=\begin{pmatrix} 2 & -1 & 1 \\ 4 & -2 & 1 \\ -\dfrac{3}{2} & 1 & -\dfrac{1}{2} \end{pmatrix}\begin{pmatrix} 1 \\ 1 \\ 0 \end{pmatrix}=\begin{pmatrix} 1 \\ 2 \\ -\dfrac{1}{2} \end{pmatrix}$$

另外，解矩阵方程还可利用初等行（列）变换方法直接来求，有兴趣的读者可参考其他书籍。

案例 4.3 某军事单位要秘密发送矩阵 $A=\begin{pmatrix} -2 & -1 & 6 \\ 4 & 0 & 5 \\ -6 & -1 & 1 \end{pmatrix}$ 给其下属单位。加密方法是在发送前把矩阵 A 左乘可逆矩阵 $M=\begin{pmatrix} 1 & -1 & 1 \\ 0 & 1 & 2 \\ 0 & 0 & 1 \end{pmatrix}$。

问：下属单位直接接收到的信息矩阵是什么？下属单位应该如何得到真实矩阵 A？

分析 下属单位接收到的信息矩阵是 $B=MA$.

我们知道对于矩阵方程 $AX=B$，如果 A 可逆，将方程两边同时左乘以 A^{-1}，便可得到它的解为 $X=A^{-1}B$.

因此，题中要得到真实的矩阵 A，需要先求出矩阵 M 的逆矩阵 M^{-1} 后，再用 M^{-1} 左乘收到的信息矩阵 B 得到矩阵 A，即 $M^{-1}B=A$.

下属单位接收到的信息矩阵是 $B=MA$；要得到真实的矩阵，需要先求出矩阵 M 的逆矩阵 M^{-1}.

解 下属单位直接收到的信息矩阵是

$$B = \begin{pmatrix} 1 & -1 & 1 \\ 0 & 1 & 2 \\ 0 & 0 & 1 \end{pmatrix} \begin{pmatrix} -2 & -1 & 6 \\ 4 & 0 & 5 \\ -6 & -1 & 1 \end{pmatrix} = \begin{pmatrix} -12 & -2 & 2 \\ -8 & -2 & 7 \\ -6 & -1 & 1 \end{pmatrix}$$

下面利用逆矩阵求真实矩阵 A：

$$(M \mid I_3) = \begin{pmatrix} 1 & -1 & 1 & \vdots & 1 & 0 & 0 \\ 0 & 1 & 2 & \vdots & 0 & 1 & 0 \\ 0 & 0 & 1 & \vdots & 0 & 0 & 1 \end{pmatrix} \xrightarrow{r_1+r_2} \begin{pmatrix} 1 & 0 & 3 & \vdots & 1 & 1 & 0 \\ 0 & 1 & 2 & \vdots & 0 & 1 & 0 \\ 0 & 0 & 1 & \vdots & 0 & 0 & 1 \end{pmatrix}$$

$$\xrightarrow[r_2+(-2)r_3]{r_1+(-3)r_3} \begin{pmatrix} 1 & 0 & 0 & \vdots & 1 & 1 & -3 \\ 0 & 1 & 0 & \vdots & 0 & 1 & -2 \\ 0 & 0 & 1 & \vdots & 0 & 0 & 1 \end{pmatrix}$$

则

$$M^{-1} = \begin{pmatrix} 1 & 1 & -3 \\ 0 & 1 & -2 \\ 0 & 0 & 1 \end{pmatrix}$$

所以，下属单位得到的真实矩阵是

$$A = M^{-1}B = \begin{pmatrix} 1 & 1 & -3 \\ 0 & 1 & -2 \\ 0 & 0 & 1 \end{pmatrix} \begin{pmatrix} -12 & -2 & 2 \\ -8 & -2 & 7 \\ -6 & -1 & 1 \end{pmatrix} = \begin{pmatrix} -2 & -1 & 6 \\ 4 & 0 & 5 \\ -6 & -1 & 1 \end{pmatrix}$$

4.2 n 维向量及线性相关性

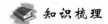

在实际问题中，有许多研究的对象要用 n 元有序数组来表示。如平面直角坐标系中点的坐标，某工程一年 12 个月的用料情况等，就分别要用到二元和十二元的有序数组。

定义 4.12 把有顺序的 n 个数 $a_1, a_2, \cdots, a_n$ 称为一个 n 维向量，记作

$$\boldsymbol{\alpha} = \begin{pmatrix} a_1 \\ a_2 \\ \vdots \\ a_n \end{pmatrix}$$

其中，$a_i (i=1,2,\cdots,n)$ 称为 n 维向量的第 i 个分量。

例如，矩阵 $A = \begin{pmatrix} 2 & 1 & 3 & 5 \\ 3 & 2 & -4 & 0 \\ 1 & 0 & 7 & 1 \end{pmatrix}$ 中每一列都可以看作三维向量：

$$\begin{pmatrix} 2 \\ 3 \\ 1 \end{pmatrix}, \begin{pmatrix} 1 \\ 2 \\ 0 \end{pmatrix}, \begin{pmatrix} 3 \\ -4 \\ 7 \end{pmatrix}, \begin{pmatrix} 5 \\ 0 \\ 1 \end{pmatrix}$$

称为矩阵 A 的列向量. 同时矩阵 A 中的每一行也都可以看作四维向量：

$$(2 \ 1 \ 3 \ 5), (3 \ 2 \ -4 \ 0), (1 \ 0 \ 7 \ 1)$$

称为矩阵 A 的行向量.

显然，向量就是矩阵的一种特殊情形.

定义 4.13 对于向量 $\boldsymbol{\beta}, \boldsymbol{\alpha}_1, \boldsymbol{\alpha}_2, \cdots, \boldsymbol{\alpha}_m$，如果有一组数 $k_1, k_2, \cdots, k_m$，使

$$\boldsymbol{\beta} = k_1 \boldsymbol{\alpha}_1 + k_2 \boldsymbol{\alpha}_2 + \cdots + k_m \boldsymbol{\alpha}_m$$

则称 $\boldsymbol{\beta}$ 是 $\boldsymbol{\alpha}_1, \boldsymbol{\alpha}_2, \cdots, \boldsymbol{\alpha}_m$ 的线性组合，或称 $\boldsymbol{\beta}$ 可由 $\boldsymbol{\alpha}_1, \boldsymbol{\alpha}_2, \cdots, \boldsymbol{\alpha}_m$ 线性表示，且称这组数 $k_1, k_2, \cdots, k_m$ 为组合系数.

例如，向量 $\begin{pmatrix} -2 \\ 1 \end{pmatrix}$ 是向量 $\begin{pmatrix} 1 \\ 0 \end{pmatrix}$ 和 $\begin{pmatrix} 0 \\ 1 \end{pmatrix}$ 的线性组合，因为有一组数 -2、1，使

$$-2 \begin{pmatrix} 1 \\ 0 \end{pmatrix} + \begin{pmatrix} 0 \\ 1 \end{pmatrix} = \begin{pmatrix} -2 \\ 1 \end{pmatrix}$$

定义 4.14 对于向量组 $\boldsymbol{\alpha}_1, \boldsymbol{\alpha}_2, \cdots, \boldsymbol{\alpha}_m$，若存在 m 个不全为零的数 $k_1, k_2, \cdots, k_m$，使

$$k_1 \boldsymbol{\alpha}_1 + k_2 \boldsymbol{\alpha}_2 + \cdots + k_m \boldsymbol{\alpha}_m = \boldsymbol{0}$$

则称向量组 $\boldsymbol{\alpha}_1, \boldsymbol{\alpha}_2, \cdots, \boldsymbol{\alpha}_m$ 线性相关；否则称向量组 $\boldsymbol{\alpha}_1, \boldsymbol{\alpha}_2, \cdots, \boldsymbol{\alpha}_m$ 线性无关.

例如，对于向量组 $\begin{pmatrix} 0 \\ 1 \end{pmatrix}, \begin{pmatrix} 1 \\ 0 \end{pmatrix}, \begin{pmatrix} 2 \\ -1 \end{pmatrix}$，存在一组不全为零的数 -1、2、-1，使 $-\begin{pmatrix} 0 \\ 1 \end{pmatrix} + 2\begin{pmatrix} 1 \\ 0 \end{pmatrix} - \begin{pmatrix} 2 \\ -1 \end{pmatrix} = \boldsymbol{0}$ 所以向量组 $\begin{pmatrix} 0 \\ 1 \end{pmatrix}, \begin{pmatrix} 1 \\ 0 \end{pmatrix}, \begin{pmatrix} 2 \\ -1 \end{pmatrix}$ 线性相关.

又例如，$\begin{pmatrix} 1 \\ 0 \end{pmatrix}, \begin{pmatrix} 0 \\ 1 \end{pmatrix}$ 称为单位向量组，对于任意一组不全为零的数 k_1、k_2，使 $k_1 \begin{pmatrix} 1 \\ 0 \end{pmatrix} + k_2 \begin{pmatrix} 0 \\ 1 \end{pmatrix} = \begin{pmatrix} k_1 \\ k_2 \end{pmatrix} \neq \boldsymbol{0}$.

所以向量组 $\begin{pmatrix} 1 \\ 0 \end{pmatrix}, \begin{pmatrix} 0 \\ 1 \end{pmatrix}$ 线性无关.

定义 4.15 若向量组 A 中的部分向量组 $\boldsymbol{\alpha}_1, \boldsymbol{\alpha}_2, \cdots, \boldsymbol{\alpha}_r$ 满足：

(1) $\boldsymbol{\alpha}_1, \boldsymbol{\alpha}_2, \cdots, \boldsymbol{\alpha}_r$ 线性无关；

(2) A 中的每一个向量都可以由 $\boldsymbol{\alpha}_1, \boldsymbol{\alpha}_2, \cdots, \boldsymbol{\alpha}_r$ 线性表示；

则称部分向量组 $\boldsymbol{\alpha}_1, \boldsymbol{\alpha}_2, \cdots, \boldsymbol{\alpha}_r$ 为向量组 A 的一个极大无关组.

可以证明：对于一个向量组，其极大无关组不是唯一的，但是所有极大无关组所含向量个数都相同.

定义 4.16 对于向量组 A，其极大无关组所含向量个数称为向量组 A 的秩.

利用定义求向量组的秩是比较困难的. 但是，可以利用矩阵与列向量组之间的关系，

把求向量组的秩的问题转化为求矩阵的秩. 这是因为:

定理 4.4 矩阵 A 的秩等于矩阵 A 列向量组的秩, 也等于矩阵 A 行向量组的秩.

定理 4.5 向量组线性相关性的判定定理:

(1) n 维向量组 $\alpha_1, \alpha_2, \cdots, \alpha_m$ 线性无关的充要条件是 $r(\alpha_1, \alpha_2, \cdots, \alpha_m) = m$;

(2) n 维向量组 $\alpha_1, \alpha_2, \cdots, \alpha_m$ 线性相关的充要条件是 $r(\alpha_1, \alpha_2, \cdots, \alpha_m) < m$.

小贴士

(1) 一个零向量是线性相关的, 而一个非零向量是线性无关的.

(2) 若向量组的一个部分向量组线性相关, 则整个向量组也线性相关.

(3) 若一个向量组线性无关, 则向量组的任何一个部分向量组也线性无关.

典型例解

例 4.10 设向量组

$$\alpha_1 = \begin{pmatrix} 1 \\ 0 \\ 1 \\ 0 \end{pmatrix}, \quad \alpha_2 = \begin{pmatrix} 1 \\ 1 \\ 0 \\ 0 \end{pmatrix}, \quad \alpha_3 = \begin{pmatrix} 2 \\ 1 \\ 1 \\ 0 \end{pmatrix}, \quad \alpha_4 = \begin{pmatrix} 1 \\ 0 \\ 2 \\ 1 \end{pmatrix}$$

计算向量组的秩, 并判断其是否线性相关, 如果相关, 写出其一个极大无关组.

解 作矩阵 $A = (\alpha_1 \ \alpha_2 \ \alpha_3 \ \alpha_4)$, 用初等行变换求 A 的秩, 即

$$A = \begin{pmatrix} 1 & 1 & 2 & 1 \\ 0 & 1 & 1 & 0 \\ 1 & 0 & 1 & 2 \\ 0 & 0 & 0 & 1 \end{pmatrix} \xrightarrow{r_1 + (-2) \cdot r_2} \begin{pmatrix} 1 & 1 & 2 & 1 \\ 0 & 1 & 1 & 0 \\ 0 & -1 & -1 & 1 \\ 0 & 0 & 0 & 1 \end{pmatrix}$$

$$\xrightarrow{r_3 + r_2} \begin{pmatrix} 1 & 1 & 2 & 1 \\ 0 & 1 & 1 & 0 \\ 0 & 0 & 0 & 1 \\ 0 & 0 & 0 & 1 \end{pmatrix} \xrightarrow{r_1 + (-2) \cdot r_2} \begin{pmatrix} 1 & 1 & 2 & 1 \\ 0 & 1 & 1 & 0 \\ 0 & 0 & 0 & 1 \\ 0 & 0 & 0 & 0 \end{pmatrix}$$

显然 $r(\alpha_1, \alpha_2, \alpha_3, \alpha_4) = 3$, 又因为 $r(\alpha_1, \alpha_2, \alpha_3, \alpha_4) = 3 < 4$, 所以该向量组线性相关. 它的一个极大无关组为 $\{\alpha_1, \alpha_2, \alpha_4\}$.

4.3 线性方程组解的判定

4.3.1 n 元线性方程组

问题导入

引例 4.2 一个城镇有三个主要生产企业——煤矿、发电厂和地方铁路作为它的经

济系统.开采价值 1 元的煤炭,需要消耗 0.25 元的电费和 0.20 元的运输费;生产价值 1 元的电力,需消耗 0.55 元的煤燃料费、0.15 元的运输费和 0.05 元的电费;但提供价值 1 元的铁路运输服务,则需消耗 0.40 元的煤炭、0.30 元的电费.在上个月内,除了这三个企业间的彼此需求,煤矿得到 50 000 元的订货,发电厂得到 25 000 元的电量供应要求,外界对地方铁路没有要求.问这三个企业在这个月各应生产多少产值才能精确地满足它们本身的需求和外界需求?

分析 各企业产出 1 元钱的产品需要的费用如表 4-3 所示.

表 4-3　1 元钱的产品需要的费用　　　　　　　　　　　单位:元

费　　用	煤　矿	发 电 厂	地 方 铁 路
煤燃料费	0	0.55	0.40
电力费	0.25	0.05	0.30
运输费	0.20	0.15	0

在这个月里,这三个企业的产能要保证满足内外需求平衡,才是最经济的.因此可以通过中学学过的列方程组的方法来解决.设煤矿、电厂和地方铁路在这个月生产总产值分别为 x_1、x_2、x_3(单位:元).那么煤的总消耗为 $0x_1+0.55x_2+0.40x_3$,电力的总消耗为 $0.25x_1+0.05x_2+0.30x_3$,运输的总消耗为 $0.20x_1+0.15x_2+0x_3$,用实际总产量减去实际消耗的差就是供应给外界的产量.

解 设煤矿、电厂和地方铁路在这个月生产总产值分别为 x_1、x_2、x_3(单位:元),则有

$$\begin{cases} x_1-(0x_1+0.55x_2+0.40x_3)=50\,000 \\ x_2-(0.25x_1+0.05x_2+0.30x_3)=25\,000 \\ x_3-(0.20x_1+0.15x_2+0x_3)=0 \end{cases}$$

整理后得到方程组

$$\begin{cases} x_1-0.55x_2-0.40x_3=50\,000 \\ -0.25x_1+0.95x_2-0.30x_3=25\,000 \\ -0.20x_1-0.15x_2+x_3=0 \end{cases}$$

解得

$$\begin{cases} x_1=94\,017 \\ x_2=59\,829 \\ x_3=27\,778 \end{cases}$$

这个方程组为三元一次方程组.一次的方程组称为线性方程组.在经济预测、决策时,经常会遇到类似引例 4.2 的经济问题,最终归结为解方程组的问题.下面讨论 n 元线性方程组求解的问题.

1. n 元线性方程组的矩阵表示法

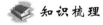
知识梳理

在自然科学与社会经济领域,常常碰到线性方程组的问题,它的解决方法构成了现代数学最基础也是结果最完整的一套理论:线性代数.所谓线性,是指方程组中包含的变量

(未知数)都是一次的.

设由 m 个线性方程构成的 n 元线性方程组为

$$\begin{cases} a_{11}x_1 + a_{12}x_2 + \cdots + a_{1n}x_n = b_1 \\ a_{21}x_1 + a_{22}x_2 + \cdots + a_{2n}x_n = b_2 \\ \vdots \\ a_{m1}x_1 + a_{m2}x_2 + \cdots + a_{mn}x_n = b_m \end{cases} \tag{4-1}$$

称所有未知量的系数 a_{ij} 组成的矩阵 $\boldsymbol{A} = \begin{pmatrix} a_{11} & a_{12} & \cdots & a_{1n} \\ a_{21} & a_{22} & \cdots & a_{2n} \\ \vdots & \vdots & & \vdots \\ a_{m1} & a_{m2} & \cdots & a_{mn} \end{pmatrix}$ 为系数矩阵,称矩阵 $\boldsymbol{B} = \begin{pmatrix} b_1 \\ b_2 \\ \vdots \\ b_m \end{pmatrix}$ 为常数项矩阵,将所有未知量 $x_j (j=1,2,\cdots,n)$ 排成一列得到 $\boldsymbol{X} = \begin{pmatrix} x_1 \\ x_2 \\ \vdots \\ x_n \end{pmatrix}$,称 $\boldsymbol{X}$ 为未知量矩阵.

这时利用矩阵的乘法,线性方程组(4-1)便可表示为矩阵形式:

$$\boldsymbol{AX} = \boldsymbol{B} \tag{4-2}$$

如果 $\begin{cases} x_1 = c_1 \\ x_2 = c_2 \\ \vdots \\ x_n = c_n \end{cases}$ 是方程组(4-2)的一个解,则把 $\boldsymbol{X} = \begin{pmatrix} c_1 \\ c_2 \\ \vdots \\ c_n \end{pmatrix}$ 称为一个解向量.

这样,对线性方程组(4-1)的讨论等价于对矩阵方程(4-2)的讨论,不仅书写方便,而且可以把线性方程组的理论与矩阵理论联系起来,这给线性方程组的讨论带来很大的便利. 显然,线性方程组解的情况取决于系数和常数项,由系数和常数项构成的矩阵称为增广矩阵,记作 $\overline{\boldsymbol{A}}$,即

$$\overline{\boldsymbol{A}} = \begin{pmatrix} a_{11} & a_{12} & \cdots & a_{1n} & \vdots & b_1 \\ a_{21} & a_{22} & \cdots & a_{2n} & \vdots & b_2 \\ \vdots & \vdots & & \vdots & & \vdots \\ a_{m1} & a_{m2} & \cdots & a_{mn} & \vdots & b_m \end{pmatrix}$$

线性方程组(4-1)的常数项不全为零时,称其为非齐次线性方程组,如果常数项全为零,即

$$\begin{cases} a_{11}x_1 + a_{12}x_2 + \cdots + a_{1n}x_n = 0 \\ a_{21}x_1 + a_{22}x_2 + \cdots + a_{2n}x_n = 0 \\ \vdots \\ a_{m1}x_1 + a_{m2}x_2 + \cdots + a_{mn}x_n = 0 \end{cases} \tag{4-3}$$

则称其为齐次线性方程组,它对应的矩阵表示形式为

$$\boldsymbol{AX} = \boldsymbol{0} \tag{4-4}$$

2. 高斯消元法

高斯消元法是解二元或三元一次方程组常用的方法,将其运用到 n 元线性方程组中也是有效的.它的基本思想就是把方程组中的一部分方程变成未知量较少的方程,从而求解.也就是通过对方程组进行同解变形来实现的.而对方程组进行同解变形实际上就是对方程组的系数和常数项进行变换.下面在用消元法解方程组时,对照观察线性方程组的增广矩阵的相应变化:

$$\begin{cases} 2x_1 - x_2 = -3 \\ x_1 + 3x_2 = 2 \end{cases}$$

首先交换第 1 个方程与第 2 个方程,得

$$\begin{cases} x_1 + 3x_2 = 2 \\ 2x_1 - x_2 = -3 \end{cases}$$

将第 1 个方程的 -2 倍加到第 2 个方程中,得

$$\begin{cases} x_1 + 3x_2 = 2 \\ -7x_2 = -7 \end{cases}$$

将第 2 个方程两边乘以 $-\dfrac{1}{7}$,得

$$\begin{cases} x_1 + 3x_2 = 2 \\ x_2 = 1 \end{cases}$$

将第 2 个方程的 -3 倍加到第 1 个方程中,得

$$\begin{cases} x_1 = -1 \\ x_2 = 1 \end{cases}$$

即为此线性方程组的唯一解.

从上例中可以看出,对线性方程组作同解变换,只是使系数和常数项改变,而未知量的记号不会改变,因此在求解过程中,不必写出未知量的记号,只需写出由系数和常数项构成的增广矩阵即可,这时上面的求解过程可以表示为矩阵的初等行变换形式:

$$\overline{A} = \begin{bmatrix} 2 & -1 & \vdots & -3 \\ 1 & 3 & \vdots & 2 \end{bmatrix} \xrightarrow{r_1 \leftrightarrow r_2} \begin{bmatrix} 1 & 3 & \vdots & 2 \\ 2 & -1 & \vdots & -3 \end{bmatrix} \xrightarrow{r_2 + r_1 \cdot (-2)} \begin{bmatrix} 1 & 3 & \vdots & 2 \\ 0 & -7 & \vdots & -7 \end{bmatrix} \xrightarrow{r_2 \cdot \left[-\frac{1}{7}\right]}$$

$\begin{bmatrix} 1 & 3 & \vdots & 2 \\ 0 & 1 & \vdots & 1 \end{bmatrix}$,至此化为阶梯形矩阵,$\xrightarrow{r_1 + r_2 \cdot (-3)} \begin{bmatrix} 1 & 0 & \vdots & -1 \\ 0 & 1 & \vdots & 1 \end{bmatrix}$,至此化为行最简形阶梯阵,它代表线性方程组

$$\begin{cases} 1x_1 + 0x_2 = -1 \\ 0x_1 + 1x_2 = 1 \end{cases}$$

所以此线性方程组的唯一解为 $\begin{cases} x_1 = -1 \\ x_2 = 1 \end{cases}$.

对比求解过程的两种形式,不难看出:

(1) 交换线性方程组中的任意两个方程,意味着交换增广矩阵的相应两行;

(2) 线性方程组的任意一个方程乘以非零常数 k,意味着增广矩阵的相应一行乘以非零常数 k;

(3) 线性方程组的任意一个方程的常数 k 倍加到另一个方程中,意味着增广矩阵的相应一行的常数 k 倍加到另外相应一行中.

这说明,对线性方程组作三种同解变换,就相当于对增广矩阵作三种初等行变换.

上面的求解过程可以推广到一般情况,得到线性方程组 $AX=b$ 的一般解法:

(1) 对增广矩阵作若干次初等行变换,化为阶梯形矩阵;

(2) 将阶梯形矩阵继续作初等行变换,化为行最简形阶梯阵;

(3) 将行最简形阶梯阵还原为线性方程组后,从而得到线性方程组的解.

这种解方程组的方法称为高斯消元法,简称消元法.

典型例解

例 4.11 解线性方程组

$$\begin{cases} x_1 + x_2 - 2x_3 - x_4 = -1 \\ x_1 + 5x_2 - 3x_3 - 2x_4 = 0 \\ 3x_1 - x_2 + x_3 + 4x_4 = 2 \\ -2x_1 + 2x_2 + x_3 - x_4 = 1 \end{cases}$$

解 先写出增广矩阵,再用初等行变换将其逐步化成阶梯形矩阵,即

$$\bar{A} = \begin{pmatrix} 1 & 1 & -2 & -1 & -1 \\ 1 & 5 & -3 & -2 & 0 \\ 3 & -1 & 1 & 4 & 2 \\ -2 & 2 & 1 & -1 & 1 \end{pmatrix} \xrightarrow[r_4+r_1\cdot 2]{\substack{r_2+r_1\cdot(-1) \\ r_3+r_1\cdot(-3)}} \begin{pmatrix} 1 & 1 & -2 & -1 & -1 \\ 0 & 4 & -1 & -1 & 1 \\ 0 & -4 & 7 & 7 & 5 \\ 0 & 4 & -3 & -3 & -1 \end{pmatrix}$$

$$\xrightarrow[r_4+r_2\cdot(-1)]{r_3+r_2} \begin{pmatrix} 1 & 1 & -2 & -1 & -1 \\ 0 & 4 & -1 & -1 & 1 \\ 0 & 0 & 6 & 6 & 6 \\ 0 & 0 & -2 & -2 & -2 \end{pmatrix} \xrightarrow[r_3\cdot\frac{1}{6}]{r_4+r_3\cdot\frac{1}{3}} \begin{pmatrix} 1 & 1 & -2 & -1 & -1 \\ 0 & 4 & -1 & -1 & 1 \\ 0 & 0 & 1 & 1 & 1 \\ 0 & 0 & 0 & 0 & 0 \end{pmatrix}$$

上述四个增广矩阵表示的四个线性方程组是同解方程组,最后一个增广矩阵表示的线性方程组为

$$\begin{cases} x_1 + x_2 - 2x_3 - x_4 = -1 \\ 4x_2 - x_3 - x_4 = 1 \\ x_3 + x_4 = 1 \end{cases}$$

将最后一个方程中的 x_4 移至等号右端,得 $x_3 = -x_4 + 1$,将其代入第二个方程,解得 $x_2 = \frac{1}{2}$,将 x_2、x_3 代入第一个方程,解得 $x_1 = -x_4 + \frac{1}{2}$,因此原方程组的解为

$$\begin{cases} x_1 = -x_4 + \frac{1}{2} \\ x_2 = \frac{1}{2} \\ x_3 = -x_4 + 1 \end{cases} \quad (4\text{-}5)$$

其中 x_4 可以任意取值.

显然,只要未知数 x_4 任意取定一个值,如 $x_4=1$,代入方程组(4-5),可以得到原方程组的一个解

$$\begin{cases} x_1 = -\dfrac{1}{2} \\ x_2 = \dfrac{1}{2} \\ x_3 = 0 \\ x_4 = 1 \end{cases}$$

由于未知量 x_4 的取值是任意实数,故原方程组的解有无穷多组.由此可知,表达式(4-5)表示原方程组的所有解.等号右边的未知量 x_4 称为自由未知量,用自由未知量表示其他未知量的表达式(4-5)称为原方程组的一般解.当自由未知量 x_4 取定一个值(如 $x_4=1$),得到的方程组的一个解

$$\begin{cases} x_1 = -\dfrac{1}{2} \\ x_2 = \dfrac{1}{2} \\ x_3 = 0 \\ x_4 = 1 \end{cases}$$

称为原方程组的特解.

注意:自由未知量的选取不是唯一的,也可将 x_3 取作自由未知量,最后可得方程组的一般解为

$$\begin{cases} x_1 = x_3 - \dfrac{1}{2} \\ x_2 = \dfrac{1}{2} \\ x_4 = -x_3 + 1 \end{cases}, \quad x_3 \text{ 为自由未知量} \tag{4-6}$$

表达式(4-5)和式(4-6)虽然形式上不一样,但是它们本质上是一样的,都表示方程组的所有解.

3. 方程术

中国古代最重要的一本数学典籍《九章算术》,全书总结了战国、秦、汉时期的数学成就,共收集了二百四十六个与生产、生活实践有联系的应用问题,分为九大类,每类为一章,故称《九章算术》."算"指算筹,"术"指解题的方法.《九章算术》的第八章以"方程"命名,给出了方程组的方法.

中国古代数学家表示方程时,用算筹表示各未知数的系数,而没有使用专门的记法来表示未知数,方程组被排列成长方形的数字阵,这与现在代数学中的矩阵非常接近.例如方程章第一题:"今有上禾(指上等谷子)三秉(指捆)中禾二秉,下禾一秉,实(指谷子)三十九斗;上禾二秉,中禾三秉,下禾一秉,实三十四斗;上禾一秉,中禾二秉,下禾三秉,实二十六斗.问上、中、下禾实一秉各几何?"

术曰：置上禾三秉，中禾二秉，下禾一秉，实三十九斗于右方．中、左禾列．以右行上禾偏乘中行，而以直除(这里"除"是减，"直除"即连续相减．)".

按现代的解法，设 x、y、z 依次为上、中、下禾各一秉的谷子数，则上述问题是求解三元一次方程组：

$$\begin{cases} 3x+2y+z=39 \\ 2x+3y+z=34 \\ x+2y+3z=26 \end{cases}$$

由此可见，用直除法求解，该演算法是中国古代求解线性方程组的基本方法，其理论上和高斯消元法基本一致．《九章算术》方程章中共计 18 个题，其中二元的 8 题，三元的 6 题，四元、五元的各 2 题都用上述的演算法解决，直除法是我国古代解方程组的最早的方法．

多元一次方程组解法在印度最早出现于第七世纪(约 628 年)，在欧洲最早提出三元一次方程组和解法的是 16 世纪中期的法国数学家 $Buteo$．至于线性方程组的一般理论直到 18 世纪才由法国数学家 $E.Be-zout$ 建立．可见《九章算术》中的方程术，不但是中国古代数学中的伟大成就，在世界数学史上，也是一份值得我们自豪的宝贵遗产．

4.3.2 线性方程组解的判定

1. n 元非齐次线性方程组 $AX=B$ 解的判定

❓ 问题导入

引例 4.3 解线性方程组

$$\begin{cases} 2x_1+5x_2+3x_3-2x_4=3 \\ -3x_1-x_2+2x_3+x_4=-4 \\ -2x_1+3x_2-4x_3-7x_4=-13 \\ x_1+2x_2+4x_3+x_4=4 \end{cases}$$

分析 写出增广矩阵

$$\bar{A}=\begin{pmatrix} 2 & 5 & 3 & -2 & 3 \\ -3 & -1 & 2 & 1 & -4 \\ -2 & 3 & -4 & -7 & -13 \\ 1 & 2 & 4 & 1 & 4 \end{pmatrix}$$

对 $\bar{A}$ 施行适当初等行变换化成阶梯形矩阵，即

$$\bar{A} \xrightarrow{r_1 \leftrightarrow r_4} \begin{pmatrix} 1 & 2 & 4 & 1 & 4 \\ -3 & -1 & 2 & 1 & -4 \\ -2 & 3 & -4 & -7 & -13 \\ 2 & 5 & 3 & -2 & 3 \end{pmatrix} \xrightarrow[\substack{r_3+r_1\cdot 2 \\ r_4+r_1\cdot(-2)}]{r_2+r_1\cdot 3} \begin{pmatrix} 1 & 2 & 4 & 1 & 4 \\ 0 & 5 & 14 & 4 & 8 \\ 0 & 7 & 4 & -5 & -5 \\ 0 & 1 & -5 & -4 & -5 \end{pmatrix}$$

$$\xrightarrow{r_2 \leftrightarrow r_4} \begin{pmatrix} 1 & 2 & 4 & 1 & 4 \\ 0 & 1 & -5 & -4 & -5 \\ 0 & 7 & 4 & -5 & -5 \\ 0 & 5 & 14 & 4 & 8 \end{pmatrix} \xrightarrow[\substack{r_4+r_2\cdot(-5)}]{r_3+r_2\cdot(-7)} \begin{pmatrix} 1 & 2 & 4 & 1 & 4 \\ 0 & 1 & -5 & -4 & -5 \\ 0 & 0 & 39 & 23 & 30 \\ 0 & 0 & 39 & 24 & 33 \end{pmatrix}$$

$$\xrightarrow{r_4+r_3\cdot(-1)} \begin{pmatrix} 1 & 2 & 4 & 1 & \vdots & 4 \\ 0 & 1 & -5 & -4 & \vdots & -5 \\ 0 & 0 & 39 & 23 & \vdots & 30 \\ 0 & 0 & 0 & 1 & \vdots & 3 \end{pmatrix}$$

于是得到原方程组的同解方程组

$$\begin{cases} x_1 + 2x_2 + 4x_3 + x_4 = 3 \\ x_2 - 5x_3 - 4x_4 = -5 \\ 39x_3 + 23x_4 = 30 \\ x_4 = 3 \end{cases}$$

也即求得原方程组的唯一解

$$\begin{cases} x_1 = 1 \\ x_2 = 2 \\ x_3 = -1 \\ x_4 = 3 \end{cases}$$

在这个例子中，增广矩阵 $\overline{A}$ 与系数矩阵 A 的秩均为 4，并且未知量的个数 n 也为 4，即有 $r(\overline{A}) = r(A) = n$.

引例 4.4 解线性方程组

$$\begin{cases} x_1 + x_2 + x_3 + x_4 = 1 \\ 2x_1 + 3x_2 + x_3 + x_4 = 9 \\ -3x_1 + 2x_2 - 8x_3 - 8x_4 = -4 \end{cases}$$

分析 写出增广矩阵 $\overline{A} = \begin{pmatrix} 1 & 1 & 1 & 1 & \vdots & 1 \\ 2 & 3 & 1 & 1 & \vdots & 9 \\ -3 & 2 & -8 & -8 & \vdots & -4 \end{pmatrix}$，对 $\overline{A}$ 施行适当初等行变换化成阶梯形矩阵，即

$$\overline{A} \xrightarrow[r_3+r_1\cdot 3]{r_2+r_1\cdot(-2)} \begin{pmatrix} 1 & 1 & 1 & 1 & \vdots & 1 \\ 0 & 1 & -1 & -1 & \vdots & 7 \\ 0 & 5 & -5 & -5 & \vdots & -1 \end{pmatrix} \xrightarrow{r_3+r_2(-5)} \begin{pmatrix} 1 & 1 & 1 & 1 & \vdots & 1 \\ 0 & 1 & -1 & -1 & \vdots & 7 \\ 0 & 0 & 0 & 0 & \vdots & -36 \end{pmatrix}$$

于是得到原方程组的同解方程组

$$\begin{cases} x_1 + x_2 + x_3 + x_4 = 1 \\ x_2 - x_3 - x_4 = 7 \\ 0 \cdot x_4 = -36 \end{cases}$$

显然，无论 x_1、x_2、x_3、x_4 怎样取值，都不能使方程组中第三个方程变成恒等式，故原方程组无解.

在这个例子中，增广矩阵 $\overline{A}$ 的秩是 3，但系数矩阵 A 的秩等于 2，两个秩不相等，即有 $r(\overline{A}) \neq r(A)$，因而原方程组无解.

引例 4.5 解方程组

$$\begin{cases} x_1 + x_2 + x_3 + 2x_4 = 3 \\ 2x_1 - x_2 + 3x_3 + 8x_4 = 8 \\ -3x_1 + 2x_2 - x_3 - 9x_4 = -5 \\ x_2 - 2x_3 - 3x_4 = -4 \end{cases}$$

分析

$$\overline{A} = \begin{pmatrix} 1 & 1 & 1 & 2 & \vdots & 3 \\ 2 & -1 & 3 & 8 & \vdots & 8 \\ -3 & 2 & -1 & -9 & \vdots & -5 \\ 0 & 1 & -2 & -3 & \vdots & -4 \end{pmatrix} \xrightarrow[r_3 + r_1 \cdot 3]{r_2 + r_1 \cdot (-2)} \begin{pmatrix} 1 & 1 & 1 & 2 & \vdots & 3 \\ 0 & -3 & 1 & 4 & \vdots & 2 \\ 0 & 5 & 2 & -3 & \vdots & 4 \\ 0 & 1 & -2 & -3 & \vdots & -4 \end{pmatrix}$$

$$\xrightarrow{r_4 \leftrightarrow r_2} \begin{pmatrix} 1 & 1 & 1 & 2 & \vdots & 3 \\ 0 & 1 & -2 & -3 & \vdots & -4 \\ 0 & 5 & 2 & -3 & \vdots & 4 \\ 0 & -3 & 1 & 4 & \vdots & 2 \end{pmatrix} \xrightarrow[r_3 + r_2 \cdot (-5)]{r_4 + r_2 \cdot 3} \begin{pmatrix} 1 & 1 & 1 & 2 & \vdots & 3 \\ 0 & 1 & -2 & -3 & \vdots & -4 \\ 0 & 0 & 12 & 12 & \vdots & 24 \\ 0 & 0 & -5 & -5 & \vdots & -10 \end{pmatrix}$$

$$\xrightarrow{r_3 \cdot \left(\frac{1}{12}\right)} \begin{pmatrix} 1 & 1 & 1 & 2 & \vdots & 3 \\ 0 & 1 & -2 & -3 & \vdots & -4 \\ 0 & 0 & 1 & 1 & \vdots & 2 \\ 0 & 0 & -5 & -5 & \vdots & -10 \end{pmatrix} \xrightarrow{r_4 + r_3 \cdot 5} \begin{pmatrix} 1 & 1 & 1 & 2 & \vdots & 3 \\ 0 & 1 & -2 & -3 & \vdots & -4 \\ 0 & 0 & 1 & 1 & \vdots & 2 \\ 0 & 0 & 0 & 0 & \vdots & 0 \end{pmatrix}$$

于是得到原方程组的同解方程组

$$\begin{cases} x_1 + x_2 + x_3 + 2x_4 = 3 \\ x_2 - 2x_3 - 3x_4 = -4 \\ x_3 + x_4 = 2 \end{cases}$$

这里,把不处于每行第一个非零系数的变量 x_4 称为自由未知量,将它们移至方程的右端,即得同解方程组

$$\begin{cases} x_1 = -2x_4 + 1 \\ x_2 = x_4 \\ x_3 = -x_4 + 2 \end{cases}$$

可以看出只要 x_4 取定一个值,就可以唯一地确定出对应的 x_1、x_2、x_3 的值,从而得到原方程组的一组解. 由于 x_4 可以任意取值,所以原方程组有无穷多组解. 若取 $x_4 = c_1$(c_1 为任意实数),得到方程组的一般解为

$$\begin{cases} x_1 = -2c_1 + 1 \\ x_2 = c_1 \\ x_3 = -c_1 + 2 \\ x_4 = c_1 \end{cases}$$

其中,c_1 是任意实数.

在这个例子中,增广矩阵 $\overline{A}$ 与系数矩阵 A 的秩均为 3,而未知量的个数 n 也为 4,即有 $r(\overline{A}) = r(A) < n$,因而含 $3 - 2 = 1$ 个任意常数.

从上面的例题可以看到,线性方程组的解有三种情况,即有唯一解、无穷多组解和无解,并且可以得到线性方程组解的判断定理.

知识梳理

定理 4.6 对于 n 元线性方程组 $AX=B$,设 A 与 $\overline{A}$ 分别是其系数矩阵与增广矩阵.
(1) 若 $r(A) \neq r(\overline{A})$,则方程组无解.
(2) 若 $r(A) = r(\overline{A})$,则方程组有解,而且:
当 $r(A) = r(\overline{A}) = n$ 时,方程组有唯一解;
当 $r(A) = r(\overline{A}) < n$ 时,方程组有无穷多组解,这时自由未知量的个数为 $n - r(A)$.

典型例解

例 4.12 当 a、b 为何值时线性方程组
$$\begin{cases} x_1 + 3x_2 + x_3 = 0 \\ 3x_1 + 2x_2 + 2x_3 = -1 \\ x_1 + 4x_2 + ax_3 = b \end{cases}$$
无解?若有解,何时有唯一解?何时有无穷多解?

解 写出增广矩阵 $\overline{A} = \begin{pmatrix} 1 & 3 & 1 & 0 \\ 3 & 2 & 2 & -1 \\ 1 & 4 & a & b \end{pmatrix}$,对 $\overline{A}$ 施行适当初等行变换,即

$$\overline{A} \xrightarrow[r_3 + r_1]{r_2 + r_1 \cdot (-3)} \begin{pmatrix} 1 & 3 & 1 & 0 \\ 0 & -7 & -1 & -1 \\ 0 & 7 & a+1 & b \end{pmatrix} \xrightarrow{r_3 + r_2} \begin{pmatrix} 1 & 3 & 1 & 0 \\ 0 & -7 & -1 & -1 \\ 0 & 0 & a & b-1 \end{pmatrix}$$

当 $a = 0$ 且 $b \neq 1$ 时,$r(A) = 2$,$r(\overline{A}) = 3$,$r(A) \neq r(\overline{A})$,方程组无解;
当 $a \neq 0$ 时,$r(A) = r(\overline{A}) = 3$,方程组有唯一解;
当 $a = 0$ 且 $b = 1$ 时,$r(A) = r(\overline{A}) = 2 < 3$,方程组有无穷多解.

2. n 元齐次线性方程组 $AX = 0$ 解的判定

知识梳理

对于 n 元齐次线性方程组 $AX = 0$,系数矩阵与增广矩阵 $\overline{A}$ 只相差最后的零列,在用初等行变换求秩的过程中,零列始终不变,因此秩 $r(A) = r(\overline{A})$,方程组必然有解.事实上,它一定有零解 $x_1 = 0, x_2 = 0, \cdots, x_n = 0$.于是可以得到 n 元齐次线性方程组解的判断定理.

定理 4.7 对于 n 元齐次线性方程组 $AX = 0$:
(1) 当 $r(A) = n$ 时,方程组有唯一解(零解);
(2) 当 $r(A) < n$ 时,方程组有无穷多个解(非零解).

典型例解

例 4.13 求线性方程组 $\begin{cases} x_1 - x_2 + 5x_3 - x_4 = 0 \\ x_1 + x_2 - 2x_3 + 3x_4 = 0 \\ 3x_1 - x_2 + 8x_3 + x_4 = 0 \\ x_1 + 3x_2 - 9x_3 + 7x_4 = 0 \end{cases}$ 的一般解.

解 这是齐次线性方程组,运用消元法求解时,只需对其系数矩阵作初等行变换,而将 $B=0$ 省略. 即

$$A = \begin{pmatrix} 1 & -1 & 5 & -1 \\ 1 & 1 & -2 & 3 \\ 3 & -1 & 8 & 1 \\ 1 & 3 & -9 & 7 \end{pmatrix} \xrightarrow[\substack{r_2+r_1\cdot(-1) \\ r_3+r_1\cdot(-3) \\ r_4+r_1\cdot(-1)}]{} \begin{pmatrix} 1 & -1 & 5 & -1 \\ 0 & 2 & -7 & 4 \\ 0 & 2 & -7 & 4 \\ 0 & 4 & -14 & 8 \end{pmatrix}$$

$$\xrightarrow[\substack{r_3+r_2\cdot(-1) \\ r_4+r_2\cdot(-2)}]{} \begin{pmatrix} 1 & -1 & 5 & -1 \\ 0 & 2 & -7 & 4 \\ 0 & 0 & 0 & 0 \\ 0 & 0 & 0 & 0 \end{pmatrix} \xrightarrow{r_2\cdot\frac{1}{2}} \begin{pmatrix} 1 & -1 & 5 & -1 \\ 0 & 1 & -\frac{7}{2} & 2 \\ 0 & 0 & 0 & 0 \\ 0 & 0 & 0 & 0 \end{pmatrix}$$

$$\xrightarrow{r_2+r_1} \begin{pmatrix} 1 & 0 & \frac{3}{2} & 1 \\ 0 & 1 & -\frac{7}{2} & 2 \\ 0 & 0 & 0 & 0 \\ 0 & 0 & 0 & 0 \end{pmatrix}$$

系数矩阵 A 的秩均为 $2<4$(未知量的个数),所以方程组有无穷多组解. 于是原方程组同解于方程组:

$$\begin{cases} x_1 + \frac{3}{2}x_3 + x_4 = 0 \\ x_2 - \frac{7}{2}x_3 + 2x_5 = 0 \end{cases}$$

这里,将自由未知量 x_3 与 x_4 移至方程的右端,得原方程组的同解方程组

$$\begin{cases} x_1 = -\frac{3}{2}x_3 - x_4 \\ x_2 = \frac{7}{2}x_3 - 2x_4 \end{cases}$$

令 $x_3=c_1$,$x_4=c_2$,于是得到原方程组的一般解为

$$\begin{cases} x_1 = -\frac{3}{2}c_1 - c_2 \\ x_2 = \frac{7}{2}c_1 - 2c_2 \end{cases}$$

其中,c_1 与 c_2 为任意常数.

4.4 线性方程组解的结构

我们发现在解线性方程组时,对增广矩阵进行有限次初等行变换后,得到的同解方程组中方程的个数减少了,同解方程的个数与增广矩阵的秩相同.换句话说,同解方程组是去掉了原来方程组中那些"滥竽充数"的方程,去伪存真,"透过现象看本质","抓住事务的主要矛盾",这也是马克思唯物主义辩证哲学中重要的思想方法.

从有多个方程的原方程组转化成跟秩相同个数的少量方程,是"以多生少". 进一步拓展到自然界中物质的转化规律,我们没有化水为油点石成金的捷径,只有全方位多储备,平时注重充实自我,不断积累,在关键时刻才能具有展示自我的能力. 记住储备永远比输出多,厚积薄发.

4.4.1 n 元齐次线性方程组 $AX=0$ 解的结构

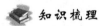

n 元齐次线性方程组 $AX=0$ 的解

$$X = \begin{pmatrix} x_1 \\ x_2 \\ \vdots \\ x_n \end{pmatrix}$$

称为方程组的解向量,全体解向量就构成了解向量组.

下面讨论解向量的性质.

性质 4.1 若 X_1、X_2 为齐次线性方程组 $AX=0$ 的解,则 X_1+X_2 也是方程组 $AX=0$ 的解.

证明 因为
$$A(X_1+X_2) = AX_1 + AX_2 = 0+0 = 0$$
所以 X_1+X_2 也是方程组 $AX=0$ 的解.

性质 4.2 若 X_1 为齐次线性方程组 $AX=0$ 的解,k 为实数,则 kX_1 也是方程组 $AX=0$ 的解.

证明 因为
$$A(kX_1) = kAX_1 = k \cdot 0 = 0$$
所以 kX_1 也是方程组 $AX=0$ 的解.

推论 4.2 若 $X_1,X_2,\cdots,X_s$ 为齐次线性方程组 $AX=0$ 的解,$k_1,k_2,\cdots,k_s$ 为任意常数,则线性组合 $k_1X_1+k_2X_2+\cdots+k_sX_s$ 也是方程组 $AX=0$ 的解.

显然,在这里不可能一一列举出所有解向量,但是,如果能找出解向量组的一个极大无关组,就可以用这个极大无关组的线性组合来表示全部解向量.

定义 4.17 若齐次线性方程组 $AX=0$ 的一组解 $X_1,X_2,\cdots,X_s$ 满足:

(1) $X_1,X_2,\cdots,X_s$ 线性无关;

（2）方程组 $AX=0$ 的任何一个解都可以用 $X_1, X_2, \cdots, X_s$ 线性表示；

则 $X_1, X_2, \cdots, X_s$ 称为 $AX=0$ 的一个基础解系.

定理 4.8（齐次线性方程组解的结构定理） 当 n 元齐次线性方程组 $AX=0$ 的系数矩阵 A 的秩 $r(A)=r<n$ 时，则它一定存在基础解系 $X_1, X_2, \cdots, X_{n-r}$，且基础解系含有 $n-r$ 个解向量，其线性组合

$$k_1 X_1 + k_2 X_2 + \cdots + k_{n-r} X_{n-r}$$

就是方程组 $AX=0$ 的全部解，也称通解. 其中，$k_1, k_2, \cdots, k_{n-r}$ 为任意常数.

典型例解

例 4.14 已知齐次线性方程组

$$\begin{cases} x_1 + x_2 + x_3 + x_4 + x_5 = 0 \\ 3x_1 + 2x_2 + x_3 + x_4 - 3x_5 = 0 \\ x_2 + 2x_3 + 2x_4 + 6x_5 = 0 \\ 5x_1 + 4x_2 + 2x_3 + 3x_4 - x_5 = 0 \end{cases}$$

求：① 一个基础解系；② 通解.

解 对系数矩阵作初等行变换，有

$$A = \begin{pmatrix} 1 & 1 & 1 & 1 & 1 \\ 3 & 2 & 1 & 1 & -3 \\ 0 & 1 & 2 & 2 & 6 \\ 5 & 4 & 2 & 3 & -1 \end{pmatrix} \xrightarrow[r_4+r_1\cdot(-5)]{r_2+r_1\cdot(-3)} \begin{pmatrix} 1 & 1 & 1 & 1 & 1 \\ 0 & -1 & -2 & -2 & -6 \\ 0 & 1 & 2 & 2 & 6 \\ 0 & -1 & -3 & -2 & -6 \end{pmatrix}$$

$$\xrightarrow[\substack{r_3+r_2 \\ r_4+r_2\cdot(-1)}]{r_1+r_2} \begin{pmatrix} 1 & 0 & -1 & -1 & -5 \\ 0 & -1 & -2 & -2 & -6 \\ 0 & 0 & 0 & 0 & 0 \\ 0 & 0 & -1 & 0 & 0 \end{pmatrix} \xrightarrow[r_3 \leftrightarrow r_4]{r_2\cdot(-1)} \begin{pmatrix} 1 & 0 & -1 & -1 & -5 \\ 0 & 1 & 2 & 2 & 6 \\ 0 & 0 & -1 & 0 & 0 \\ 0 & 0 & 0 & 0 & 0 \end{pmatrix}$$

$$\xrightarrow{r_3\cdot(-1)} \begin{pmatrix} 1 & 0 & -1 & -1 & -5 \\ 0 & 1 & 2 & 2 & 6 \\ 0 & 0 & 1 & 0 & 0 \\ 0 & 0 & 0 & 0 & 0 \end{pmatrix} \xrightarrow[r_2+r_3\cdot(-2)]{r_1+r_3} \begin{pmatrix} 1 & 0 & 0 & -1 & -5 \\ 0 & 1 & 0 & 2 & 6 \\ 0 & 0 & 1 & 0 & 0 \\ 0 & 0 & 0 & 0 & 0 \end{pmatrix}$$

因为 $r(A)=3<5$，所以原方程组有非零解，其基础解系含有 2 个解向量.

于是原方程组同解于方程组：

$$\begin{cases} x_1 - x_4 - 5x_5 = 0 \\ x_2 + 2x_4 + 2x_5 = 0 \\ x_3 = 0 \end{cases}$$

将自由未知量 x_4 与 x_5 移项得到

$$\begin{cases} x_1 = x_4 + 5x_5 \\ x_2 = -2x_4 - 6x_5 \\ x_3 = 0 \end{cases}$$

令 $x_4 = 1, x_5 = 0$,得

$$\boldsymbol{X}_1 = \begin{pmatrix} 1 \\ -2 \\ 0 \\ 1 \\ 0 \end{pmatrix}$$

令 $x_4 = 0, x_5 = 1$,得

$$\boldsymbol{X}_2 = \begin{pmatrix} 5 \\ -6 \\ 0 \\ 0 \\ 1 \end{pmatrix}$$

于是原方程组的一个基础解系为

$$\boldsymbol{X}_1 = \begin{pmatrix} 1 \\ -2 \\ 0 \\ 1 \\ 0 \end{pmatrix}, \quad \boldsymbol{X}_2 = \begin{pmatrix} 5 \\ -6 \\ 0 \\ 0 \\ 1 \end{pmatrix}$$

原方程组的通解为

$$\boldsymbol{X} = k_1 \boldsymbol{X}_1 + k_2 \boldsymbol{X}_2 = k_1 \begin{pmatrix} 1 \\ -2 \\ 0 \\ 1 \\ 0 \end{pmatrix} + k_2 \begin{pmatrix} 5 \\ -6 \\ 0 \\ 0 \\ 1 \end{pmatrix}$$

其中,k_1 与 k_2 为任意常数.

例 4.15 设 $\boldsymbol{A} = \begin{pmatrix} 1 & 3 & 3 & 2 & -1 \\ 2 & 6 & 9 & 5 & 4 \\ -1 & -3 & 3 & 1 & 13 \\ 0 & 0 & -3 & 1 & -6 \end{pmatrix}$,求 $\boldsymbol{AX} = \boldsymbol{0}$ 的通解.

解 将系数矩阵经过初等行变换化成简化的阶梯形矩阵:

$$\boldsymbol{A} = \begin{pmatrix} 1 & 3 & 3 & 2 & -1 \\ 2 & 6 & 9 & 5 & 4 \\ -1 & -3 & 3 & 1 & 13 \\ 0 & 0 & -3 & 1 & -6 \end{pmatrix} \xrightarrow[r_3 + r_1]{r_2 + r_1 \cdot (-2)} \begin{pmatrix} 1 & 3 & 3 & 2 & -1 \\ 0 & 0 & 3 & 1 & 6 \\ 0 & 0 & 6 & 3 & 12 \\ 0 & 0 & -3 & 1 & -6 \end{pmatrix}$$

$$\xrightarrow[r_4+r_2]{r_3+r_2\cdot(-2)} \begin{pmatrix} 1 & 3 & 3 & 2 & -1 \\ 0 & 0 & 3 & 1 & 6 \\ 0 & 0 & 0 & 1 & 0 \\ 0 & 0 & 0 & 2 & 0 \end{pmatrix} \xrightarrow[\substack{r_2+r_3\cdot(-1)\\r_4+r_3\cdot(-2)}]{r_1+r_3\cdot(-2)} \begin{pmatrix} 1 & 3 & 3 & 0 & -1 \\ 0 & 0 & 3 & 0 & 6 \\ 0 & 0 & 0 & 1 & 0 \\ 0 & 0 & 0 & 0 & 0 \end{pmatrix}$$

$$\xrightarrow{r_1+r_2\cdot(-1)} \begin{pmatrix} 1 & 3 & 0 & 0 & -7 \\ 0 & 0 & 3 & 0 & 6 \\ 0 & 0 & 0 & 1 & 0 \\ 0 & 0 & 0 & 0 & 0 \end{pmatrix} \xrightarrow{r_2\cdot\frac{1}{3}} \begin{pmatrix} 1 & 3 & 0 & 0 & -7 \\ 0 & 0 & 1 & 0 & 2 \\ 0 & 0 & 0 & 1 & 0 \\ 0 & 0 & 0 & 0 & 0 \end{pmatrix}$$

因为 $r(\boldsymbol{A})=3<5$，所以原方程组有非零解，其基础解系含有 3 个解向量．

于是原方程组同解于方程组：

$$\begin{cases} x_1+3x_2-7x_5=0 \\ x_3+2x_5=0 \\ x_4=0 \end{cases}$$

将自由未知量 x_2 与 x_5 移项得到

$$\begin{cases} x_1=-3x_2+7x_5 \\ x_3=-2x_5 \\ x_4=0 \end{cases}$$

令 $x_2=1, x_5=0$，得

$$\boldsymbol{X}_1=\begin{pmatrix} -3 \\ 1 \\ 0 \\ 0 \\ 0 \end{pmatrix}$$

令 $x_2=0, x_5=1$，得

$$\boldsymbol{X}_2=\begin{pmatrix} 7 \\ 0 \\ -2 \\ 0 \\ 1 \end{pmatrix}$$

于是原方程组的一个基础解系为

$$\boldsymbol{X}_1=\begin{pmatrix} -3 \\ 1 \\ 0 \\ 0 \\ 0 \end{pmatrix}, \quad \boldsymbol{X}_2=\begin{pmatrix} 7 \\ 0 \\ -2 \\ 0 \\ 1 \end{pmatrix}$$

原方程组的通解为

$$X = k_1 X_1 + k_2 X_2 = k_1 \begin{pmatrix} -3 \\ 1 \\ 0 \\ 0 \\ 0 \end{pmatrix} + k_2 \begin{pmatrix} 7 \\ 0 \\ -2 \\ 0 \\ 1 \end{pmatrix}$$

其中,k_1 与 k_2 为任意常数.

小贴士

(1) 通过上面的例题,我们得到求方程组 $AX=0$ 的基础解系和通解的方法:
① 对方程组的系数矩阵 A 作初等行变换化为行最简形阶梯阵;
② 判断方程组是否有非零解,如有非零解,确定其基础解系含多少个解向量;
③ 把行最简形阶梯阵中非主元列所对应的变量作为自由未知量;
④ 分别令自由未知量中一个为 1,其余全部为 0,求出 $n-r$ 个解向量,这 $n-r$ 个解向量构成了基础解系;
⑤ 基础解系中 $n-r$ 个解向量的线性组合就是原方程组的通解.
(2) 齐次线性方程组的基础解系不是唯一的,它与自由未知量的选取及自由未知量的取值有关,但基础解系中所含解向量的个数都是 $n-r$ 个.

4.4.2　n 元非齐次线性方程组 $AX=B$ 解的结构

知识梳理

非齐次线性方程组解的性质如下.

性质 4.3　若 X_1、X_2 为非齐次线性方程组 $AX=B$ 的解,则 $X_1 - X_2$ 是其导出组 $AX=0$ 的解.

证明　因为
$$A(X_1 - X_2) = AX_1 - AX_2 = B - B = 0$$
所以 $X_1 - X_2$ 是其导出组 $AX=0$ 的解.

性质 4.4　若 X_0 为非齐次线性方程组 $AX=B$ 的一个解,X_1 是其导出组 $AX=0$ 的一个解,则 $X_0 + X_1$ 也是方程组 $AX=B$ 的解.

证明　因为
$$A(X_0 + X_1) = AX_0 + AX_1 = B + 0 = B$$
所以 $X_0 + X_1$ 也是方程组 $AX=B$ 的解.

由非齐次线性方程组解的性质可以得到下面的定理.

定理 4.9(非齐次线性方程组解的结构定理)　n 元非齐次线性方程组 $AX=B$,若它的一个特解为 X_0,其导出组 $AX=0$ 的通解为 $\eta = k_1 X_1 + k_2 X_2 + \cdots + k_{n-r} X_{n-r}$,则非齐次线性方程组 $AX=B$ 的通解为
$$X = X_0 + \eta$$

即
$$X = X_0 + k_1 X_1 + k_2 X_2 + \cdots + k_{n-r} X_{n-r}$$

典型例解

例 4.16 已知方程组
$$\begin{cases} x_1 + 3x_2 - x_3 + 2x_4 - x_5 = -4 \\ -3x_1 + x_2 + 2x_3 - 5x_4 - 4x_5 = -1 \\ 2x_1 - 3x_2 - x_3 - x_4 + x_5 = 4 \\ -4x_1 + 16x_2 + x_3 + 3x_4 - 9x_5 = -21 \end{cases}$$

求：
(1) 方程组的一个特解；
(2) 导出组的一个基础解系；
(3) 导出组的通解；
(4) 原方程组的通解.

解 (1) 将增广矩阵 $\bar{A}$ 经过初等行变换化成简化的阶梯形矩阵：

$$\bar{A} = \begin{pmatrix} 1 & 3 & -1 & 2 & -1 & -4 \\ -3 & 1 & 2 & -5 & -4 & -1 \\ 2 & -3 & -1 & -1 & 1 & 4 \\ -4 & 16 & 1 & 3 & -9 & 21 \end{pmatrix} \xrightarrow[r_4+r_1 \cdot 4]{\substack{r_2+r_1 \cdot 3 \\ r_3+r_1 \cdot (-2)}} \begin{pmatrix} 1 & 3 & -1 & 2 & -1 & -4 \\ 0 & 10 & -1 & 1 & -7 & -13 \\ 0 & -9 & 1 & -5 & 3 & 12 \\ 0 & 28 & -3 & 11 & -13 & -37 \end{pmatrix}$$

$$\xrightarrow[r_4+r_3 \cdot 3]{r_2+r_3} \begin{pmatrix} 1 & 3 & -1 & 2 & -1 & -4 \\ 0 & 1 & 0 & -4 & -4 & -1 \\ 0 & -9 & 1 & -5 & 3 & 12 \\ 0 & 1 & 0 & -4 & -4 & -1 \end{pmatrix} \xrightarrow[r_4+r_2 \cdot (-1)]{r_3+r_2 \cdot 9} \begin{pmatrix} 1 & 3 & -1 & 2 & -1 & -4 \\ 0 & 1 & 0 & -4 & -4 & -1 \\ 0 & 0 & 1 & -41 & -33 & 3 \\ 0 & 0 & 0 & 0 & 0 & 0 \end{pmatrix}$$

$$\xrightarrow{r_1+r_3} \begin{pmatrix} 1 & 3 & 0 & -39 & -34 & -1 \\ 0 & 1 & 0 & -4 & -4 & -1 \\ 0 & 0 & 1 & -41 & -33 & 3 \\ 0 & 0 & 0 & 0 & 0 & 0 \end{pmatrix} \xrightarrow{r_1+r_2 \cdot (-3)} \begin{pmatrix} 1 & 0 & 0 & -27 & -22 & 2 \\ 0 & 1 & 0 & -4 & -4 & -1 \\ 0 & 0 & 1 & -41 & -33 & 3 \\ 0 & 0 & 0 & 0 & 0 & 0 \end{pmatrix}$$

因为 $r(A) = r(\bar{A}) = 3 < 5$，所以原方程组有无穷多组解，且含有 2 个自由未知量 x_4、x_5，其导出组的基础解系含有 3 个解向量.

于是原方程组同解于方程组：
$$\begin{cases} x_1 - 27x_4 - 22x_5 = 2 \\ x_2 - 4x_4 - 4x_5 = -1 \\ x_3 - 41x_4 - 33x_5 = 3 \end{cases}$$

将自由未知量 x_4 与 x_5 移项得到
$$\begin{cases} x_1 = 2 + 27x_4 + 22x_5 \\ x_2 = -1 + 4x_4 + 4x_5 \\ x_3 = 3 + 41x_4 + 33x_5 \end{cases}$$

令 $x_2 = 0, x_4 = 0$，得一个特解为

$$\boldsymbol{X}_0 = \begin{pmatrix} 2 \\ -1 \\ 3 \\ 0 \\ 0 \end{pmatrix}$$

（2）相应的导出组同解于方程组：

$$\begin{cases} x_1 - 27x_4 - 22x_5 = 0 \\ x_2 - 4x_4 - 4x_5 = 0 \\ x_3 - 41x_4 - 33x_5 = 0 \end{cases}$$

将自由未知量 x_4 和 x_5 移项得到

$$\begin{cases} x_1 = 27x_4 + 22x_5 \\ x_2 = 4x_4 + 4x_5 \\ x_3 = 41x_4 + 33x_5 \end{cases}$$

令 $x_4 = 1, x_5 = 0$，得

$$\boldsymbol{X}_1 = \begin{pmatrix} 27 \\ 4 \\ 41 \\ 1 \\ 0 \end{pmatrix}$$

令 $x_4 = 0, x_5 = 1$，得

$$\boldsymbol{X}_2 = \begin{pmatrix} 22 \\ 4 \\ 33 \\ 0 \\ 1 \end{pmatrix}$$

于是导出组的一个基础解系为

$$\boldsymbol{X}_1 = \begin{pmatrix} 27 \\ 4 \\ 41 \\ 1 \\ 0 \end{pmatrix}, \quad \boldsymbol{X}_2 = \begin{pmatrix} 22 \\ 4 \\ 33 \\ 0 \\ 1 \end{pmatrix}$$

（3）导出组的通解为

$$\boldsymbol{X} = k_1 \boldsymbol{X}_1 + k_2 \boldsymbol{X}_2 = k_1 \begin{pmatrix} 27 \\ 4 \\ 41 \\ 1 \\ 0 \end{pmatrix} + k_2 \begin{pmatrix} 22 \\ 4 \\ 33 \\ 0 \\ 1 \end{pmatrix}$$

其中，k_1 与 k_2 为任意常数．

（4）原方程组的通解为

$$X = X_0 + k_1 X_1 + k_2 X_2 = \begin{pmatrix} 2 \\ -1 \\ 3 \\ 0 \\ 0 \end{pmatrix} + k_1 \begin{pmatrix} 27 \\ 4 \\ 41 \\ 1 \\ 0 \end{pmatrix} + k_2 \begin{pmatrix} 22 \\ 4 \\ 33 \\ 0 \\ 1 \end{pmatrix}$$

其中，k_1 与 k_2 为任意常数．

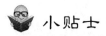

小贴士

通过上面的例题，得到求方程组 $AX = B$ 的基础解系和通解的方法：

（1）对方程组的增广矩阵 $\overline{A}$ 作初等行变换化为行最简形阶梯阵；

（2）判断方程组是否有无穷多组解，如有无穷多组解，确定行最简形阶梯阵中非主元列所对应的变量作为自由未知量；

（3）把行最简形阶梯阵还原成同解方程组，令所有自由未知量为 0，求出一个特解；

（4）令行最简形阶梯阵中对应的常数列为 0，写出其导出组的同解方程组，求出导出组的一个基础解系；

（5）写出原方程组的通解．

4.5 利用线性代数进行经济分析

4.5.1 楼房设计方案模型

典型例解

案例 4.4 要在某小区建设一栋公寓，现有一个模块构造方案需要设计，具体要求是，每个楼层可以有三种户型设计方案，如表 4-4 所示，每一层只能采取一个方案．要设计出含有 136 套一居室、74 套两居室、66 套三居室的公寓，是否可行？方案唯一吗？

表 4-4 楼层户型设计方案

方　案	一　居　室	两　居　室	三　居　室
方案 A	8	7	3
方案 B	8	4	4
方案 C	9	3	5

分析 假设有 x_1 层采用的是方案 A，有 x_2 层采用的是方案 B，有 x_3 层采用的是方案 C，按照题中条件可列方程组，利用线性方程组解的情况判定其是否有解，如果有解要取整数解，才能符合实际．

解 设有 x_1 层采用的是方案 A，有 x_2 层采用的是方案 B，有 x_3 层采用的是方案 C．依题意有

$$\begin{cases} 8x_1 + 8x_2 + 9x_3 = 136 \\ 7x_1 + 4x_2 + 3x_3 = 74 \\ 3x_1 + 4x_2 + 5x_3 = 66 \end{cases}$$

写出增广矩阵 $\overline{A} = \begin{pmatrix} 8 & 8 & 9 & 136 \\ 7 & 4 & 3 & 74 \\ 3 & 4 & 5 & 66 \end{pmatrix}$，对 $\overline{A}$ 施行适当初等行变换，即

$$\overline{A} \xrightarrow{r_1 + r_2 \cdot (-1)} \begin{pmatrix} 1 & 4 & 6 & 62 \\ 7 & 4 & 3 & 74 \\ 3 & 47 & 5 & 66 \end{pmatrix} \xrightarrow[r_3 + r_1 \cdot (-3)]{r_2 + r_1 \cdot (-7)} \begin{pmatrix} 1 & 4 & 6 & 62 \\ 0 & -24 & -39 & -360 \\ 0 & -8 & -13 & -120 \end{pmatrix}$$

$$\xrightarrow{r_3 + r_2 \cdot (-3)} \begin{pmatrix} 1 & 4 & 6 & 62 \\ 0 & -24 & -39 & -360 \\ 0 & 0 & 0 & 0 \end{pmatrix} \xrightarrow{r_2 \cdot \left(-\frac{1}{3}\right)} \begin{pmatrix} 1 & 4 & 6 & 62 \\ 0 & 8 & 13 & 120 \\ 0 & 0 & 0 & 0 \end{pmatrix}$$

增广矩阵 $\overline{A}$ 与系数矩阵 A 的秩均为 2＜3（未知量的个数），所以方程组有无穷多组解．于是得到原方程组的同解方程组：

$$\begin{cases} x_1 + 4x_2 + 6x_3 = 62 \\ -8x_2 - 12x_3 = -120 \end{cases}$$

解得

$$\begin{cases} x_1 = 2 + \dfrac{1}{2}x_3 \\ x_2 = 15 - \dfrac{13}{8}x_3 \end{cases}, \quad x_3 \text{ 为自由未知量}$$

若取 $x_3 = k$，方程组的一般解为

$$\begin{cases} x_1 = 2 + \dfrac{1}{2}k \\ x_2 = 15 - \dfrac{13}{8}k \\ x_3 = k \end{cases}$$

又由题意知 x_1、x_2、x_3 都为整数，则取 $k=8$，方程组有唯一解

$$\begin{cases} x_1 = 6 \\ x_2 = 2 \\ x_3 = 8 \end{cases}$$

所以设计方案可行且唯一，设计方案为 6 层采用方案 A，2 层采用方案 B，8 层采用方案 C．

本模型具有实际应用价值,求出该模型的解,可以为建筑设计部门提供科学的指导意见.但是,在本模型中,仅考虑了比较简单的情形,更复杂的情形留待以后在更高一级的课程中研究.

4.5.2 投入产出分析方法

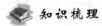

投入产出分析方法是在1933年由美籍俄罗斯经济学家瓦西里·列昂里夫(Wassily Leontiev)提出,是为了对经济系统的生产与消耗的依存关系进行综合考察和数量分析.它是刻画复杂经济现象的经济数学模型之一.

1. 投入产出表

例如,一个国民经济系统是一个由许多经济部门组成的有机整体,各部门有密切的联系.假定整个国民经济分成 n 个物质生产部门,每个部门都有双重身份,一方面作为生产部门将自己的产品分配给其他部门;另一方面,各个部门在生产过程中也要消耗其他部门的产品.当然,要平衡发展,每个部门的总产出应该等于它的总投入.

将这种关系用投入产出表表示出来,如表 4-5 所示.

表 4-5 投入产出表

投入 \ 产出	消耗部门				最终产品	总产出
	1	2	⋯	n		
生产部门 1	x_{12}	x_{12}	⋯	x_{1n}	y_1	x_1
生产部门 2	x_{21}	x_{22}	⋯	x_{2n}	y_2	x_2
⋮	⋮	⋮	⋮	⋮	⋮	⋮
生产部门 n	x_{n1}	x_{n2}	⋯	x_{nn}	y_n	x_n
创造价值	z_1	z_2	⋯	z_n		
总投入	x_1	x_2	⋯	x_n		

为了方便,将表 4-5 中数据分成四个象限来看:

表中第一象限部分,由几个部门组成,每个部门既是生产部门,又是消耗部门.量 x_{ij} 表示第 j 部门所消耗第 i 部门的产品,称为部门间的流量,这里采用价值量计算.

表中第二象限部分,每一行反映了某一部门从总产品中扣除补偿生产消耗后的余量,即不参加本期生产周转的最终产品的分配情况.其中 $y_1,y_2,\cdots,y_n$ 分别表示第1,第2,⋯,第 n 生产部门的最终产品,而 $x_1,x_2,\cdots,x_n$ 表示第1,第2,⋯,第 n 生产部门的总产出,也就是对应的消耗部门总产品价值.

表中第三象限部分,每一列表示该部门新创造的价值(净产值),第 k 部门的净产值为 z_k,如劳动报酬和纯收入等.

表中右下角部分(称第四象限)反映国民收入的再分配,这里暂不讨论.

从表 4-5 的每一行来看,某一生产部门分配给其他各部门的产品加上该部门的最终产品应等于它的总产出,即

$$\begin{cases} x_1 = x_{11} + x_{12} + \cdots + x_{1n} + y_1 \\ x_2 = x_{21} + x_{22} + \cdots + x_{2n} + y_2 \\ \vdots \\ x_n = x_{n1} + x_{n2} + \cdots + x_{nn} + y_n \end{cases} \tag{4-7}$$

这个方程组称为分配平衡方程组.

2. 直接消耗系数

定义 4.18 第 j 部门消耗第 i 部门的产品 x_{ij} 在对第 j 部门的总投入 x_j 中占有的比重,称为第 j 部门对第 i 部门的直接消耗系数,记为 a_{ij}:

$$a_{ij} = \frac{x_{ij}}{x_j}, \quad 1 \leqslant i \leqslant n, \quad 1 \leqslant j \leqslant n \tag{4-8}$$

各部门之间的直接消耗系数构成直接消耗系数矩阵

$$\boldsymbol{A} = \begin{pmatrix} a_{11} & a_{12} & \cdots & a_{1n} \\ a_{21} & a_{22} & \cdots & a_{2n} \\ \vdots & \vdots & & \vdots \\ a_{n1} & a_{n2} & \cdots & a_{nn} \end{pmatrix} = \begin{pmatrix} \dfrac{x_{11}}{x_1} & \dfrac{x_{12}}{x_2} & \cdots & \dfrac{x_{1n}}{x_n} \\ \dfrac{x_{21}}{x_1} & \dfrac{x_{22}}{x_2} & \cdots & \dfrac{x_{2n}}{x_n} \\ \vdots & \vdots & & \vdots \\ \dfrac{x_{n1}}{x_1} & \dfrac{x_{n2}}{x_2} & \cdots & \dfrac{x_{nn}}{x_n} \end{pmatrix}$$

由式(4-8)可得

$$x_{ij} = a_{ij} x_j \tag{4-9}$$

将式(4-9)代入投入产出表 4-5 中,得到表 4-6.

表 4-6 补充的投入产出表

投入 \ 产出		消耗部门				最终产品	总产出
		1	2	$\cdots$	n		
生产部门	1	$a_{11}x_1$	$a_{12}x_2$	$\cdots$	$a_{1n}x_n$	y_1	x_1
	2	$a_{21}x_1$	$a_{22}x_2$	$\cdots$	$a_{2n}x_n$	y_2	x_2
	$\vdots$	$\vdots$	$\vdots$	$\vdots$	$\vdots$	$\vdots$	$\vdots$
	n	$a_{n1}x_1$	$a_{n2}x_2$	$\cdots$	$a_{nn}x_n$	y_n	x_n
创造价值		z_1	z_2	$\cdots$	z_n		
总投入		x_1	x_2	$\cdots$	x_n		

将式(4-9)代入产品分配平衡方程组(4-7)中,得

$$\begin{cases} x_1 = a_{11}x_1 + a_{12}x_2 + \cdots + a_{1n}x_n + y_1 \\ x_2 = a_{21}x_1 + a_{22}x_2 + \cdots + a_{2n}x_n + y_2 \\ \quad\quad\quad\quad\quad\quad\quad\quad \vdots \\ x_n = a_{n1}x_1 + a_{n2}x_2 + \cdots + a_{nn}x_n + y_n \end{cases} \quad (4\text{-}10)$$

可以证明,如果该经济系统处于平衡发展状态,那么此方程组有唯一非负解.

典型例解

案例 4.5 设有一个经济系统包括三个部门,各部门在报告期内的投入产出如表 4-7 所示.

表 4-7 某经济系统三部门的投入产出表

投入＼产出		消耗部门			最终产品	总产出
		1	2	3		
生产部门	1	40	30	30	100	200
	2	20	60	30	190	300
	3	20	30	15	85	150
创造价值		120	180	75		
总投入		200	300	150		

求:

(1) 直接消耗系数;

(2) 若计划期内的最终产品为 $y_1 = 75, y_2 = 120, y_3 = 225$,试预测各部门在计划期内的总产出.

解 (1) 由直接消耗系数的定义可得

$$A = \begin{pmatrix} \frac{40}{200} & \frac{30}{300} & \frac{30}{150} \\ \frac{20}{200} & \frac{60}{300} & \frac{30}{150} \\ \frac{20}{200} & \frac{30}{300} & \frac{15}{150} \end{pmatrix} = \begin{pmatrix} 0.2 & 0.1 & 0.2 \\ 0.1 & 0.2 & 0.2 \\ 0.1 & 0.1 & 0.1 \end{pmatrix}$$

(2) 列出在计划期内的产品分配平衡表,如表 4-8 所示.

表 4-8 产品分配平衡表

投入＼产出		消耗部门			最终产品	总产出
		1	2	3		
生产部门	1	$0.2x_1$	$0.1x_2$	$0.2x_3$	75	x_1
	2	$0.1x_1$	$0.2x_2$	$0.2x_3$	120	x_2
	3	$0.1x_1$	$0.1x_2$	$0.1x_3$	225	x_3

则可得到下列产品分配平衡方程组：
$$\begin{cases} x_1 = 0.2x_1 + 0.1x_2 + 0.2x_3 + 75 \\ x_2 = 0.1x_1 + 0.2x_2 + 0.2x_3 + 120 \\ x_3 = 0.1x_1 + 0.1x_2 + 0.1x_3 + 225 \end{cases}$$

即
$$\begin{cases} 0.8x_1 - 0.1x_2 - 0.2x_3 = 75 \\ -0.1x_1 + 0.8x_2 - 0.2x_3 = 120 \\ -0.1x_1 - 0.1x_2 + 0.9x_3 = 225 \end{cases}$$

解此方程组，因为

$$\overline{A} = \begin{pmatrix} 0.8 & -0.1 & -0.2 & \vdots & 75 \\ -0.1 & 0.8 & -0.2 & \vdots & 120 \\ -0.1 & -0.1 & 0.9 & \vdots & 225 \end{pmatrix} \rightarrow \cdots \rightarrow \begin{pmatrix} 1 & 0 & 0 & \vdots & 200 \\ 0 & 1 & 0 & \vdots & 250 \\ 0 & 0 & 1 & \vdots & 300 \end{pmatrix}$$

得
$$\begin{cases} x_1 = 200 \\ x_2 = 250 \\ x_3 = 300 \end{cases}$$

所以各部门在计划期内的总产出的预测值为 $x_1=200, x_2=250, x_3=300$.

即若各部门在计划期内向市场提供商品量为 $y_1=75, y_2=120, y_3=225$，则应向各部门下达生产计划指标为 $x_1=200, x_2=250, x_3=300$.

因此要使经济均衡发展是一件很不容易的事情，如果决策者往往只看到眼前利益，发展一些容易见效的产业，结果长线越来越长，短线越来越短，会导致整个国民经济的发展受到"瓶颈"制约，甚至发生严重的经济危机.

4.6 利用 MATLAB 解决线性代数问题

4.6.1 矩阵及其代数运算

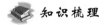
知识梳理

MATLAB 提供了产生常见矩阵的简便方法，如表 4-9 所示.

表 4-9 特殊矩阵命令

命　　令	产　生　矩　阵
zeros(m,n)	产生 m 行 n 列的全 0 矩阵
ones(m,n)	产生 m 行 n 列的全 1 矩阵
eye(m,n)	产生 m 行 n 列的单位矩阵
rand(m,n)	产生 m 行 n 列的随机数矩阵

在 MATLAB 中,矩阵的代数运算相应命令如表 4-10 所示.

表 4-10 矩阵的运算操作命令

命　　令	含　　义	注 意 事 项
A'	求矩阵 A 的转置(A^T)	
det(A)	求矩阵 A 的行列式($|A|$)	A 矩阵必须为方阵
rank(A)	求矩阵 A 的秩($r(A)$)	
inv(A)	求矩阵 A 的逆矩阵(A^{-1})	
rref(A)	求列向量组 A 的一个极大无关组	
null(A,'r')	给出齐次线性方程组 $AX=0$ 的基础解系	
A+B	矩阵加法	A 和 B 必须是同型矩阵
A*B	矩阵乘法	A 的列数与 B 矩阵的行数必须相等
B/A	矩阵右除	用于求矩阵方程 $XA=B$ 的解
A\B	矩阵左除	$A\backslash B$ 为方程 $AX=B$ 的解
A^n	矩阵的幂(A^n)	A 矩阵必须为方阵

典型例解

例 4.17(加减、数乘与转置运算) 设 $A=\begin{bmatrix}4 & -7 & 2\\ 1 & 3 & 0\end{bmatrix}, B=\begin{bmatrix}2 & -3 & 7\\ 0 & 6 & 10\end{bmatrix}$,求 $3A-2B, B^T$.

解 用 MATLAB 计算如下:

```
>> a = [4 -7 2;1 3 0]
a =     4    -7     2
        1     3     0
>> b = [2 -3 7;0 6 10]
b =     2    -3     7
        0     6    10
>> c = 3*a-2*b
c =     8   -15    -8
        3    -3   -20
>> c = b'
c =     2     0
       -3     6
        7    10
```

例 4.18(乘法运算) 设 $A=\begin{bmatrix}1 & 2\\ 3 & 5\\ 2 & 6\end{bmatrix}, B=\begin{bmatrix}2 & 4 & 1\\ 8 & 9 & 0\end{bmatrix}$,求 AB.

解 用 MATLAB 计算如下:

```
>> a = [1 2;3 5;2 6];
>> b = [2 4 1;8 9 0];
>> c = a * b
c =   18    22    1
      46    57    3
      52    62    2
```

例4.19（除法运算）

（1）解矩阵方程 $AX=B$，其中

$$A = \begin{bmatrix} -2 & 1 & 0 \\ 1 & -2 & 1 \\ 0 & 1 & -2 \end{bmatrix}, \quad B = \begin{bmatrix} 5 & -1 \\ -2 & 3 \\ 1 & 4 \end{bmatrix}$$

解 方法一代码如下：

```
a = [-2 1 0;1 -2 1;0 1 -2];
>> b = [5 -1;-2 3;1 4];
>> x = a\b            %矩阵的左除
x = -3.0000   -1.7500
    -1.0000   -4.5000
    -1.0000   -4.2500
```

方法二代码如下：

```
>> a = [-2 1 0;1 -2 1;0 1 -2];
>> b = [5 -1;-2 3;1 4];
>> x = inv(a) * b     % x = a⁻¹ * b
```

（2）解矩阵方程 $XA=B$，其中

$$A = \begin{bmatrix} 2 & 5 \\ 1 & 3 \end{bmatrix}, \quad B = \begin{bmatrix} -4 & -6 \\ -2 & 1 \end{bmatrix}$$

解 方法一代码如下：

```
>> a = [2 5;1 3];
>> b = [-4 -6;-2 1];
>> x = b/a            %矩阵的右除
x =
   -6.0000   8.0000
   -7.0000  12.0000
```

方法二代码如下：

```
>> a = [2 5;1 3];
>> b = [-4 -6;-2 1];
>> x = b * inv(a)     % x = b * a⁻¹
```

例4.20 $A = \begin{bmatrix} 1 & 0 & -2 \\ 2 & -1 & 0 \\ -3 & 1 & 1 \end{bmatrix}$，求矩阵 A 的行列式 $|A|$、秩 $r(A)$、逆矩阵 A^{-1}.

解 用 MATLAB 计算如下：

```
>> A = [1 0 -2;2 -1 0;-3 1 1];
>> det(A)

ans = 1              % |A| = 1

>> rank(A)
ans = 3              % r(A) = 3
>> format rat        % 控制结果数据以有理式的形式输出
>> inv(A)            % 求逆矩阵 A⁻¹
ans = -1    -2    -2
      -2    -5    -4
      -1    -1    -1
```

例 4.21 判断下列向量组的线性相关性，求其一个极大无关组，并用此极大无关组表示其他向量.

$$\alpha_1 = \begin{bmatrix} 1 \\ 2 \\ 6 \end{bmatrix}, \quad \alpha_2 = \begin{bmatrix} 1 \\ 1 \\ 3 \end{bmatrix}, \quad \alpha_3 = \begin{bmatrix} 1 \\ -1 \\ 0 \end{bmatrix}, \quad \alpha_1 = \begin{bmatrix} 2 \\ 4 \\ 5 \end{bmatrix}$$

解 用 MATLAB 计算如下：

```
>> A = [1 1 1 2;2 1 -1 4;6 3 0 5];
>> rank(A)
ans = 3
```

因为 $r(A) = 3 < n = 4$，所以此向量组线性相关.

```
>> rref(a)
ans = 1  0  0  -8/3
      0  1  0   7
      0  0  1  -7/3
```

即其一个极大无关组为 $\{\alpha_1, \alpha_2, \alpha_3\}$，且

$$\alpha_4 = -\frac{8}{3}\alpha_1 + 7\alpha_2 - \frac{7}{3}\alpha_3$$

小贴士

（1）矩阵输入时，每行各元素之间用空格（或逗号）分开，各行之间用分号";"隔开，整个矩阵用中括号"[ ]"括起来.

（2）rref 命令的功能是将矩阵 **A** 化成行阶梯形的最简形式，其中单位向量对应的列向量即为极大线性无关向量组所含向量，其他列向量的坐标即为其对应向量极大线性无关向量组线性表示的系数.

4.6.2 求解线性方程组

典型例解

例 4.22 求线性方程组 $\begin{cases} x_1 - 2x_2 + x_3 = -2 \\ -3x_1 + x_2 + 2x_3 = 1 \\ x_1 - x_2 + x_3 = 0 \end{cases}$ 的解.

解 在 MATLAB 中计算如下：

```
>> a = [1 -2 1; -3 1 2; 1 -1 1];
>> b = [-2 ;1;0];
>> rank(a)            % 结果为 ans = 3
>> rank([a b])        % 结果为 ans = 3
```

因为 $r(\boldsymbol{a})=r([\boldsymbol{ab}])=3=n$，所以有唯一解，继续输入以下内容：

```
>> x = a\b
```

得到的结果是：

```
x = 1.0000
    2.0000
    1.0000
```

例 4.23 求 $\begin{cases} x_1 + x_2 + x_3 + x_4 = 3 \\ x_1 + 3x_2 + 2x_3 + 4x_4 = 6 \\ 2x_1 + x_3 - x_4 = 3 \end{cases}$ 的全部解.

解 用 MATLAB 计算线性方程组有多种方法，第一种方法代码如下：

```
>> A = [1 1 1 1;1 3 2 4;2 0 1 -1];
>> b = [3;6;3];
>> rank(A)
ans = 2
>> rank([a b])
ans = 2
```

因为 $r(\boldsymbol{A})=r([\boldsymbol{Ab}])=2<n=4$，因此非齐次方程组有无穷多解.

```
>> x1 = A\b          % 给出原方程组的一个特解
x1 =
     2
     0
     0
     1
>> y = null(A,'r')   % 给出其导出组的一个基础解系
y =
    -1/2    1/2
    -1/2   -3/2
     1      0
     0      1
```

因此，全部解为 $X = X_0 + c_1 X_1 + c_2 X_2$，其中 c_1、c_2 为任意常数.

第二种方法代码如下：

```
>> A = [1 1 1 1;1 3 2 4;2 0 1 -1];
>> b = [3;6;3];
>> T = rref([A b])    % 求出其增广矩阵的行最简阶梯形
T =
    1        0       1/2      -1/2      3/2
    0        1       1/2       3/2      3/2
    0        0        0         0        0
```

因此，原方程组的一个特解为

$$X_0 = \begin{bmatrix} \dfrac{3}{2} & \dfrac{3}{2} & 0 & 0 \end{bmatrix}^{\mathrm{T}}$$

导出组的基础解系为

$$X_1 = \begin{bmatrix} -\dfrac{1}{2} & -\dfrac{1}{2} & 1 & 0 \end{bmatrix}^{\mathrm{T}}, \quad X_2 = \begin{bmatrix} \dfrac{1}{2} & -\dfrac{3}{2} & 0 & 1 \end{bmatrix}^{\mathrm{T}}$$

全部解为

$$X = X_0 + c_1 X_1 + c_2 X_2$$

其中，c_1、c_2 为任意常数.

4.6.3 线性规划问题的求解

知识梳理

命令格式：

`[x,fval,exitflag] = linprog(c,A,b,Aeq,beq,lb)`

功能：求解下面形式的线性规划问题：

$$\min S = cx$$

$$\text{s. t.} \begin{cases} AX \leqslant b \\ A_{\mathrm{eq}} \cdot X = b_{\mathrm{eq}} \\ X \geqslant lb \end{cases}$$

说明：输出参数 x 表示最优解；fval 表示最优值；exitflag 表示算法的收敛性；输入参数 c 表示目标函数列向量；A 表示不等式约束方程组的系数矩阵；b 表示不等式约束方程组的常数列向量；Aeq 表示等式约束方程组的系数矩阵；beq 表示等式约束方程组的常数列向量；lb 表示决策变量的下界.

典型例解

案例 4.6 某单位有一批资金用于四个工程项目的投资，用于各个工程项目时所得到的净收益（占投入资金的百分比）如表 4-11 所示. 由于某种原因，决定用于项目 A 的投资不大于其他项目投资之和；而用于项目 B 和 C 的投资之和要大于项目 D 的投资. 试确定该单位收益最大的投资分配方案.

表 4-11 净收益表

工程项目	A	B	C	D
收益/%	15	10	8	12

解 第一步：问题分析.

用 x_1、x_2、x_3、x_4 分别代表用于项目 A、B、C、D 的投资百分数，由于各项的投资百分数之和必须等于 100%，所以 $x_1+x_2+x_3+x_4=1$.

第二步：建立模型.

根据题意，可以建立下面的数学模型：

$$\max z = 0.15x_1 + 0.1x_2 + 0.08x_3 + 0.12x_4$$

$$\begin{cases} x_1 - x_2 - x_3 - x_4 \leqslant 0 \\ x_2 + x_3 - x_4 \geqslant 0 \\ x_1 + x_2 + x_3 + x_4 = 1 \\ x_i \geqslant 0, \quad i=1,2,3,4 \end{cases}$$

第三步：模型求解.

将它转换为标准形式：

$$\min z = -0.15x_1 - 0.1x_2 - 0.08x_3 - 0.12x_4$$

$$\begin{cases} x_1 - x_2 - x_3 - x_4 \leqslant 0 \\ -x_2 - x_3 + x_4 \leqslant 0 \\ x_1 + x_2 + x_3 + x_4 = 1 \\ x_i \geqslant 0, \quad i=1,2,3,4 \end{cases}$$

用 MATLAB 计算如下：

```
>> f = [-0.15;-0.1;-0.08;-0.12]       %给出标准式中目标函数的系数矩阵
f = -0.1500
    -0.1000
    -0.0800
    -0.1200
>> A = [1 -1 -1 -1;0 -1 -1 1]         %给出标准式中不等式组的系数矩阵
A = 1  -1  -1  -1
    0  -1  -1   1
>> b = [0;0]                          %给出标准式中不等式组的常数项矩阵
b = 0
    0
>> Aeq = [1 1 1 1]                    %给出标准式中等式组的系数矩阵
Aeq = 1   1   1   1
>> beq = [1]                          %给出标准式中等式组的常数项矩阵
beq = 1
>> lb = zeros(4,1)                    %给出标准式中决策变量的下界
lb = 0
     0
     0
     0
```

```
>> [x,fval,exitflag] = linprog(f,A,b,Aeq,beq,lb)    % 求出标准式的最优解与最优值
x =  0.5000
     0.2500
     0.0000
     0.2500
fval = -0.1300
exitflag = 1
```

第四步：结果解释.

由上可知，四个项目的投资百分数分别为 0.5、0.25、0.00、0.25 时，可使该单位获得最大收益，最大收益为 13%. exitflag =1 表示过程正常收敛于 x 处.

本章知识结构图

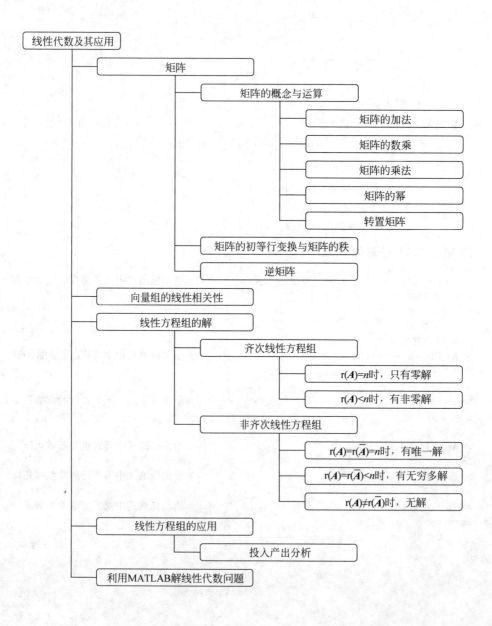

链接思考

(1) n 元非齐次线性方程组中的每个方程对应着 n 维空间中的某个图形,利用矩阵的三种初等行变换方法可以解线性方程组.试分析这些初等行变换对应着空间中的哪些变换.

(2) 我们经常会遇到最优化方案的决策问题:要寻求一组决策变量的值,使在满足某些现实约束的条件下,同时又能达到某种目的.例如,在现有的人力、物力、财力的条件下,如何安排生产使利润达到最大? 这是线性规划问题.试查阅相关资料分析其中的数学计算方法.

数学那些事——线性代数发展史上的年轻勇士

伽 罗 瓦

埃瓦里斯特·伽罗瓦(1811—1832),法国数学家,群论的创始人.他被公认为数学史上最具浪漫主义色彩的人物.

1811 年 10 月 25 日,伽罗瓦出生于法国巴黎.伽罗瓦的双亲都受过良好的教育,在父母的熏陶下,伽罗瓦童年时就表现出有才能、认真、热心等良好的品格.在他的中学老师们的回忆录中,记载着伽罗瓦是位具有"杰出的才干""举止不凡",但又"为人乖僻、古怪、过分多嘴"性格的人.这种性格是他早已显露出强烈的求知欲的标志.

早在 1770 年,法国数学家拉格朗日精心分析了二次、三次、四次方程根式解的结构之后,认识到求解一般五次方程的代数方法可能不存在.此后,挪威数学家阿贝尔利用置换群的理论,给出了高于四次的一般代数方程不存在代数解的证明.

伽罗瓦在改进拉格朗日思想的基础上,通过置换群及其子群结构的分析,从而发现了 n 次多项式可以用根式解的充要条件,解决了长期困扰数学界的问题.他的工作为伽罗瓦理论(一个抽象代数的主要分支)的研究奠定了基石.

1829 年,伽罗瓦在他中学最后一年时,把关于群论初步研究结果的论文提交给法国科学院,科学院委托当时法国最杰出的数学家柯西作为这些论文的鉴定人.在 1830 年 1 月 18 日柯西曾计划对伽罗瓦的研究成果在科学院举行一次全面的意见听取会.他在一封信中写道:"今天我应当向科学院提交一份关于年轻的伽罗瓦的工作报告……但因病在家,我很遗憾未能出席今天的会议,希望你安排我参加下次会议,讨论已指明的议题."然而,第二周当柯西向科学院宣读他自己的一篇论文时,并未介绍伽罗瓦的著作,这是一个非常微妙的"事故".

1830 年,伽罗瓦将他的研究成果比较详细地写成论文,寄给当时科学院终身秘书傅里叶,但傅里叶在当年 5 月就去世了,在他的遗物中未能发现伽罗瓦的手稿.就这样,伽罗瓦两次递交的数学论文都被遗失了.

1832 年 3 月 16 日,年轻气盛的伽罗瓦为了一个舞女,卷入了一场他所谓的"爱情与荣誉"的决斗.伽罗瓦非常清楚对手的枪法很好,自己难以摆脱死亡的命运,所以连夜给朋友写信,仓促地把自己生平的数学研究心得扼要写出,并附以论文手稿.他不时地中断,在纸边空白处写上"我没有时间,我没有时间",然后又接着写下一个极其潦草的大纲.

第二天上午,在决斗场上,伽罗瓦被打穿了肠子.临死之前,他对在他身边哭泣的弟弟说:"不要哭,我需要足够的勇气在20岁的时候死去。"他被埋葬在公墓的普通壕沟内,所以今天他的坟墓已无踪迹可寻.他不朽的纪念碑就是他的著作,由两篇被拒绝的论文和他在死前那个不眠之夜写下的潦草手稿组成.

一位世界上杰出的数学家在他20岁时被杀死了,他研究数学只有五年.他在天亮之前那最后几个小时拼命写出的东西,使世世代代的数学家们忙上了几百年.他一劳永逸地给一个折磨了数学家达几个世纪之久的谜,找出了真正的解答.在这项伟大的工作中,伽罗瓦极其成功地用了群论.伽罗瓦的确是今天在全部数学中具有根本重要性的这一抽象理论的伟大先驱者.

应知应会 4

一、选择题

1. 设 A 为 3×2 矩阵,B 为 2×3 矩阵,则下列运算中( )可以进行.

   A. AB B. AB^T C. $A+B$ D. BA^T

2. 已知矩阵 $A=(1\ 2\ 0\ 3)$,$B=(1\ 2\ 3)$,则使 A^TB-C 有意义的 C 是( )矩阵.

   A. 4行3列 B. 3行1列 C. 3行4列 D. 1行3列

3. 以下结论或等式正确的是( ).

   A. 若 A,B 均为零矩阵,则有 $A=B$

   B. 若 $AB=AC$,且 $A\neq 0$,则 $B=C$

   C. 若 A,B 均为单位矩阵,则有 $A=B$

   D. 若 $A\neq 0$,$B\neq 0$,则 AB 可能为 0

4. 设 $A=\begin{bmatrix} 1 & 2 & 0 & -3 \\ 0 & 0 & -1 & 3 \\ 2 & 4 & -1 & -3 \end{bmatrix}$,则 $r(A)=($).

   A. 4 B. 3 C. 2 D. 1

5. 设 A、B 为同阶可逆矩阵,则下列等式成立的是( ).

   A. $(AB)^T=A^TB^T$ B. $(AB)^T=B^TA^T$

   C. $(AB^T)^{-1}=A^{-1}(B^T)^{-1}$ D. $(AB^T)^{-1}=A^{-1}(B^{-1})^T$

6. 设 A 是可逆矩阵,且 $A+AB=I$,则 $A^{-1}=($)

   A. B B. $1+B$ C. $I+B$ D. $(I-AB)^{-1}$

7. 设矩阵 A,B,C,X 为同阶方阵,且 A,B 可逆,$AXB=C$,则矩阵 $X=($).

   A. $A^{-1}CB^{-1}$ B. $CA^{-1}B^{-1}$ C. $B^{-1}A^{-1}C$ D. $CB^{-1}A^{-1}$

8. 设向量组 α_1、α_2、α_3、α_4 线性相关,则向量组中( ).

   A. 必有一个向量可以表示为其余向量的线性组合

   B. 必有两个向量可以表示为其余向量的线性组合

   C. 必有三个向量可以表示为其余向量的线性组合

   D. 每个向量可以表示为其余向量的线性组合

9. A、B、C、0 均为矩阵,下列叙述正确的是( ).

   A. 九元齐次线性方程组 $AX=0$ 有非零解的充要条件是 $r(A)<9$

   B. 若 $AB=AC$,则 $B=C$

   C. 若 $AB=0$,则 $A=0$ 或 $B=0$

   D. 若矩阵 A 经过初等行变换可化为单位矩阵,则 A 不一定可逆

10. 若线性方程组 $AX=B$ 的增广矩阵 $\bar{A}=\begin{bmatrix}1 & \lambda & 2 \\ 2 & 1 & 4\end{bmatrix}$,则当 $\lambda=($)时,此线性方程组有无穷多解.

    A. 1   B. $\dfrac{1}{2}$ C. -1 D. 2

11. 已知线性方程组 $AX=B$,其中 $A=\begin{bmatrix}1 & 0 \\ -2 & 1\end{bmatrix}$,若 $X_0=\begin{pmatrix}1 \\ 2\end{pmatrix}$ 为它的解,则 $B=($).

    A. $\begin{pmatrix}0 \\ 1\end{pmatrix}$ B. $\begin{pmatrix}1 \\ -2\end{pmatrix}$ C. $\begin{pmatrix}1 \\ 0\end{pmatrix}$ D. $\begin{pmatrix}1 \\ 2\end{pmatrix}$

12. 已知 n 元线性方程组 $AX=B$,其增广矩阵为 $\bar{A}$,当( )时此方程组有解.

    A. $r(\bar{A})=r(A)<n$ B. $r(A)<n$ C. $r(\bar{A})=r(A)$ D. $r(\bar{A})<n$

13. 若线性方程组 $AX=B$ 的增广矩阵经初等行变换化为 $\bar{A}\rightarrow\begin{bmatrix}1 & 3 & 0 & 4 \\ 0 & a & a & 2 \\ 0 & 0 & 0 & a\end{bmatrix}$,则此线性方程组( ).

    A. 可能有无穷多解   B. 一定有无穷多解

    C. 可能无解   D. 一定无解

14. 线性方程组 $AX=B$ 有唯一解,则其导出组 $AX=0$( ).

    A. 可能有解   B. 有无穷多解   C. 无解   D. 有唯一解

15. 已知 n 元非齐次线性方程组 $AX=B$,其增广矩阵的秩与系数矩阵的秩都等于 $n-1$,若向量 β_1、β_2 是它的两个不相同的解向量,c 为任意常数,则它的全部解为( ).

    A. $c(\beta_1-\beta_2)-\beta_1$ B. $c(\beta_1-\beta_2)+\beta_1$

    C. $c(\beta_1+\beta_2)-\beta_1$ D. $c(\beta_1+\beta_2)+\beta_1$

二、填空题

1. 设矩阵 $A=\begin{bmatrix}1 & -2 \\ 4 & 3\end{bmatrix}$,$I$ 为单位矩阵,则 $(I-A)^T=$ _____.

2. 若矩阵 $A=(-1\ \ 2)$,$B=(2\ \ -3\ \ 1)$,则 $A^TB=$ _____.

3. 设 A、B 均为 n 阶矩阵,则等式 $(A-B)^2 = A^2 - 2AB + B^2$ 成立的充要条件是_____.

4. 设 A、B 均为 n 阶可逆矩阵,且 $(I-B)$ 可逆,则矩阵 $A+BX=X$ 的解 $X=$ _____.

5. 幂 $\begin{bmatrix} 1 & \lambda \\ 0 & 1 \end{bmatrix}^6 =$ _____.

6. 幂 $\begin{pmatrix} a & 0 & 0 \\ 0 & b & 0 \\ 0 & 0 & c \end{pmatrix}^n =$ _____.

7. 已知 3 维向量 $\alpha = (1,-3,3)^T$,$\beta = (1,0,-1)^T$,则 $\alpha + 2\beta =$ _____.

8. 设 $A = \begin{pmatrix} 1 & 1 & 1 \\ -2 & -2 & -2 \\ 3 & 3 & 3 \end{pmatrix}$,则 $r(A) =$ _____.

9. 已知 n 阶方阵 A 是可逆矩阵,则矩阵 A 的秩 $r(A) =$ _____.

10. $A = \begin{pmatrix} 1 & 1 & 1 \\ 2 & 1 & 1 \\ 3 & 2 & k+1 \end{pmatrix}$,若 $r(A)=2$,则 $k=$ _____.

11. 可逆矩阵 A 的逆矩阵为 $A^{-1} = \begin{pmatrix} 2 & 1 & 3 \\ 0 & 1 & -1 \\ 1 & -1 & 4 \end{pmatrix}$,则 $(A^T)^{-1} =$ _____.

12. 若线性方程组 $AX=B$ 的增广矩阵 $\bar{A}$ 经初等行变换化为 $\bar{A} \to \begin{pmatrix} 1 & 0 & 0 & \vdots & 3 \\ 0 & 2 & 0 & \vdots & 6 \\ 0 & 0 & -4 & \vdots & 0 \end{pmatrix}$,则此线性方程组的解为_____.

13. 若线性方程组 $AX=B$ 的增广矩阵 $\bar{A}$ 经初等行变换化为 $\bar{A} \to \begin{pmatrix} 1 & 3 & 0 & \vdots & 0 \\ 0 & 0 & 1 & \vdots & 4 \\ 0 & 0 & \lambda-2 & \vdots & 6 \end{pmatrix}$,则当 $\lambda =$ _____时,此线性方程组有无穷多解.

14. 七元齐次线性方程组 $AX=0$ 只有零解,则 $r(A) =$ _____.

15. n 元线性方程组 $AX=B$ 有无穷多组解的充要条件是_____.

三、计算题

1. 计算:

(1) $A = \begin{pmatrix} 1 & -1 & 0 \\ 2 & 1 & -2 \\ -1 & 0 & 1 \end{pmatrix}$,$B = \begin{pmatrix} 0 & 2 \\ -1 & 1 \\ 1 & 0 \end{pmatrix}$,求 AB.

(2) $\begin{pmatrix} 1 & 2 & 3 \\ -1 & 2 & 2 \\ 1 & -3 & 2 \end{pmatrix} \begin{pmatrix} -1 & 2 & 4 \\ 1 & 4 & 3 \\ 2 & 3 & -1 \end{pmatrix} - \begin{pmatrix} 2 & 4 & 6 \\ 6 & 1 & 0 \\ 3 & -2 & 9 \end{pmatrix}$

2. 求下列矩阵的秩.

(1) $\begin{bmatrix} 1 & 3 \\ -1 & -3 \\ 2 & 1 \end{bmatrix}$

(2) $\begin{bmatrix} 2 & 0 & 5 & 2 \\ -2 & 4 & 1 & 0 \end{bmatrix}$

(3) $\begin{bmatrix} 1 & -1 & 1 \\ 1 & 1 & 3 \\ 2 & 3 & 2 \end{bmatrix}$

(4) $\begin{bmatrix} -1 & 1 & 4 & 0 \\ 3 & -2 & 5 & -3 \\ 2 & 0 & -6 & 4 \\ 0 & 1 & 1 & 2 \end{bmatrix}$

3. 判断下列矩阵是否可逆,如果可逆,求逆矩阵 $\boldsymbol{A}^{-1}$.

(1) $\begin{bmatrix} 1 & 2 \\ 3 & 4 \end{bmatrix}$

(2) $\begin{bmatrix} 1 & 0 & 1 \\ 1 & 1 & 2 \\ -3 & 2 & 0 \end{bmatrix}$

(3) $\begin{bmatrix} 1 & -2 & -1 \\ 0 & -1 & 0 \\ 0 & 2 & 1 \end{bmatrix}$

(4) $\begin{bmatrix} 1 & 0 & 0 & 0 \\ 0 & 2 & 1 & 0 \\ 0 & 3 & 2 & 0 \\ 0 & 0 & 0 & -4 \end{bmatrix}$

4. 解下列矩阵方程.

(1) $\boldsymbol{X} \begin{bmatrix} 1 & 2 \\ 3 & 5 \end{bmatrix} = \begin{bmatrix} 1 & 2 \\ 2 & 3 \end{bmatrix}$

(2) $\begin{bmatrix} 1 & 2 \\ 3 & 5 \end{bmatrix} \boldsymbol{X} - \begin{bmatrix} 0 & -2 \\ 3 & 2 \end{bmatrix} = \begin{bmatrix} 1 & 4 \\ -1 & 1 \end{bmatrix}$

5. 求下列向量组的秩,并判断其是否是线性相关.

(1) $\boldsymbol{\alpha}_1 = (1 \ 0 \ 2)^T, \boldsymbol{\alpha}_2 = (0 \ -1 \ -1)^T, \boldsymbol{\alpha}_3 = (2 \ 0 \ 4)^T$

(2) $\boldsymbol{\alpha}_1 = (0 \ 1 \ -1 \ -1 \ 0), \boldsymbol{\alpha}_2 = (0 \ 1 \ 1 \ -1 \ 2), \boldsymbol{\alpha}_3 = (1 \ 1 \ 0 \ 1 \ -1), \boldsymbol{\alpha}_4 = (0 \ -1 \ -1 \ 1 \ 1)$

6. 求下列齐次线性方程组的一个基础解系和通解.

(1) $\begin{cases} x_1 + x_3 = 0 \\ 3x_1 + x_2 + 2x_3 = 0 \\ -x_2 + x_3 = 0 \end{cases}$

(2) $\begin{cases} x_1 + x_2 + x_3 + x_4 = 0 \\ 3x_1 + 2x_2 + x_3 = 0 \\ x_2 + 2x_3 + 3x_4 = 0 \end{cases}$

7. 求下列非齐次线性方程组的通解.

(1) $\begin{cases} x_1 + 3x_2 + 5x_3 + x_4 = 2 \\ 2x_1 + 6x_2 + 4x_3 + 2x_4 = 1 \\ x_1 + 3x_2 + 3x_3 + x_4 = 1 \end{cases}$

(2) $\begin{cases} x_1 + x_2 + x_3 + x_4 = 2 \\ 2x_1 + 3x_2 + x_3 + x_4 = 1 \\ x_1 + 2x_3 + 2x_4 = 5 \end{cases}$

8. 一个木工,一个电工,一个油漆工,三个人相互同意彼此简单装修他们自己的房子,在装修前,他们达成协议:(1)每人共工作不超过 10 天(包括给自己家干活在内);(2)每人的日工资根据一般城市的市价在 100 元到 150 元,且均为整数;(3)每人的日工资数应使每人的总收入与总支出相等,他们协商后制定出来的工作天数分配方案如表 4-12 所示.

表 4-12 工作天数分配方案表

项目	木 工	电 工	油 漆 工
在木工家工作的天数	2	1	6
在电工家工作的天数	4	5	1
在油漆工家工作的天数	4	4	3

试确定木工、电工、油漆工的日工资数.

9. 设有一个经济系统包括两个部门,各部门在报告期内的投入产出如表 4-13 所示.

表 4-13 某经济系统两个部门的投入产出表

投入	产出	消耗部门 1	消耗部门 2	最终产品	总产出
生产部门	1	40	60	100	200
生产部门	2	50	20	30	100
创造价值		110	20		
总投入		200	100		

试求:

(1) 直接消耗系数;

(2) 若计划期内的最终产品为 $y_1=40, y_2=12$,试预测各部门在计划期内的总产出.

综合运用 4

1. 设矩阵 $A = \begin{pmatrix} 0 & 1 & 0 \\ 2 & 0 & -1 \\ 3 & 4 & 1 \end{pmatrix}, I = \begin{pmatrix} 1 & 0 & 0 \\ 0 & 1 & 0 \\ 0 & 0 & 1 \end{pmatrix}$,求 $(I+A)^{-1}$.

2. 设矩阵 $A = \begin{pmatrix} 1 & 2 & 4 \\ 2 & \lambda & 1 \\ 1 & 1 & 0 \end{pmatrix}$,确定 λ 的值,使 $r(A)$ 最小.

3. 求下列向量组的秩及一个极大无关组:

$\boldsymbol{\alpha}_1 = (1 \quad 0 \quad 1 \quad -1)^T$; $\boldsymbol{\alpha}_2 = (-1 \quad 2 \quad 1 \quad -1)^T$;

$\boldsymbol{\alpha}_3 = (0 \quad 1 \quad 1 \quad -1)^T$; $\boldsymbol{\alpha}_4 = (-1 \quad 3 \quad -2 \quad -2)^T$

4. 讨论方程组 $\begin{cases} x_1 + x_2 - 4x_3 = 5 \\ x_2 + 2x_3 = 6 \\ \lambda(\lambda-1)x_3 = \lambda^2 \end{cases}$ 解的情况.

5. 求齐次线性方程组 $\begin{cases} x_1 - x_2 + 5x_3 - x_4 = 0 \\ x_1 + x_2 - 3x_3 + 3x_4 = 0 \\ 3x_1 - x_2 + 7x_3 + x_4 = 0 \\ x_1 + 3x_2 - 11x_3 + 7x_4 = 0 \end{cases}$ 一个基础解系和通解.

6. 已知线性方程组 $\begin{cases} x_1 + 2x_2 - x_3 + 4x_4 = 2 \\ 2x_1 + 5x_2 + x_3 + 15x_4 = 7 \\ x_1 + 3x_2 + 2x_3 + 11x_4 = \lambda \end{cases}$,求 λ 为何值时此方程组有解,并求其通解.

7. 设某企业有三个生产部门,该企业在某一生产周期内,各部门的投入产出如表 4-14 所示.

表 4-14 某企业三部门的投入产出表

投入 \ 产出		消耗部门			最终产品	总产出
		1	2	3		
生产部门	1	20	40	60	y_1	x_1
	2	50	100	30	y_2	x_2
	3	30	100	60	y_3	x_3
创造价值		100	160	150		
总投入		x_1	x_2	x_3		

试求:

(1) 各部门的总产出;

(2) 各部门的最终产品;

(3) 直接消耗系数.

8. 已知某工厂在某一生产周期内三个生产车间的直接消耗系数矩阵和总投入的列向量分别为

$$A = \begin{pmatrix} 0.25 & 0.10 & 0.10 \\ 0.20 & 0.20 & 0.10 \\ 0.10 & 0.10 & 0.20 \end{pmatrix}, \quad X = \begin{pmatrix} 400 \\ 250 \\ 300 \end{pmatrix}$$

试求:

(1) 各车间之间的中间产品 x_{ij};

(2) 各车间的最终产品 y_1、y_2、y_3.

第三单元

概率基础

我思故我在.数学是人类知识活动留下来的最具威力的知识工具,是一些现象的根源.数学是不变的,是客观存在的,上帝必以数学法则建造宇宙.

笛卡儿(1596—1650,法国)

第 5 章
概率基础及其经济应用

概率论①是近代最活跃的数学分支之一,它研究随机现象的数量规律.概率论的广泛应用几乎遍及所有的科学领域,例如金融、保险、经济管理、医学、天气预报、地震预报、产品的抽样调查,在通信工程中可用以提高信号的抗干扰性、分辨率等.

学习目标

【基本要求】

(1) 了解随机事件和样本空间的概念,掌握事件间的基本关系和运算,掌握古典概率的计算;

(2) 熟练掌握概率的加法公式、条件概率公式、全概率公式、事件的独立性,会用贝努利概型定理计算有关概率;

(3) 会用随机变量描述事件,会求离散型随机变量的分布列;

(4) 了解概率密度和概率分布的概念及关系;利用概率密度求相关概率;已知分布函数,会求分布密度;

(5) 理解期望和方差的概念、性质与计算,会用期望和方差解决实际问题;

(6) 熟练掌握二项分布、泊松分布、均匀分布、正态分布概率计算及其期望和方差.

【学习重点】

(1) 事件的基本关系和运算,古典概率;

(2) 概率的加法公式、条件概率公式、全概率公式、贝努利概型;

(3) 随机变量的分布列,随机变量的期望和方差;

(4) 常用的二项分布、泊松分布、均匀分布、正态分布的数字特征和相关概率计算.

---

① 这是一门研究大量随机现象统计规律的数学学科.由于随机现象的普遍性,使概率与统计得以迅速发展和应用.它的内容中蕴含着丰富的数学思想,例如随机思想、分类思想、特殊化思想、数学模型思想、统计推断与描述思想、化归与转换思想等.

5.1 随机事件及其概率

5.1.1 随机事件

问题导入

引例 5.1 自然界发生的现象是千变万化、五光十色的.例如下列各现象中,有什么特征吗?

(1) 地球不停地转动.

(2) 木柴燃烧,产生能量.

(3) 掷一枚硬币,出现正面.

(4) 姚明投篮,投中.

(5) 某人买了一张彩票,中奖.

可以发现前两种现象为确定性现象;后三种为随机现象.随机现象有两个特征:一是在一次观察中,结果呈现不确定性(偶然性);二是在大量重复观察中,结果呈现规律性(必然性).概率论就是研究随机现象统计规律性的一个数学分支.

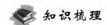

1. 随机试验和样本空间

定义 5.1 对随机现象进行观察的过程称为随机试验,简称试验,通常用字母 E 表示.

它有如下三个特征.

(1) 重复性:试验可以在相同条件下重复进行.

(2) 随机性:每次试验之前不能确定出现哪个结果.

(3) 明确性:试验的所有可能结果是已知的.

例如,"某人投篮 3 次,观察投中几次"这是一个随机试验,可用 E_1 表示;"试验从一批产品中任意抽取一件产品,观察是正品还是次品"也是一个随机试验,可用 E_2 表示.

定义 5.2 随机试验中可能出现也可能不出现的结果称为该随机试验的随机事件,简称为事件,记为 A、B、C.

为研究方便,把必然事件和不可能事件也看成一种特殊的随机事件.必然事件由 Ω 表示,它在每次试验中总会发生;不可能事件由 $\varnothing$ 表示,它在每次试验中都不会发生.

例如,在上述试验 E_1 中,令 $A =$ "投篮不中",$B =$ "投篮投中 1 次",$C =$ "投篮投中 2 次",则 A、B、C 都为随机事件;令 $D =$ "投篮投中次数小于 3"为必然事件,$F =$ "投中次数大于 3",则 F 为不可能事件.

定义 5.3 随机试验中的每一个基本结果称为该随机试验的基本事件,或称为样本点,记为 ω.基本事件的全体称为试验 E 的样本空间,记为 Ω.

例如,"测量某种电子元件的使用寿命"是一个随机试验,其中样本点为 $t =$ "电子元

件的寿命为 t 小时",样本空间为 $\Omega=\{t|t\geqslant 0\}$.

2. 事件间的运算与关系

在实际研究中,经常会碰到复杂事件的问题,比如甲乙二人射击敌机,设 A 表示"甲射中目标",B 表示"乙射中目标",则"敌机被射中"应该表示为"甲乙二人中至少有一人射中目标"这样一个复合事件.常见的事件间的运算与关系如表 5-1 和表 5-2 所示.

表 5-1 随机事件之间的运算

运算名称	运算符号	运算意义	图示
事件 A 与 B 的和(并)	$A\cup B$ 或 $A+B$	事件 A 与事件 B 至少有一个发生	$A\cup B$
事件 A 与 B 的积(交)	$A\cap B$ 或 AB	事件 A 与事件 B 同时发生	$A\cap B$
事件 A 与 B 的差	$A-B$	事件 A 发生而事件 B 不发生	$A-B$

表 5-2 随机事件之间的关系

关系的名称	关系的满足条件	关系的意义	图示
事件 B 包含事件 A	$A\subset B$ 或 $B\supset A$	事件 A 的发生必然导致事件 B 发生	$A\subset B$
A 与 B 互不相容(互斥)	$A\cap B=\varnothing$	事件 A 与事件 B 不能同时发生	$AB=\varnothing$
A 与 $\overline{A}$ 互相对立	$A\cup\overline{A}=\Omega$ 且 $A\cap\overline{A}=\varnothing$	事件 A 不发生的事件	$A\cup\overline{A}=\Omega$

3. 事件的运算规律

交换律:$A\cup B=B\cup A, A\cap B=B\cap A$;

结合律：$(A\cup B)\cup C=A\cup(B\cup C)$，$(A\cap B)\cap C=A\cap(B\cap C)$；
分配律：$A\cup(B\cap C)=(A\cup B)\cap(A\cup C)$，$A\cap(B\cup C)=(A\cap B)\cup(A\cap C)$；
对偶律：$\overline{A\cup B}=\overline{A}\cap\overline{B}$，$\overline{A\cap B}=\overline{A}\cup\overline{B}$.

典型例解

例 5.1 设随机试验 E_1 为"某人投篮 3 次，观察投中几次"，令随机事件 $A=$"投中次数小于 2"，$B=$"投中次数为奇数"，$C=$"投中次数不小于 2 次"，$D=$"投中 3 次"，试分析：

(1) 样本点与样本空间.
(2) $A\cup B$、$A\cap B$、$A-B$.
(3) A、C、D 之间的关系.

解 (1) 样本点为 $\omega_i=$"投中次数 i 次，$i=0,1,2,3$"，样本空间为
$$\Omega=\{\omega_0,\omega_1,\omega_2,\omega_3\}$$
(2) $A\cup B=\{0,1,2\}$；$A\cap B=\{1\}$；$A-B=\{0\}$.
(3) A 与 C 是对立关系；A 与 D 是互不相容关系；C 与 D 具有包含关系，且 $D\subset C$.

例 5.2 设 A,B,C 是三个随机事件，试用它们的运算表示下列事件.

(1) 三个事件都发生； (2) 三个事件都不发生；
(3) 三个事件中只有 B 发生； (4) 三个事件至少有一个发生；
(5) 三个事件不都发生； (6) 三个事件恰有一个发生；
(7) 三个事件最多有一个发生.

解 (1) ABC； (2) $\overline{A}\overline{B}\overline{C}$；
(3) $\overline{A}B\overline{C}$； (4) $A\cup B\cup C$；
(5) $\overline{A}\cup\overline{B}\cup\overline{C}$； (6) $A\overline{B}\overline{C}+\overline{A}B\overline{C}+\overline{A}\overline{B}C$；
(7) $A\overline{B}\overline{C}+\overline{A}B\overline{C}+\overline{A}\overline{B}C+\overline{A}\overline{B}\overline{C}$.

5.1.2 随机事件的概率

问题导入

日常生活中，经常会碰到某种事件发生的可能性的大小等问题，所谓事件 A 的概率，就是指事件 A 发生可能性大小的数值度量，记为 $P(A)$.

引例 5.2 试问投掷硬币时正面朝上的概率多大？

分析 经过三次随机试验，并记录了正面朝上的次数及其频率，如表 5-3 所示.

表 5-3 匀称硬币在投掷中正面朝上的频率表

实验序号	$N=5$		$N=50$		$N=500$	
	M	$f_N(A)$	M	$f_N(A)$	M	$f_N(A)$
1	2	0.4	22	0.44	251	0.502
2	3	0.6	25	0.5	249	0.498
3	1	0.2	21	0.42	256	0.512

实践表明,当试验次数 N 逐渐增大时,正面朝上的频率 $f_N(A)$ 虽然不尽相同,但却稳定在常数 0.5 附近,此时正面朝上的概率即为 0.5.

事实上,往往可以不必通过大量的试验,而是根据随机试验的内部特征,就能计算出某随机事件的概率.

知识梳理

随机试验如果满足:①所有基本事件是有限个;②各基本事件发生的可能性相同,则称此试验模型为古典概型.

定义 5.4 在古典概型中,如果样本空间中基本事件总数为 n,事件 A 包含其中的 k 个基本事件,则事件 A 的概率为

$$P(A) = \frac{k}{n} = \frac{\text{事件} A \text{包含的基本事件的个数}}{\text{所有基本事件的个数}}$$

性质 5.1 概率有以下性质.

(1) 对于任一事件 A,有 $0 \leqslant P(A) \leqslant 1$.

(2) 对于必然事件 Ω,有 $P(\Omega) = 1$.

(3) 对于不可能事件 $\varnothing$,有 $P(\varnothing) = 0$.

定理 5.1(概率的对立公式) 对任一事件 A,有

$$P(A) + P(\overline{A}) = 1$$

定理 5.2(概率的加法公式)

对任意两个事件 A、B,有

$$P(A \cup B) = P(A) + P(B) - P(AB)$$

特别地,当事件 A、B 互不相容时,则

$$P(A \cup B) = P(A) + P(B)$$

典型例解

案例 5.1 将一枚质地均匀的硬币一抛两次,求恰有一次正面向上的概率.

解 用 A 表示"恰有一枚正面向上",$\Omega = \{(\text{正},\text{正}),(\text{正},\text{反}),(\text{反},\text{正}),(\text{反},\text{反})\}$. $A = \{(\text{正},\text{反}),(\text{反},\text{正})\}$,则

$$P(A) = \frac{k}{n} = \frac{2}{4} = \frac{1}{2}$$

案例 5.2 试计算"双色球①"电脑福利彩票中大奖(500 万元)的概率.

解 设 $A = $"中大奖",则

$$P(A) = \frac{k}{n} = \frac{1}{C_{33}^6 \cdot C_{16}^1} = \frac{1}{17\,721\,088}$$

可见,对于每位彩民而言,他中大奖的概率几乎接近于 0,这叫做小概率事件,在生活中,我们可以偶尔购买些彩票,既愉悦心情,又支持国家福利事业,但是有些人总想着不劳而

---

① "双色球"电脑福利彩票是全国销量最高、最为火爆的一种乐透型彩票,规则是从"红色球号码区"的 1～33 个号码中选择 6 个号码,从"蓝色球号码区"的 1～16 个号码中选择 1 个号码组成一注进行投注.

获,一夜致富,寄希望于所谓的"运气",这显然是很不明智的选择. 我们还是要脚踏实地、切实付出自己的努力,正所谓"愚者千虑,必有一得",才能将"小概率事件"转变为"必然事件".

案例 5.3 一批产品由 8 件正品和 2 件次品组成,从中任取 3 件,求:①这 3 件产品全是正品的概率;②这 3 件产品中恰有 1 件次品的概率.

解 设 $A=$"全是正品",$B=$"恰有 1 件次品",则

(1) $P(A) = \dfrac{k}{n} = \dfrac{C_8^3}{C_{10}^3} = \dfrac{\frac{8\times 7\times 6}{3\times 2\times 1}}{\frac{10\times 9\times 8}{3\times 2\times 1}} = \dfrac{7}{15}$

(2) $P(A) = \dfrac{k}{n} = \dfrac{C_2^1 \cdot C_8^2}{C_{10}^3} = \dfrac{2\times \frac{8\times 7}{2\times 1}}{\frac{10\times 9\times 8}{3\times 2\times 1}} = \dfrac{7}{15}$

案例 5.4 一批产品由 6 件正品和 4 件次品组成,从中任取 4 件,求这 4 件产品中至少有 1 件次品的概率.

解 设 $A=$"至少有 1 件次品",则

$$P(A) = 1 - P(\overline{A}) = 1 - \dfrac{C_6^4}{C_{10}^4} = 1 - \dfrac{\frac{6\times 5\times 4\times 3}{4\times 3\times 2\times 1}}{\frac{10\times 9\times 8\times 7}{4\times 3\times 2\times 1}} = 0.071\,4$$

案例 5.5 甲乙两人同时向目标射击,甲射中目标的概率为 0.9,乙射中目标的概率为 0.8,两人同时射中目标的概率为 0.73,求目标被射中的概率.

解 用 A 表示"甲射中目标",B 表示"乙射中目标",可知 $P(A)=0.9, P(B)=0.8, P(AB)=0.73$,则

$$P(A \cup B) = P(A) + P(B) - P(AB) = 0.9 + 0.8 - 0.73 = 0.97$$

小贴士

在案例 5.4 等经典概率问题中,经常要利用以下组合代数相关知识.

(1) 分类计数原理(加法原理):完成一件事情,可以有 n 类办法,在第一类办法中有 m_1 种不同的方法,在第二类办法中有 m_2 种不同的方法,……,在第 n 类办法中有 m_n 种不同的方法,那么完成这件事共有

$$N = m_1 + m_2 + \cdots + m_n$$

种不同的方法.

(2) 分步计数原理(乘法原理):完成一件事情,需要分成 n 个步骤,做第一步有 m_1 种不同的方法,做第二步有 m_2 种不同的方法,……,做第 n 步有 m_n 种不同的方法,那么完成这件事共有

$$N = m_1 \times m_2 \times \cdots \times m_n$$

种不同的方法.

(3) 排列：从 n 个不同的元素中取出 m 个($m\leqslant n$)不同元素并按一定的顺序排成一列，叫作从 n 个不同元素中取出 m 个元素的一个排列．排列数公式为

$$P_n^m = n(n-1)(n-2)\cdots(n-m+1)$$

(4) 组合：从 n 个不同的元素中取出 m 个($m\leqslant n$)不同元素并组成一组，叫作从 n 个不同元素中取出 m 个元素的一个组合．组合数公式为

$$C_n^m = \frac{P_n^m}{P_m^m} = \frac{n(n-1)(n-2)\cdots(n-m+1)}{m!}$$

5.1.3 条件概率

问题导入

在已知事件 B 发生条件下，事件 A 发生的概率称为事件 A 的条件概率，记为 $P(A|B)$．

引例 5.3 甲乙车间生产同一种产品，生产出来的产品中，甲车间共生产 60 件，其中正品 57 件，次品有 3 件；乙生产车间共生产 40 件，其中正品 38 件，次品有 2 件．现从这 100 件产品中任取一件，$A=$"取到正品"，$B=$"取到甲车间生产的产品"．

那么按照古典概率的定义和在缩小的样本空间中直接计算条件概率的方法容易计算得到

$$P(A) = \frac{95}{100}, \quad P(B) = \frac{60}{100},$$

$$P(AB) = \frac{57}{100}, \quad P(A \mid B) = \frac{57}{60}$$

从引例 5.3 中容易发现下面关系

$$P(A \mid B) = \frac{P(AB)}{P(B)} = \frac{\frac{57}{100}}{\frac{60}{100}} = \frac{57}{60}$$

知识梳理

定义 5.5 设 A、B 是两个随机事件，且 $P(B) > 0$，则在事件 B 已发生的条件下，事件 A 的条件概率为

$$P(A \mid B) = \frac{P(AB)}{P(B)}$$

典型例解

案例 5.6 某品牌电视机，使用 10 年以上的概率为 0.75，使用 15 年以上的概率为 0.5，有一台这样的电视机已经用了 10 年，问它能用到 15 年的概率是多少？

解 设 $A=$"用到 10 年以上"，$B=$"用到 15 年以上"．由已知得 $P(A) = \frac{3}{4}$，$P(B) =$

$\frac{1}{2}$,且 $B \subseteq A$,则

$$P(B \mid A) = \frac{P(BA)}{P(A)} = \frac{P(B)}{P(A)} = \frac{\frac{1}{2}}{\frac{3}{4}} = \frac{2}{3}$$

案例 5.7 袋中有 10 个乒乓球,6 个白球,4 个红球,每次取一个,不放回,共取两次,设事件 $A=$"第一次取到红球",$B=$"第二次取到红球",求 $P(B|A)$.

解

$$P(B \mid A) = \frac{C_3^1}{C_9^1} = \frac{3}{9} = \frac{1}{3}$$

小贴士

条件概率可以按照定义计算,也可以按照实际含义在缩小的样本空间中直接计算.

知识梳理

定理 5.3(概率的乘法公式) 设 A、B 是两个随机事件,则有

$$P(AB) = P(A)P(B \mid A), \quad P(A) > 0$$

或

$$P(AB) = P(B)P(A \mid B), \quad P(B) > 0$$

定义 5.6 如果事件 $A_1, A_2, \cdots, A_n$ 满足:两两互不相容且 $A_1 + A_2 + \cdots + A_n = \Omega$,则称 $A_1, A_2, \cdots, A_n$ 构成 Ω 的一个完备事件组(分割).

定理 5.4(全概率公式) 设事件 $A_1, A_2, \cdots, A_n$ 构成完备事件组,且 $P(A_i)>0, i=1, 2, \cdots, n$,则对任意事件 B,都有

$$P(B) = \sum_{i=1}^{n} P(A_i)P(B \mid A_i)$$

例如,当 $n=3$ 时,如图 5-1 所示,则
$$\begin{aligned} P(B) &= P(A_1 B) + P(A_2 B) + P(A_3 B) \\ &= P(A_1)P(B \mid A_1) + P(A_2)P(B \mid A_2) + P(A_3)P(B \mid A_3) \\ &= \sum_{i=1}^{3} P(A_i)P(B \mid A_i) \end{aligned}$$

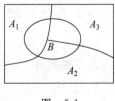

图 5-1

典型例解

案例 5.8 假设 10 张彩票中,有 3 张是中奖彩票,7 张是不中奖彩票,甲先乙后各买一张,分别计算他们可中奖的概率.

解 设 $A=$"甲中奖",$B=$"乙中奖",则

$$P(A) = \frac{3}{10}$$

事件 B 可以写成两个互斥事件 BA 和 $B\bar{A}$ 的和,即 $B = BA + B\bar{A}$,因此

$$P(B) = P(BA) + P(B\bar{A}) = P(A) \cdot P(B|A) + P(\bar{A}) \cdot P(B|\bar{A})$$
$$= \frac{3}{10} \times \frac{2}{9} + \frac{7}{10} \times \frac{3}{9} = \frac{3}{10}$$

上述结果表明:甲先买但不拆看中奖与否的情况下,乙先买与后买,中奖的概率是一样的.

案例 5.9 某仓库存放有同类零件一批,其中由一厂提供的产品占 35%,次品率为 1.8%;由二厂提供的占 30%,次品率为 0.6%;由三厂提供的占 35%,次品率为 1%. 试求在该仓库内任意抽取的 1 件产品为次品的概率.

解 设 A_i = "取到的是第 i 厂的产品",$i = 1,2,3$,B = "取到的是次品",则

$$P(A_1) = 0.35, \quad P(A_2) = 0.3, \quad P(A_3) = 0.35$$
$$P(B|A_1) = 0.018, \quad P(B|A_2) = 0.006, \quad P(B|A_3) = 0.01$$

显然 A_1、A_2、A_3 构成一个完备事件组,则由全概率公式得

$$P(B) = \sum_{i=1}^{3} P(A_i)P(B|A_i) = P(A_1)P(B|A_1) + P(A_2)P(B|A_2)$$
$$+ P(A_3)P(B|A_3)$$
$$= 0.35 \times 0.018 + 0.3 \times 0.006 + 0.35 \times 0.01 = 0.0116$$

即任取一件为次品的概率是 1.16%.

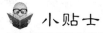
小贴士

在较复杂的情况下直接计算事件 B 的概率不容易,但 B 总是伴随着几个 A_i 出现,也就是说,A_i 可看作产生 B 这个结果的所有互斥的原因. 此时,B 发生的概率就是各原因引起 B 发生的概率的总和,这就是全概率公式.

定理 5.5(逆概率公式[①]) 设事件 $A_1, A_2, \cdots, A_n$ 构成完备事件组,且 $P(A_i) > 0$,$i = 1, 2, \cdots, n$,则对任意事件 B,都有

$$P(A_i | B) = \frac{P(A_i)P(B|A_i)}{\sum_{i=1}^{n} P(A_i)P(B|A_i)}, \quad i = 1, 2, \cdots, n$$

证明 对于任意 $i = 1, 2, \cdots, n$,有

$$P(A_i | B) = \frac{P(A_iB)}{P(B)} = \frac{P(A_i)P(B|A_i)}{\sum_{i=1}^{n} P(A_i)P(B|A_i)}, \quad i = 1, 2, \cdots, n$$

---

① 逆概率公式于 1763 年由贝叶斯(Bayes)给出,它是在观察到事件 B 已经发生的条件下,寻找导致 B 发生的每个原因的概率,它可以帮助我们确定某结果发生的最可能原因,因此在实际中有很多应用.

案例 5.10 在案例 5.9 中,从总产品中任取一件,已知所取出的产品为次品,求此次品最有可能是由哪个厂生产的.

解 由逆概率公式得

$$P(A_1 \mid B) = \frac{P(A_1)P(B \mid A_1)}{\sum_{i=1}^{n} P(A_i)P(B \mid A_i)} = \frac{0.35 \times 0.018}{0.0116} = 0.5431$$

$$P(A_2 \mid B) = \frac{P(A_2)P(B \mid A_2)}{\sum_{i=1}^{n} P(A_i)P(B \mid A_i)} = \frac{0.3 \times 0.006}{0.0116} = 0.1552$$

$$P(A_3 \mid B) = \frac{P(A_3)P(B \mid A_3)}{\sum_{i=1}^{n} P(A_i)P(B \mid A_i)} = \frac{0.35 \times 0.01}{0.0116} = 0.3017$$

比较可知,此次品是由一厂生产的可能性最大.

5.2 事件的独立性

5.2.1 随机事件的独立性

问题导入

引例 5.4 连续两次抛掷一枚硬币,若 A="第一次是正面向上",B="第二次是正面向上",问:在第一次是正面向上的条件下第二次也是正面向上的条件概率是多少?事件 B 的发生受事件 A 的影响吗?

分析

$$P(B \mid A) = P(B) = \frac{1}{2}$$

即事件 B 的发生并不受事件 A 的影响,这就是随机事件的独立性问题.

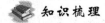

定义 5.7 对于两个事件 A 与 B,如果事件 B 的发生并不影响事件 A 的发生,即 $P(A\mid B)=P(A)$,我们就称 A 对 B 是独立的.

当 A 对 B 独立时,B 对 A 也是独立的,即两个事件的独立是"相互"的.

定理 5.6 设 A、B 是两个事件,则 A 与 B 相互独立的充要条件是

$$P(AB) = P(A)P(B)$$

定义 5.8 设 $A_1, A_2, \cdots, A_n$ 是 $n(n \geqslant 2)$ 个事件,如果其中任意一个事件发生的概率都不受其他事件发生的影响,则称这 n 个事件 $A_1, A_2, \cdots, A_n$ 是相互独立的,且

$$P(A_1 A_2 \cdots A_n) = P(A_1)P(A_2)\cdots P(A_n)$$

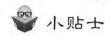

小贴士

(1) 如果事件 A 与 B 相互独立,则 $\overline{A}$ 与 B、A 与 $\overline{B}$、$\overline{A}$ 与 $\overline{B}$ 也相互独立.

(2) 在实际问题中,一般是根据具体情况来分析判断事件 A 与 B 的独立性.

典型例解

案例 5.11 甲、乙两人同时独立地向某一目标射击,射中目标的概率分别为 0.8、0.7,求:①两人都射中目标的概率;②目标被射中的概率;③恰有一人射中目标的概率.

解 设 $A=$"甲射中目标",$B=$"乙射中目标". 可知 $P(A)=0.8$,$P(B)=0.7$,且 A 与 B 相互独立,则:

(1) $P(AB)=P(A)P(B)=0.8\times 0.7=0.56$

(2) $P(A\cup B)=P(A)+P(B)-P(AB)=P(A)+P(B)-P(A)P(B)$
$=0.8+0.7-0.8\times 0.7=0.94$

(3) $P(A\overline{B}\cup \overline{A}B)=P(A\overline{B})+P(\overline{A}B)=P(A)P(\overline{B})+P(\overline{A})P(B)$
$=0.8\times(1-0.7)+(1-0.8)\times 0.7=0.38$

案例 5.12 三人同时破译一份密码,已知每个人能译出密码的概率分别为 0.2、0.3、0.25,求密码被译出的概率.

解 设 $A_i=$"第 i 个人译出密码",$i=1,2,3$,$B=$"密码被译出",可知 $P(A_1)=0.2$,$P(A_2)=0.3$,$P(A_3)=0.25$,且 A_i 相互独立,则

$P(B)=P(A_1\cup A_2\cup A_3)=1-P(\overline{A_1\cup A_2\cup A_3})=1-P(\overline{A_1}\cap \overline{A_2}\cap \overline{A_3})$
$=1-P(\overline{A_1})P(\overline{A_2})P(\overline{A_3})=1-(1-0.2)\times(1-0.3)\times(1-0.25)=0.94$

案例 5.13 若每个人的呼吸道中有感冒病毒的概率是 0.002,求在有 2 500 人的商场内有感冒病毒的概率.

解 设 $A_i=$"第 i 个人带有感冒病毒",$i=1,2,\cdots,2\,500$,$B=$"商场内有感冒病毒",可知 $P(A_i)=0.002$,且 A_i 相互独立,则

$P(B)=P(A_1\cup A_2\cup \cdots \cup A_{2\,500})=1-P(\overline{A_1\cup A_2\cup \cdots \cup A_{2\,500}})$
$=1-P(\overline{A_1}\cap \overline{A_2}\cap \cdots \cap \overline{A_{2\,500}})=1-P(\overline{A_1})P(\overline{A_2})\cdots P(\overline{A_{2\,500}})$
$=1-(1-0.002)^{2\,500}=0.993\,3$

2019 年末以来,新冠病毒疫情肆虐全球,我们中国采取了一系列严格的预防措施,"非必要,不聚集"的宣传与措施就是依据这些强大的科学理论,正因这样,我们的防疫效果也是最显著的.

5.2.2 贝努利概型

问题导入

引例 5.5 在实际研究中,经常会碰到事件 A 恰好发生了 k 次的概率问题,例如某人打

靶,每次命中率为 p,每次未命中率为 q,现独立地射击三次,问恰好命中两次的概率有多大?

分析 设 $A_i=$"第 i 次命中", $i=1,2,3$, $B=$"恰好命中两次",可知 $P(A_i)=p$,且 A_i 相互独立. 则

$$P(B) = P(A_1 A_2 \overline{A_3} \cup A_1 \overline{A_2} A_3 \cup \overline{A_1} A_2 A_3)$$
$$= P(A_1 A_2 \overline{A_3}) + P(A_1 \overline{A_2} A_3) + P(\overline{A_1} A_2 A_3)$$
$$= P(A_1)P(A_2)P(\overline{A_3}) + P(A_1)P(\overline{A_2})P(A_3) + P(\overline{A_1})P(A_2)P(A_3)$$
$$= ppq + pqp + qpp = 3p^2 q = C_3^2 p^2 q^{3-2}$$

同理可证

$$P_n(\text{事件 } A \text{ 恰好发生了 } k \text{ 次}) = C_n^k p^k q^{n-k}$$

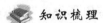

定义 5.9 如果一个随机试验满足下面特征:①可进行 n 次重复试验;②每次试验只有两种可能的结果,即 A 和 $\overline{A}$;③每次试验结果都相互独立,则称这个试验为 n 重贝努利(Bernoulli)试验,简称贝努利概型.

定理 5.7 在 n 重贝努利试验中,事件 A 和 $\overline{A}$ 是每次试验的两个可能的结果,且

$$P(A)=p$$
$$P(\overline{A})=1-p=q$$

则此 n 重贝努利试验中,事件 A 恰好发生 k 次的概率为

$$P_n(k) = C_n^k p^k q^{n-k}, \quad k=0,1,2,\cdots,n$$

小贴士

$C_n^k p^k q^{n-k}$ 恰好是二项式 $(p+q)^n$ 展开式的第 $k+1$ 项,故称为二项概率公式.

典型例解

案例 5.14 汽车在公路上行驶时每辆车违章的概率为 0.001,如果公路上每天有 1 000 辆汽车通过,求:①恰好有一辆汽车违章的概率;②公路上汽车违章的概率.

解 设 $A=$"汽车违章",可知 $P(A)=0.001$,公路上每天有 1 000 辆汽车通过,可以看成 1 000 重贝努利试验.

(1) 设 $B=$"恰有一辆汽车违章",则

$$P(B) = P_{1000}(1) = C_{1000}^1 \times 0.001 \times 0.999^{999} = 0.3679$$

(2) 设 $C=$"公路上有汽车违章",则

$$P(C) = P_{1000}(1) + P_{1000}(2) + \cdots + P_{1000}(1\,000)$$
$$= 1 - P_{1000}(0) = 1 - C_{1000}^0 \times 0.001^0 \times 0.999^{1000} = 0.6321$$

案例 5.15 已知某车间有 7 台车床,它们能否正常工作是互不干扰的,设每台车床正常工作的概率为 0.81,试求至少有 2 台车窗能正常工作的概率.

解 设 $A=$"至少有 2 台车床正常工作",于是
$$P(A) = 1 - P(\overline{A}) = 1 - P_7(0) - P_7(1)$$
$$= 1 - C_7^0 \times 0.81^0 \times 0.19^7 - C_7^1 \times 0.81^1 \times 0.19^6 = 0.9997$$

5.3 离散型随机变量的分布及其数字特征

5.3.1 随机变量

问题导入

为了对各种各样不同性质的随机试验能以统一形式表示实验中的事件,并能将微积分等数学工具引进概率论,我们引入随机变量的概念.

引例 5.6 抛一枚硬币,如果用"$X=1$"表示"正面向上",用"$X=0$"表示"反面向上",则 X 是一个随机变量,其所有可能取值为 0 和 1,且 X 取哪个值由随机试验结果决定. 并且"正面向上"这一事件可表示为$(X=1)$,其概率值可表示为

$$P(X=1) = \frac{1}{2}$$

知识梳理

定义 5.10 用来描述随机试验结果的变量称为随机变量,通常用 X、Y 等表示.
随机变量有两个特征.
(1) 在一次观察中,其取值呈现不确定性(偶然性).
(2) 在大量重复观察中,其取值呈现统计规律性(必然性).
引进随机变量后,试验中的每个事件可以通过此随机变量的取值来表示.
随机变量大体可以分为两类.
(1) 离散型随机变量:其取值是有限个或可列个实数.
(2) 连续型随机变量:其取值是无限不可列个数或取值充满某一实数区间.

典型例解

案例 5.16 从一批灯泡中任取一个灯泡做寿命试验,观察所测灯泡的寿命(单位:h).若用 X 表示其寿命,则 X 是一个随机变量,其所有可能取值为$[0,+\infty)$,且 X 取哪个值由随机试验结果决定. 并且"测得灯泡寿命不超过 5 000h"这一事件可表示为$(0 \leqslant X \leqslant 5\,000)$,其概率值可表示为 $P(0 \leqslant X \leqslant 5\,000)$.

5.3.2 离散型随机变量的分布列

知识梳理

定义 5.11 设离散型随机变量 X 的所有可能取值为 $x_1, x_2, \cdots, x_k$,且 X 取这些值的

概率依次为 $p_1, p_2, \cdots, p_k$，则称
$$P(X=x_k)=p_k, \quad k=1,2,3,\cdots$$
为离散型随机变量 X 的概率分布(分布列).

分布列可用表格形式描述，如表 5-4 所示.

表 5-4　随机变量的概率分布

X	x_1	x_2	$\cdots$	x_k
P	p_1	p_2	$\cdots$	p_k

分布列清楚且完整地表示了 X 所有取值的概率分布情况.

性质 5.2 分布列有两个性质.

(1) 非负性：$p_k \geqslant 0, k=1,2,3,\cdots$.

(2) 规范性：$\sum\limits_{k} p_k = 1$.

典型例解

例 5.3　10 件产品中有 4 件次品，从中任取 3 件，用 X 表示取得的次品数，求：① X 的分布列；② $P(X \geqslant 2)$.

解　(1) X 的所有可能取值为 0、1、2、3，则
$$P(X=0)=\frac{C_6^3}{C_{10}^3}=\frac{20}{120}, \quad P(X=1)=\frac{C_4^1 C_6^2}{C_{10}^3}=\frac{60}{120},$$
$$P(X=2)=\frac{C_4^2 C_6^1}{C_{10}^3}=\frac{36}{120}, \quad P(X=3)=\frac{C_4^3}{C_{10}^3}=\frac{4}{120}$$

于是 X 的分布列为

X	0	1	2	3
p	$\frac{20}{120}$	$\frac{60}{120}$	$\frac{36}{120}$	$\frac{4}{120}$

(2) $P(X \geqslant 2) = P(X=2) + P(X=3) = \frac{36}{120} + \frac{4}{120} = \frac{1}{3}$

5.3.3　几种常见的离散型分布

1. 两点分布

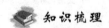

如果随机变量 X 的分布列为

X	0	1
P	q	p

其中 $0 \leqslant p \leqslant 1, q=1-p$，则称 X 服从两点分布（或 0-1 分布），记为 $X \sim B(1,p)$.

典型例解

案例 5.17 100 名学生参加从业资格证考试，其中 62 人考试通过，其余人没有通过，从中任抽取一名职员，用 X 表示此学生考试通过，求 X 的分布列.

解 设
$$X = \begin{cases} 1, & \text{此人通过考试} \\ 0, & \text{此人没有通过考试} \end{cases}$$

则 $X \sim B(1,p)$，且 X 的分布列为

X	0	1
p	0.38	0.62

2. 二项分布

知识梳理

如果随机变量 X 的分布列为
$$P(X=k) = C_n^k p^k q^{n-k}, \quad k = 0,1,2,\cdots,n$$
其中 $0 \leqslant p \leqslant 1, q=1-p$，则称 X 服从参数为 n、p 的二项分布. 记为 $X \sim B(n,p)$.

小贴士

（1）n 重贝努利试验中，事件 A 单次发生的概率为 p，则 n 重试验中事件 A 发生的次数 X 就服从参数为 n、p 的二项分布. 即
$$P(X=k) = C_n^k p^k q^{n-k} = p_n(k)$$
（2）当 $n=1$ 时，二项分布即为两点分布.

典型例解

案例 5.18 某篮球运动员投篮 3 次，每次投中的概率为 0.7，求投中次数的分布列，并计算至少投中一次的概率.

解 令 X 表示投中的次数，则 $X \sim B(3, 0.7)$.
X 的可能取值为 0、1、2、3，相应的概率分别为
$$P(X=0) = C_3^0 (0.7)^0 (0.3)^3 = 0.027$$
$$P(X=1) = C_3^1 (0.7)^1 (0.3)^2 = 0.189$$
$$P(X=2) = C_3^2 (0.7)^2 (0.3)^1 = 0.441$$
$$P(X=3) = C_3^3 (0.7)^3 (0.3)^0 = 0.340$$

因此，X 的分布列为

X	0	1	2	3
P	0.027	0.189	0.441	0.340

则
$$P(X \geqslant 1) = 1 - P(X=0) = 1 - 0.027 = 0.973$$

从此概率分布列中可以看到，X 的概率先是随着 X 的增大而增加，直到达到最大值，尔后单调减少。

案例 5.19 面对 10 道四选一的选择题，某考生试用抽签方式答题，设 X 为答对的题目数。①列出 X 的概率分布列；②求至少答对两题的概率。

解 ① 由题意知，$X \sim B\left(10, \dfrac{1}{4}\right)$。相应的概率分布为
$$P(X=k) = C_{10}^{k}\left(\frac{1}{4}\right)^{k}\left(\frac{3}{4}\right)^{10-k}, \quad k=0,1,2,\cdots,10$$

即 X 的分布列为

X	0	1	2	3	4	5	6	7	8	9	10
P	0.056 3	0.187 1	0.281 6	0.250 3	0.146 0	0.058 4	0.016 2	0.003 1	0.000 4	0.000 0	0.000 0

② $P(X \geqslant 2) = 1 - P(X=0) - P(X=1) = 1 - 0.056\ 3 - 0.187\ 1 = 0.756\ 6$

3. 泊松（Poisson）分布

如果随机变量 X 的分布列为
$$P(X=k) = \frac{\lambda^{k}}{k!}\mathrm{e}^{-\lambda}, \quad k=0,1,2,\cdots$$

则称 X 服从参数为 λ 的泊松分布①，记为 $X \sim P(\lambda)$。

在 n 重贝努利试验中，当 $n \geqslant 10, p \leqslant 0.1$ 时，二项分布近似为泊松分布。即
$$C_{n}^{k}p^{k}(1-p)^{n-k} \approx \frac{\lambda^{k}}{k!}\mathrm{e}^{-\lambda}, \quad \lambda = np$$

泊松分布适用于描述单位时间内随机事件发生的次数，比如一本书一页上印刷错误的个数、一匹布上瑕疵点的个数、一天中进入某商店的人数等都服从泊松分布。

---

① 在计算泊松分布的概率时，可以查泊松分布数值表（附录 A）。附录 A 中第一行为参数 λ 的取值，第一列为 X 的取值，其纵横交叉处的数值即为概率值 $P(X=k)$。

📝 **典型例解**

案例 5.20 某工厂有同类灯 500 台,每台发生故障的概率为 0.02,试求:①恰有 1 台灯发生故障的概率;②同时发生故障的灯超过 1 台的概率.

解 令 X 表示灯同时发生故障的台数,则 $X \sim B(500, 0.02)$. 又因为
$$n = 500 \geqslant 10, \quad p = 0.02 \leqslant 0.1, \quad \lambda = np = 500 \times 0.02 = 10$$
因此 $X \sim P(10)$,则查附录 A,可得:

① $P(X=1) = 0.0004$

② $P(X>1) = 1 - P(X=0) - P(X=1) = 1 - 0.0004 - 0 = 0.9996$

5.3.4 离散型随机变量的数字特征

随机变量的分布函数完整地描述了它的分布规律. 但是在实际应用中,要完全确定分布函数很难办到,而且在许多情况下,只需要了解一些能反映随机变量分布的统计特征的参数或数字,就足以简单明了地反映它的分布规律. 这类能够反映随机变量分布的统计特征的参数或数字称为随机变量的数字特征. 其中,最重要、最常用的两个数字特征就是数学期望和方差.

1. 数学期望

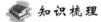

引例 5.7 食品店水果糖、牛奶糖、巧克力单价分别为 7、15、26 元/kg,现按照比例 5:3:2 混合成杂拌糖,问杂拌糖的平均售价应为每千克多少元?

分析
$$\frac{7 \times 5 + 15 \times 3 + 26 \times 2}{5+3+2} = 7 \times \frac{5}{10} + 15 \times \frac{3}{10} + 26 \times \frac{2}{10} = 13.2$$

该平均售价不仅决定于每种糖的单价,还与各种糖出现的概率大小有关,这就是数学期望.

📚 **知识梳理**

定义 5.12 设离散型随机变量 X 的概率分布列为

X	x_1	x_2	...	x_k
P	p_1	p_2	...	p_k

则称 $\sum\limits_{k} x_k p$ 为离散型随机变量 X 的数学期望(或均值),简称期望. 记为 $E(X)$,即
$$E(X) = \sum_{k} x_k p$$

数学期望描述的是随机变量取值的集中或平均水平,是统计上所说的加权平均数.

性质 5.3 数学期望有下列性质.

(1) 设 X 为随机变量,C、k 为任意常数,则 $E(kX+C) = kE(X) + C$. 特别当 $k=0$ 时,

则 $E(C)=C$.

(2) 设 X、Y 为两个随机变量，则 $E(X+Y)=E(X)+E(Y)$.

(3) 设 X、Y 为两个随机变量且相互独立，则 $E(XY)=E(X)E(Y)$.

 小贴士

数学期望描述的是随机变量取值的加权平均值．也就是说，数学期望值越大，表明该随机变量可能值的平均值越大；数学期望值越小，表明该随机变量可能值的平均值越小．

典型例解

例 5.4 某随机变量 X 的分布列为

X	-1	0	1	2
P	0.2	0.3	a	0.1

求：① a；② $E(X)$；③ $E(2X-3)$.

解 ① 因为 $0.2+0.3+a+0.1=1$，可得 $a=0.4$.

② $E(X)=-1\times 0.2+0\times 0.3+1\times 0.4+2\times 0.1=0.4$

③ $E(2X-3)=2E(X)-3=2\times 0.4-3=-2.2$

2. 方差

问题导入

引例 5.8 在甲乙两人中选一名参加某种技能大赛，两个人赛前四次比赛成绩如下，甲：85 分、85 分、90 分、100 分；乙：88 分、90 分、90 分、92 分.

试比较甲、乙两人的成绩是否一样好？应该派谁去参加比赛？

分析 容易计算出

$$E(X_甲)=E(X_乙)=\sum_{k=1}^{4}x_k p_k=90$$

此结论说明甲乙两人平均成绩是一样的，但是，很显然甲的成绩极不稳定．因此，我们还需要另外一个数字特征来衡量一个随机变量取值的稳定程度，这就是方差．

 知识梳理

定义 5.13 设离散型随机变量 X 的概率分布列为

X	x_1	x_2	$\cdots$	x_k
P	p_1	p_2	$\cdots$	p_k

则称 $\sum_{i}[x_i-E(X)]^2 \cdot p_i$ 为离散型随机变量 X 的方差．记为 $D(X)$，即

$$D(X) = \sum_i [x_i - E(X)]^2 \cdot p_i$$

而称 $\sqrt{D(X)}$ 为 X 的标准差.

方差描述的是随机变量取值的分散程度.

性质 5.4 方差有以下性质.

(1) 设 C 为任意常数,则 $D(C)=0$.

(2) 设 X 为随机变量,k 为任意常数,则 $D(kX)=k^2 D(X)$.

 小贴士

方差描述的是随机变量取值相对于其数学期望(均值)的离散程度.也就是说,方差值越大,表明该随机变量取值相对于其数学期望(均值)的离散程度越大,即说明取值越分散;方差值越小,表明该随机变量取值相对于其数学期望(均值)的离散程度越小,即说明取值越集中.

典型例解

例 5.5 某随机变量 X 的分布列为

X	0	1	2	3
P	0.027	0.189	0.441	0.340

求:① $E(X)$;② $D(X)$.

解 ① $E(X)=0\times 0.027+1\times 0.189+2\times 0.441+3\times 0.340=2.091$

② $D(X)=(-1-0.4)^2\times 0.2+(0-0.4)^2\times 0.3+(1-0.4)^2\times 0.4+$
$(2-0.4)^2\times 0.1$
$=0.84$

案例 5.21 一种股票的未来价格是一随机变量,可以通过比较未来价格的期望和方差来决定购买何种股票,由未来价格的期望值可以判定未来收益,由方差可以判定投资风险,方差大就意味着投资风险大.设有甲乙两种股票,当年的价格都是 10 元,一年后它们的价格及其分布为

	甲				乙		
价格 X	8	12.1	15	价格 Y	6	8.6	23
概率 P	0.4	0.5	0.1	概率 P	0.3	0.5	0.2

试比较购买这两种股票时的投资风险.

解 $E(X)=8\times 0.4+12.1\times 0.5+15\times 0.1=10.75$

$E(Y)=6\times 0.3+8.6\times 0.5+23\times 0.2=10.7$

$D(X)=(8-10.75)^2\times 0.4+(12.1-10.75)^2\times 0.5+(15-10.75)^2\times 0.1=5.7425$

$D(Y)=(6-10.7)^2\times 0.3+(8.6-10.7)^2\times 0.5+(23-10.7)^2\times 0.2=39.09$

因为 $D(X)<D(Y)$，所以购买甲股票风险较小。

案例 5.22 对于引例 5.8，试评定：①谁的成绩好？②谁的成绩更稳定？应该派谁去参加比赛？

解 ① $E(X_甲)=E(X_乙)=\sum_{k=1}^{4}x_k p_k=90$

所以甲乙两人的平均成绩一样好。

② $D(X_甲)=(85-90)^2\times 0.5+(90-90)^2\times 0.25+(100-90)^2\times 0.25=37.5$

$D(X_乙)=(88-90)^2\times 0.25+(90-90)^2\times 0.5+(92-90)^2\times 0.25=2$

因为 $D(X_甲)>D(X_乙)$，所以乙的成绩更稳定。

综上分析，甲乙两人平均成绩虽然相同，但是乙的成绩更稳定，因此应该派乙去参加比赛。

3. 常用分布的数字特征

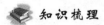

容易得出，常用离散型随机变量的数学期望及方差如表 5-5 所示。

表 5-5 常用离散型随机变量的数学期望及方差

名称	符号	概率分布	期望	方差
0-1 分布	$X\sim B(1,p)$	$P(X=k)=p^k(1-p)^{1-k}$，$k=0,1$	p	$p(1-p)$
二项分布	$X\sim B(n,p)$	$P(X=k)=C_n^k p^k(1-p)^{1-k}$，$k=0,1,\cdots,n$	np	$np(1-p)$
泊松分布	$X\sim P(\lambda)$	$P(X=k)=\dfrac{\lambda^k}{k!}e^{-\lambda}$，$k=0,1,2,\cdots$	λ	λ

5.4 连续型随机变量的分布及其数字特征

引例 5.9 某车间生产某种零件，按规定其长度 X（单位：mm）在范围 $[15.8, 24.2]$ 内都称得上合格品，通过分析，该零件长度的均值为 $E(X)=20$，标准差为 $\sqrt{D(X)}=3$，现从生产的一批该零件中任取 1 件，求它是合格品的概率。

分析 该零件的长度 X 是一个连续型随机变量，其取值充满某个实数区间，经常考虑的是，此长度落在某个范围内的概率，求任意一件零件是合格品的概率，就是要计算 $P(15.8\leqslant X\leqslant 24.2)$。本节将讨论此类问题的解决方案。

5.4.1 密度函数

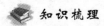

定义 5.14 设 X 是一个连续型随机变量，如果存在非负可积函数 $f(x)$，使

$$P(a \leqslant X \leqslant b) = \int_a^b f(x)\mathrm{d}x$$

则称 $f(x)$ 为连续型随机变量 X 的概率密度函数,简称密度函数,如图 5-2 所示.

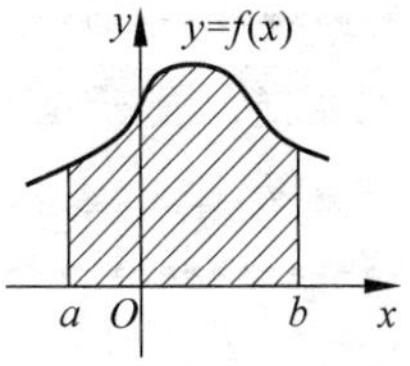

性质 5.5 密度函数有以下性质.

(1) $f(x) \geqslant 0$

(2) $\int_{-\infty}^{+\infty} f(x)\mathrm{d}x = 1$

(3) $P(X = a) = \int_a^a f(x)\mathrm{d}x = 0$

(4) $P(a < X < b) = P(a < X \leqslant b) = P(a \leqslant X < b) = P(a \leqslant X \leqslant b) = \int_a^b f(x)\mathrm{d}x$

图 5-2

典型例解

例 5.6 设连续型随机变量 X 的密度函数为 $f(x) = \begin{cases} kx, & 0 \leqslant x \leqslant 1 \\ 0, & \text{其他} \end{cases}$,求:①常数的 k 值;② $P(-1 \leqslant X < 0.5)$.

解 ① 因为 $\int_{-\infty}^{+\infty} f(x)\mathrm{d}x = 1$,即

$$\int_{-\infty}^{+\infty} f(x)\mathrm{d}x = \int_{-\infty}^{0} 0\mathrm{d}x + \int_0^1 kx\mathrm{d}x + \int_1^{+\infty} 0\mathrm{d}x = \frac{k}{2}x^2 \Big|_0^1 = 1$$

可得 $k = 2$.

② $P(-1 < X < 0.5) = \int_{-1}^{0.5} f(x)\mathrm{d}x = \int_{-1}^{0} 0\mathrm{d}x + \int_0^{0.5} 2x\mathrm{d}x = x^2 \Big|_0^{0.5} = 0.25$

5.4.2 分布函数

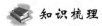

定义 5.15 设 X 是一个随机变量,x 为任意实数,则称函数
$$F(x) = P(X < x), \quad -\infty < x < +\infty$$
为随机变量 X 的分布函数.

性质 5.6 分布函数有以下性质.

(1) $0 \leqslant F(x) \leqslant 1$.

(2) $\lim\limits_{x \to -\infty} F(x) = 0$,$\lim\limits_{x \to +\infty} F(x) = 1$.

(3) $F(x)$ 在任意一点 x_0 处都右连续,即 $\lim\limits_{x \to x_0^+} F(x) = F(x_0)$.

(4) $P(a \leqslant X < b) = F(b) - F(a)$.

(5) 分布函数与密度函数有下列关系.
$$f(x) = F'(x)$$
$$F(x) = P(X \leqslant x) = \int_{-\infty}^{x} f(t)\mathrm{d}t$$

小贴士

无论随机变量是离散型的还是连续型的,都可用分布函数来描述其概率分布的规律,从这一意义上说,可以认为分布函数比较完整地描述了随机变量取值的概率分布情况.

典型例解

例 5.7 设随机变量 X 的分布函数为

$$F(x)=\begin{cases}0, & x<1\\ \dfrac{x-1}{5}, & 1\leqslant x\leqslant 10\\ c, & x>10\end{cases}$$

求:①参数 c;②$P(-1<X<4)$;③X 的密度函数 $f(x)$.

解 ① 由于 $\lim\limits_{x\to+\infty}F(x)=1$,即 $\lim\limits_{x\to+\infty}F(x)=\lim\limits_{x\to+\infty}c=1$,可得 $c=1$.

② $P(-1<X<4)=F(4)-F(-1)=\dfrac{4-1}{5}-0=\dfrac{3}{5}$

③ $f(x)=F'(x)=\begin{cases}0', & x<1\\ \left(\dfrac{x-1}{5}\right)', & 1\leqslant x\leqslant 10\\ 1', & x>10\end{cases}=\begin{cases}\dfrac{1}{5}, & 1\leqslant x\leqslant 10\\ 0, & \text{其他}\end{cases}$

5.4.3 几种常见的连续型分布

1. 均匀分布

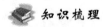

如果随机变量 X 的密度函数为

$$f(x)=\begin{cases}\dfrac{1}{b-a}, & a\leqslant x\leqslant b\\ 0, & \text{其他}\end{cases}$$

则称 X 在区间 $[a,b]$ 上服从均匀分布,记为 $X\sim U[a,b]$.

均匀分布的分布函数为

$$F(x)=P(X<x)=\int_{-\infty}^{x}f(x)\mathrm{d}x=\begin{cases}0, & x<a\\ \dfrac{x-a}{b-a}, & a\leqslant x\leqslant b\\ 1, & x>b\end{cases}$$

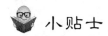

当随机变量 X 的取值落在 $[a,b]$ 中任意等长度的子区间内的可能性都相等时,此随机变量 X 服从均匀分布. 如一些估计测量的误差、生物学中人工栽培的有一定株行距的植物群落等服从均匀分布.

典型例解

案例 5.23 在某公共汽车站,每隔 8min 有一辆公共汽车通过. 一个乘客在任意时刻到达车站是等可能的. 求:①此乘客候车时间 X 的概率密度;②此乘客候车时间不超过 3min 的概率.

解 ① 依题意,乘客的候车时间 X 在区间 $[0,8]$ 上取值,且取每个值的可能性相等,故 $X \sim U[0,8]$,则其密度函数为

$$f(x) = \begin{cases} \dfrac{1}{8}, & 0 \leqslant x \leqslant 8 \\ 0, & \text{其他} \end{cases}$$

② 乘客候车时间不超过 3min 的概率为

$$P(X \leqslant 3) = \int_0^3 f(x) \mathrm{d}x = \int_0^3 \dfrac{1}{8} \mathrm{d}x = \dfrac{3}{8} = 0.375$$

2. 正态分布

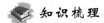

如果随机变量 X 的密度函数为

$$f(x) = \dfrac{1}{\sqrt{2\pi}\sigma} \mathrm{e}^{-\frac{(x-\mu)^2}{2\sigma^2}}, \quad -\infty < x < +\infty$$

其中 μ, σ 为常数,且 $\sigma > 0$,则称 X 服从参数为 μ, σ 的正态分布[①]. 记作 $X \sim N(\mu, \sigma^2)$.

其密度函数如图 5-3 所示,该曲线对称于直线 $x = \mu$,参数 μ 决定曲线的中心位置,若 μ 增大则曲线向右平移,若 μ 减小则曲线向左平移;参数 σ 决定曲线的形状,若 σ 越大则曲线越平坦,若 σ 越小则曲线越陡峭.

正态分布的分布函数为

$$F(x) = P(X < x) = \int_{-\infty}^{x} f(x) \mathrm{d}x = \dfrac{1}{\sqrt{2\pi}\sigma} \int_{-\infty}^{x} \mathrm{e}^{-\frac{(t-\mu)^2}{2\sigma^2}} \mathrm{d}t, \quad -\infty < x < +\infty$$

若正态分布 $N(\mu, \sigma^2)$ 中的参数 $\mu = 0, \sigma = 1$,相应的正态分布 $N(0,1)$ 就称为标准正态分布.

[①] 正态分布是由德国数学家高斯发现的,因此又称高斯分布. 它是一个非常重要的概率分布,在统计学的许多方面有着重大的影响力.

标准正态分布的密度函数为

$$\phi(x) = \frac{1}{\sqrt{2\pi}} e^{-\frac{x^2}{2}}, \quad -\infty < x < +\infty$$

标准正态分布的分布函数为

$$\Phi(x) = \frac{1}{\sqrt{2\pi}} \int_{-\infty}^{x} e^{-\frac{t^2}{2}} dt, \quad -\infty < x < +\infty$$

标准正态分布的密度函数和分布函数图形如图 5-4 所示.

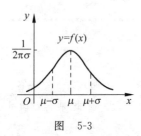

图 5-3

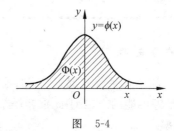

图 5-4

由图 5-4 可以看出标准正态分布有以下规律.

定理 5.8（标准正态分布基本公式）

$$\Phi(-x) = 1 - \Phi(x)$$

 小贴士

一般来说，只要影响某一随机变量的因素很多，而每一个因素都不能起决定性作用，且这些因素可以叠加，则称该变量服从正态分布. 如测量产生的误差、银行每天的储蓄额、噪声电压、产品的尺寸等均可认为近似地服从正态分布.

典型例解

例 5.8 设 $X \sim N(0,1)$，求：$P(X \leqslant 1.2), P(X < -1.5), P(1.5 \leqslant X < 2.21), P(X > 1.2)$.

解 $P(X \leqslant 1.2) = \Phi(1.2) = 0.8849$

$P(X < -1.5) = \Phi(-1.5) = 1 - \Phi(1.5) = 1 - 0.9332 = 0.0668$

$P(1.5 \leqslant X < 2.21) = \Phi(2.21) - \Phi(1.5) = 0.9864 - 0.9332 = 0.0532$

$P(X > 1.2) = 1 - P(X \leqslant 1.2) = 1 - \Phi(1.2) = 1 - 0.8849 = 0.1151$

例 5.9 设 $X \sim N(1.9, 2^2)$，计算：$P(X < 3), P(0 < X \leqslant 1.5)$.

解 $P(X < 3) = F(3) = \Phi\left(\dfrac{3-1.9}{2}\right) = \Phi(0.55) = 0.7088$

$P(0 < X \leqslant 1.5) = F(1.5) - F(0) = \Phi\left(\dfrac{1.5-1.9}{2}\right) - \Phi\left(\dfrac{0-1.9}{2}\right)$

$\qquad = \Phi(-0.2) - \Phi(-0.95) = 1 - \Phi(0.2) - [1 - \Phi(0.95)]$

$\qquad = -0.5793 + 0.8289 = 0.2496$

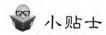
小贴士

(1) 当 $X \sim N(0,1)$ 时,
$$P(a \leqslant X \leqslant b) = \Phi(b) - \Phi(a)$$
其中,$\Phi(x)$ 只需查标准正态分布函数表(附录 B)即得. 附录 B 中第一列为 x 的整数及十分位数,第一行为 x 的百分位数,其纵横交叉处的数值即为 $\Phi(x)$.

(2) 当 $X \sim N(\mu,\sigma^2)$ 时,利用 $F(x) = \Phi\left(\dfrac{x-\mu}{\sigma}\right)$ 把一般正态分布转化成标准正态分布即可,即
$$P(a \leqslant X < b) = F(b) - F(a) = \Phi\left(\dfrac{b-\mu}{\sigma}\right) - \Phi\left(\dfrac{a-\mu}{\sigma}\right)$$

案例 5.24 对于引例 5.9,如何计算任取的一件零件是合格品的概率?

解 由题意可知,该零件的长度 $X \sim N(20,3^2)$,则
$$\begin{aligned}
P(15.8 \leqslant X \leqslant 24.2) &= F(24.2) - F(15.8) = \Phi\left(\dfrac{24.2-20}{3}\right) - \Phi\left(\dfrac{15.8-20}{3}\right) \\
&= \Phi(1.4) - \Phi(-1.4) = \Phi(1.4) - [1 - \Phi(1.4)] \\
&= 2\Phi(1.4) - 1 = 2 \times 0.9192 - 1 = 0.8384
\end{aligned}$$
即从中任取一件零件,它是合格品的概率为 83.84%.

案例 5.25 一投资者在两个投资方案中选择一个,这两个投资方案的利润 X(万元)分别服从正态分布 $N(8,3^2)$ 和 $N(6,2^2)$,投资者要求利润超过 5 万元的概率尽量地大,那么他应选择哪一个方案?

解 对于第一个方案,有 $X \sim N(8,3^2)$,于是
$$\begin{aligned}
P(X > 5) &= 1 - P(X \leqslant 5) = 1 - F(5) = 1 - \Phi\left(\dfrac{5-8}{3}\right) \\
&= 1 - \Phi(-1) = \Phi(1) = 0.8413
\end{aligned}$$
对于第二个方案,有 $X \sim N(6,2^2)$,于是
$$\begin{aligned}
P(X > 5) &= 1 - P(X \leqslant 5) = 1 - F(5) = 1 - \Phi\left(\dfrac{5-6}{2}\right) \\
&= 1 - \Phi(-0.5) = \Phi(0.5) = 0.6915
\end{aligned}$$
相比之下,"利润超过 5 万元"的概率以第一个方案为好,可选第一个方案.

5.4.4 连续型随机变量的数字特征

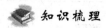
知识梳理

定义 5.16 设连续型随机变量 X 的密度函数为 $f(x)$,则随机变量 X 的数学期望和方差分别为

$$E(X) = \int_{-\infty}^{+\infty} xf(x)\mathrm{d}x$$

$$D(X) = \int_{-\infty}^{+\infty} [x-E(X)]^2 f(x)\mathrm{d}x$$

如果上面的广义积分不存在,则连续型随机变量 X 的期望和方差也不存在.

典型例解

例 5.10 设连续型随机变量 X 的密度函数为

$$f(x) = \begin{cases} 3x^2, & 0 \leqslant x \leqslant 1 \\ 0, & \text{其他} \end{cases}$$

求:① $E(X)$;② $D(X)$.

解 ① $E(X) = \int_{-\infty}^{+\infty} xf(x)\mathrm{d}x = \int_{-\infty}^{0} 0\mathrm{d}x + \int_{0}^{1} x \cdot 3x^2 \mathrm{d}x + \int_{1}^{+\infty} 0\mathrm{d}x$

$= \frac{3}{4}x^4 \Big|_0^1 = \frac{3}{4}$

② $D(X) = \int_{-\infty}^{+\infty} [x-E(X)]^2 f(x)\mathrm{d}x = \int_0^1 \left(x - \frac{3}{4}\right)^2 \cdot 3x^2 \mathrm{d}x = 0.0375$

例 5.11 设 $X \sim U[a,b]$,求 $E(X)$、$D(X)$.

解 由于 $X \sim U[a,b]$,即其概率密度为

$$f(x) = \begin{cases} \dfrac{1}{b-a}, & a \leqslant x \leqslant b \\ 0, & \text{其他} \end{cases}$$

于是

$$E(X) = \int_{-\infty}^{+\infty} xf(x)\mathrm{d}x = \int_a^b x \cdot \frac{1}{b-a}\mathrm{d}x = \frac{1}{b-a} \cdot \frac{x^2}{2}\Big|_a^b = \frac{a+b}{2}$$

$$D(X) = \int_{-\infty}^{+\infty} [x-E(X)]^2 f(x)\mathrm{d}x = \int_a^b \left(x-\frac{a+b}{2}\right)^2 \cdot \frac{1}{b-a}\mathrm{d}x = \frac{(b-a)^2}{12}$$

5.4.5 常用连续型随机变量的数字特征

知识梳理

容易得出,常用连续型随机变量的数学期望及方差如表 5-6 所示.

表 5-6 常用连续型随机变量的数学期望及方差

名 称	符 号	概率分布	期望	方差
均匀分布	$X \sim U[a,b]$	$f(x) = \begin{cases} \dfrac{1}{b-a}, & a \leqslant x \leqslant b \\ 0, & \text{其他} \end{cases}$	$\dfrac{a+b}{2}$	$\dfrac{(b-a)^2}{12}$

续表

名称	符号	概率分布	期望	方差
正态分布	$X \sim N(\mu,\sigma^2)$	$f(x)=\dfrac{1}{\sqrt{2\pi}\sigma}e^{-\dfrac{(x-\mu)^2}{2\sigma^2}},\ -\infty<x<+\infty$	μ	σ^2

典型例解

例 5.12 某学校学生体重 $X \sim N(53,7^2)$ (kg)，则：$E(X)=($ $)$；$D(X)=($ $)$；$\sqrt{D(X)}=($ $)$．

解 $E(X)=53$，$D(X)=49$，$\sqrt{D(X)}=7$

也就是说，该校学生的平均体重为 53kg，而体重的分散程度是 7kg。

5.5 利用概率基础进行经济分析

随着现代科学的发展，人们越来越深刻地认识到，概率为经济学提供了特有的、严密的分析方法，经济学的发展需要概率，概率方法能使经济学研究理论的表述更清晰、准确，逻辑推理更严密。

5.5.1 概率在投资决策中的应用

典型例解

案例 5.26 某人有一笔资金，可投入三个项目：项目一（X）、项目二（Y）和项目三（Z），其收益和市场状态有关，若把未来市场划分为好、中、差三个等级，其发生的概率分别为 0.2、0.7、0.1，根据市场调研的情况可知不同等级状态下各种投资的年收益（万元），如表 5-7 所示，问：如何投资最为合理？

表 5-7 三个项目市场收益情况表　　　　　　　　　　　　　　　单位：万元

收益＼概率	好市场概率 0.2	中市场概率 0.7	差市场概率 0.1
项目一（X）收益	10	2	-2
项目二（Y）收益	9	2.5	-2.5
项目三（Z）收益	12	2	-4

解 先考察三个项目的平均收益情况，可以通过数学期望进行观察，由公式 $E(X)=\sum_{k}x_k p$ 得

$$E(X) = 10 \times 0.2 + 0.7 \times 2 + 0.1 \times (-0.2) = 3.2$$
$$E(Y) = 9 \times 0.2 + 2.5 \times 0.7 + (-2.5) \times 0.1 = 3.3$$
$$E(Z) = 12 \times 0.2 + 2 \times 0.7 + (-4) \times 0.1 = 3.4$$

显然,$E(X) < E(Y) < E(Z)$,所以,投资项目一的平均收益最小,投资项目三的平均收益最大.

同时,投资也要考虑风险,可以通过方差进行观察,由公式 $D(X) = \sum_i [x_i - E(X)]^2 \cdot p_i$ 得

$$D(X) = (10-3.2)^2 \times 0.2 + (2-3.2)^2 \times 0.7 + (-2-3.2)^2 \times 0.1 = 13.39$$
$$D(Y) = (9-3.3)^2 \times 0.2 + (2.5-3.3)^2 \times 0.7 + (-2.5-3.3)^2 \times 0.1 = 10.31$$
$$D(Z) = (12-3.4)^2 \times 0.2 + (2-3.4)^2 \times 0.7 + (-4-3.4)^2 \times 0.1 = 21.64$$

显然,$D(Y) < D(X) < D(Z)$,方差越大,则收益的波动越大,从而风险也越大,所以,投资项目二的风险最小,投资项目三的风险最大.

因此,若收益与风险综合权衡,该投资者选择投资项目二是最好的选择.

案例 5.27 某个超市雨天、高温天的损失金额(单位:万元)及概率情况如表 5-8 和表 5-9 所示,求出该超市雨天和高温天的损失哪个大.

表 5-8 某超市雨天损失的概率分布表

损失金额(ξ)	1.5	2.8	3.6	3.9	4.1
概率	0.07	0.18	0.35	0.24	0.16

表 5-9 某超市高温天气损失的概率分布表

损失金额(ξ)	0.6	0.8	1.1	1.5	2.3
概率	0.15	0.2	0.35	0.25	0.05

解 由雨天造成的平均损失为

$$E(\xi) = \sum_{i=1}^{n=5} x_i p_i = 1.5 \times 0.07 + 2.8 \times 0.18 + 3.6 \times 0.35 + 3.9 \times 0.24 + 4.1 \times 0.16$$
$$= 3.461$$

由雨天造成的损失风险为

$$D(\xi) = \sum_{i=1}^{i=5} [x_i - E(\xi)]^2 \cdot p_i = (1.5 - 3.461)^2 \times 0.07$$
$$+ (2.8 - 3.461)^2 \times 0.18 + (3.6 - 3.461)^2 \times 0.35$$
$$+ (3.9 - 3.461)^2 \times 0.24 + (4.1 - 3.461)^2 \times 0.16$$
$$= 0.466\ 2$$

标准差

$$\sigma = \sqrt{D(\xi)} = 0.682\ 8$$

差异系数

$$V = \frac{\sigma}{\mu} = \frac{0.6828}{3.461} = 0.1973$$

同理可得因高温天气损失概率分布数据.

数学期望值

$$E(\xi) = 1.125$$

标准差

$$\sigma = 0.4085$$

差异系数

$$V = 0.3631$$

高温天气损失的差异系数大于雨天损失的差异系数,差异系数越大其风险也就越大,说明该超市因高温天气引起的损失风险大于雨天的损失风险.

小贴士

一般来说,用数学期望来观察投资带来的平均收益,用方差来观察投资的风险,但是如果数学期望值和方差值差别很大,那么就经常要用到标准差系数 $V = \sigma/\mu$,差异系数越大其风险也就越大.

5.5.2 概率在利润问题中的应用

如何获得最大利润是商界永远追求的目标,随机变量函数期望的应用为此问题的解决提供了新的思路.

典型例解

案例 5.28 某公司经销某种原料,根据历史资料:这种原料的市场需求量 x (单位:吨)服从 $(200,400)$ 上的均匀分布,每售出 1 吨该原料,公司可获利 1.5 千元;若积压 1 吨,则公司损失 0.5 千元,问公司应该组织多少货源,可使期望的利润最大?

解 设公司组织该货源 a 吨,则显然应该有 $200 \leqslant a \leqslant 400$.

又记 y 为在 a 吨货源的条件下的利润,则利润为需求量的函数,即 $y = g(x)$,由题设条件知:

当需求量 $x \geqslant a$ 时,则此 a 吨货源全部售出,共获利 $1.5a$;

当需求量 $x < a$ 时,则售出 x 吨,积压 $a-x$,共获利 $1.5x - 0.5(a-x)$,由此得

$$y = g(x) = \begin{cases} 1.5a, & x \geqslant a \\ 2x - 0.5x, & x < a \end{cases}$$

可由需求量 x 服从均匀分布,得知它的密度函数为

$$f(x)=\begin{cases}\dfrac{1}{200}, & 200\leqslant x\leqslant 400\\ 0, & 其他\end{cases}$$

那么利润的期望值为

$$E(y)=\int_{-\infty}^{+\infty}yf(x)\mathrm{d}x=\int_{-\infty}^{+\infty}g(x)f(x)\mathrm{d}x=\int_{200}^{400}g(x)\dfrac{1}{200}\mathrm{d}x$$

$$=\int_{200}^{a}(2x-0.5a)\dfrac{1}{200}\mathrm{d}x+\int_{a}^{400}1.5a\dfrac{1}{200}\mathrm{d}x$$

$$=\dfrac{1}{200}(-a^2+700a-1\,600)$$

对利润的期望值 $E(y)$ 求导,得

$$[E(y)]'=\left[\dfrac{1}{200}(-a^2+700a-1\,600)\right]'=\dfrac{1}{200}(-2a+700)$$

令 $[E(y)]'=0$,得到驻点 $a=350$,$[E(y)]''\big|_{a=350}=-\dfrac{1}{100}<0$,因此驻点 $a=350$ 处取得极大值,容易计算得出 $E(y)\big|_{a=350}>E(y)\big|_{a=400}>E(y)\big|_{a=200}$,所以公司组织该货源 $a=350$ 吨时,能够使期望的利润达到最大.

5.5.3 概率在保险问题中的应用

目前,保险问题在我国是一个热点问题,保险公司为各企业、各单位和个人提供了各种各样的保险保障服务,人们总会怀疑保险公司的大量赔偿是否会亏本.下面通过实例说明.

典型例解

案例 5.29 保险事业是最早使用概率论的部门之一,保险公司为了估计公司的利润,需要计算各种各样的概率问题.例如已知一年中某种保险人群的死亡率为 0.000 5,现该人群有 10 000 人参加人寿保险,每人交保险费 5 元,若未来一年中死亡,则可得赔偿金 5 000 元,试求:

(1) 未来一年中保险公司从该项保险中至少获得 10 000 元的概率.

(2) 未来一年中保险公司在该项保险中亏本的概率.

(3) 死亡人数的均值和标准差,并说明实际意义.

解 令 X 表示一年内死亡人数,则 $X\sim B(10\,000,0.000\,5)$.又因为

$$n=10\,000\geqslant 10,\quad p=0.000\,5\leqslant 0.1,\quad \lambda=np=10\,000\times 0.000\,5=5$$

因此有 $X\sim P(5)$.

令 L 表示保险公司一年的利润,则 $L=10\,000\times 5-5\,000X$,通过查附录 A,可得:

(1) $P(L\geqslant 10\,000)=P[(10\,000\times 5-5\,000X)\geqslant 10\,000]=P(X\leqslant 8)$

$$=P(X=0)+P(X=1)+\cdots+P(X=8)=0.931\,9$$

(2) $P(L<0)=P[(10\,000\times 5-5\,000X)<0]=P(X>10)$

$$= P(X=11)+P(X=12)+\cdots+P(X=16) = 0.0137$$

(3) 由 $X \sim P(5)$，可得 $E(X)=5, D(X)=5, \sqrt{D(X)} \approx 2.24$.

所以，保险公司一年中从该项保险中至少获得 10 000 元的概率是 93.19%，亏本的概率是 1.37%，死亡人数的平均值是 5 人·次，标准差约为 2 人·次.

可见，一个保险公司亏本的概率几乎为 0，而盈利的概率接近百分之百，这正是保险公司乐于开展业务的一个原因.

通常要利用概率知识来指导我们的最初科学推论，就必须考虑概率的统计特性，在理性的基础上进行综合分析. 概率在其他领域都有广泛应用，实在是一门应该好好掌握的科学.

5.6 利用 MATLAB 解决概率问题

5.6.1 一般随机变量的概率与数字特征

概率学习中常见的 MATLAB 有关基本命令如表 5-10 所示.

表 5-10 概率计算中的常见命令

命 令 格 式	功 能
factorial(n)	求 n 的阶乘 $n!$
prod(n−m+1:n)	排列数 P_n^m
nchoosek(n,m)	组合数 C_n^m
perms(x)	列举向量 X 中各元素的全排列
combntns(x,m)	列举出从向量 X 中取出 m 个元素的组合
m=sum(x)	返回向量 X 各元素之和

典型例解

例 5.13 计算组合数 C_5^3，排列数 P_5^3.

解 用 MATLAB 计算如下：

```
>> C = nchoosek(5,3)
C = 10
>> P = prod(5 - 3 + 1:5)
P = 60
```

例 5.14 10 件产品中有 4 件次品，从中任取 3 件，用 X 表示取得的次品数，求：① X 的分布列；② $E(X), D(X)$.

解 ① X 的所有可能取值为 0,1,2,3，则

$$P(X=0) = \frac{C_6^3}{C_{10}^3}, \quad P(X=1) = \frac{C_4^1 C_6^2}{C_{10}^3},$$

$$P(X=2) = \frac{C_4^2 C_6^1}{C_{10}^3}, \quad P(X=3) = \frac{C_4^3}{C_{10}^3}$$

所以代码如下：

```
>> nchoosek(6,3)/nchoosek(10,3)
ans = 0.1667
>> nchoosek(4,1)*nchoosek(6,2)/nchoosek(10,3)
ans = 0.5000
>> nchoosek(4,2)*nchoosek(6,1)/nchoosek(10,3)
ans = 0.3000
>> nchoosek(4,3)/nchoosek(10,3)
ans = 0.0333
```

于是 X 的分布列为

X	0	1	2	3
P	0.166 7	0.500 0	0.300 0	0.033 3

② 代码如下：

```
>> x = [0 1 2 3];
>> p = [0.1667 0.5 0.3 0.0333];
>> ex = sum(x.*p)                %计算向量 x.*p 的全部元素之和，即 E(X)
ex = 1.1999                      %显示结果
>> ex2 = sum((x.^2).*p);         %计算 E(X²)
>> dx = ex2 - ex^2               %计算 D(X) = E(X²) - (E(X))²
dx = 0.5599                      %显示结果
```

例 5.15 设连续型随机变量 X 的密度函数为

$$f(x) = \begin{cases} 2x, & 0 \leqslant x \leqslant 1 \\ 0, & 其他 \end{cases}$$

求：① $P(-1 < X < 0.5)$；② $E(X)$。

解 因为

① $P(-1 < X < 0.5) = \int_{-1}^{0.5} f(x)\mathrm{d}x = \int_{-1}^{0} 0 \mathrm{d}x + \int_{0}^{0.5} 2x \mathrm{d}x = \int_{0}^{0.5} 2x \mathrm{d}x$

② $E(X) = \int_{-\infty}^{+\infty} x \cdot f(x) \mathrm{d}x = \int_{0}^{1} x \cdot 2x \mathrm{d}x = \int_{0}^{1} 2x^2 \mathrm{d}x$

所以代码如下：

```
>> int('2*x',0,0.5)              %利用积分命令计算 E(X)
ans = 1/4
>> int('2*x^2',0,1)              %利用积分命令计算 D(X)
ans = 2/3
```

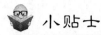
小贴士

(1) 离散型随机变量的数学期望和方差往往是通过 sum 命令间接完成的.
(2) 连续型随机变量的数学期望和方差往往是通过 int 积分命令完成的.

5.6.2 常见分布的概率与数字特征

知识梳理

MATLAB 的统计工具箱为每种分布提供了 5 类函数：概率密度函数（pdf）、（累积）分布函数（cdf）、逆（累积）分布函数（inv）、随机数发生器以及均值和方差. 表 5-11 中列出的是常见分布的概率密度、分布函数和数字特征.

表 5-11 常见概率密度函数（pdf）、分布函数（cdf）和数字特征（stat）

分布名称	概率密度函数	累积分布函数	数字特征函数
二项分布	binopdf(x,n,p)	binocdf(x,n,p)	[E,D]=binostat(n,p)
泊松分布	poisspdf($x,lambda$)	poisscdf($x,lambda$)	[E,D]=poisstat($lambda$)
正态分布	normpdf($x,mu,sigma$)	normcdf($x,mu,sigma$)	[E,D]=normstat($mu,sigma$)
指数分布	exppdf(x,mu)	expcdf(x,mu)	[E,D]=expstat(mu)
均匀分布	unifpdf(x,a,b)	unifcdf(x,a,b)	[E,D]=unifstat(a,b)

典型例解

案例 5.30 某射手独立射击 200 次，设每次射击击中的概率是 0.02，试求命中次数不低于 2 次的概率.

解 设命中次数为 X，则 $X \sim B(200,0.02)$，于是
$$P(X \geqslant 2) = 1 - P(X=0) - P(X=1)$$
用 MATLAB 计算如下：

```
>> y = 1 - binopdf(0,200,0.02) - binopdf(1,200,0.02)    %利用二项分布的密度函数计算概率
y = 0.9106
```

例 5.16 设 $X \sim P(2)$，求 $P\{X=5\}$.

解 用 MATLAB 计算如下：

```
>> y = poisspdf(5,2)              %利用泊松分布的密度函数计算概率
y =
0.0361
```

例 5.17 设 $X \sim N(3, 2^2)$,求 $P\{2 < X \leqslant 5\}$.

解 用 MATLAB 计算如下:

```
>> y = normcdf(5,3,2) - normcdf(2,3,2)    %利用正态分布的分布函数计算概率
y =
0.5328
```

例 5.18 设 $X \sim E\left(\dfrac{1}{200}\right)$,求 $P\{X \geqslant 100\}$.

解 用 MATLAB 计算如下:

```
>> y = 1 - expcdf(100,200)    %利用指数分布的分布函数计算概率
y =
0.6065
```

例 5.19 设 $X \sim B(1\,000, 0.5)$,求 $E(X)$、$D(X)$.

解 代码如下:

```
>> [E,D] = binostat(1000,0.5)    %计算二项分布的数学期望和方差
E = 500
D = 250
```

5.6.3 参数估计

知识梳理

MATLAB 统计工具箱所提供的常用参数估计函数列于表 5-12. 其详细信息用户可以通过 MATLAB 的帮助系统查看,下列这些函数的返回值为数据向量 **X** 的参数点估计(极大似然估计值)和区间估计(置信度为 $(1-a)100\%$ 的置信区间,a 的默认值为 0.05,即置信度为 95%).

表 5-12 统计工具箱中的参数估计函数

分布名称	命令格式	函数说明
二项分布	[phat,pci] = binofit(x,n,a)	phat 为点估计值;pci 为水平为 a 的置信区间
泊松分布	[lambda,lambdaci] = poissfit(x,a)	lambda 为点估计值;lambdaci 为水平为 a 的置信区间
正态分布	[mu,sigma,muci,sigmaci] = normfit(x,a)	mu、sigma 为点估计值;muci、sigmaci 为水平为 a 的置信区间
均匀分布	[a,b,aci,bci] = unifit(x,a)	a、b 为点估计值;aci、bci 为水平为 a 的置信区间
指数分布	[mu,muci] = expfit(x,a)	mu 为点估计值;muci 为水平为 a 的置信区间

典型例解

案例 5.31 对某种电子产品的某项技术指标进行抽检. 从一批产品中随机抽取 10 件,测试结果数据为:

10.1　10.0　9.8　10.5　9.7　10.1　9.9　10.3　10.2　9.9

假设这种产品的该项指标服从正态分布,求 95% 的置信区间和参数估计值.

解　在 MATLAB 中代码如下:

```
>> x = [10.1 10.0 9.8 10.5 9.7 10.1 9.9 10.3 10.2 9.9];
>> [muhat,sigmahat,muci,sigmaci] = normfit(x,0.05)
muhat = 10.0500              % 返回正态均值 μ 的估计值 μ̂
sigmahat = 0.2415            % 返回标准差 σ 的无偏估计值 σ̂
muci = 9.8772 10.2228        % 返回 μ 的置信度为 1−α=0.95 的置信区间
sigmaci = 0.1661 0.4409      % 返回 σ 的置信度为 1−α=0.95 的置信区间
```

5.6.4　正态总体参数的假设检验

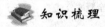

在总体服从正态分布的情况下,可用以下命令进行假设检验,如表 5-13 所示.

表 5-13　三种常见的正态总体参数的假设检验

类　型	命令格式	说　明
方差(sigma^2)已知时,对单个正态总体均值是否为 m 的检验	h = ztest(x, m, sigma, alpha)	x、y 为试验中得到的数据,显著性水平 alpha 的默认值为 0.05
方差未知时,对单个正态总体均值是否为 m 的检验	h = ttest(x, m, alpha)	若 $h=1$,则在显著性水平 alpha 下,可以拒绝假设 H_0
方差未知但相同时,对两个正态总体是否有相同均值的检验	h = ttest2(x, y, alpha)	若 $h=0$,则在显著性水平 alpha 下,不能拒绝假设 H_0

典型例解

案例 5.32　某零件的长度服从正态分布.规定每件零件的标准长度为 20.0mm,现在用某种材料生产,且从用该材料生产的产品中随机抽取 4 个样品,测得长度(单位:mm)为

20.2　20.3　19.7　20.1

试在显著性水平 alpha=0.05 下检验用该材料生产的零件的长度是否合格.

解　设用该材料生产的零件的长度 $X \sim N(20.0, \sigma^2)$,待检假设为 $H_0: \mu = 20.0$,由于方差未知,所以用 ttest 检验函数,代码如下所示.

```
>> x = [20.2 20.3 19.7 20.1];
>> mu = 20.0; alpha = 0.05;
>> h = ttest(x, mu, alpha)
h = 0
```

故在显著性水平 0.05 下不能说零件的长度不合格.

本章知识结构图

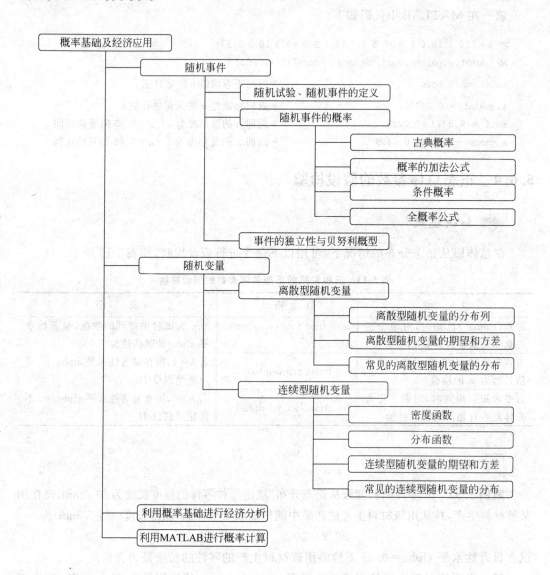

链接思考

（1）你能找出"三个臭皮匠，顶一个诸葛亮""人多地方您不去，流感季节别感冒"这些常识的科学依据吗？（提示：利用随机事件的独立性、概率的加法、对立公式来分析）

（2）正态分布在概率和统计中占有重要地位，许多自然现象、社会生产现象和经济现象的表现方式都可以看作服从或近似服从正态分布．试利用正态分布简单分析人的智商、人们的受教育水平、国民的社会认同、商品和劳务的价格、消费者的抗风险能力等现象．

数学那些事——概率统计发展史上的先驱者

雅各布·贝努利

雅各布·贝努利(Jocob Bernoulli,1654—1705),1654年12月出生于瑞士巴塞尔的一个商人世家.他毕业于巴塞尔大学,1671年获艺术硕士学位,这里的艺术指"自由艺术",包括算术、几何学、天文学、数理音乐和文法、修辞、雄辩术共7大门类.后来遵照父亲的意愿又取得神学硕士学位,但他却不顾父亲的反对,自学了数学和天文学.

雅各布·贝努利在1678年和1681年的两次学习旅行,使他接触了许多数学家和科学家,丰富了他的知识,拓宽了他的兴趣.1687年,雅各布成为巴塞尔大学的数学教授,直到1705年去世.

雅各布·贝努利是在17—18世纪期间,欧洲大陆在数学方面做过特殊贡献的贝努利家族的重要成员之一.他在数学上的贡献涉及微积分、微分方程、解析几何、概率论以及变分法等领域.他是最早使用"积分"这个术语的人,也是较早使用极坐标系的数学家之一.他研究了悬链线、对数螺线,对数螺线还刻在了他的墓碑上.

雅各布·贝努利被公认为概率理论的先驱,一生最有创造力的著作就是1713年出版的《猜度术》,在这部著作中,他给出了著名的大数定律,即阐述了随着实验次数的增加,频率稳定在概率附近.由于"大数定律"的极端重要性,1913年12月彼得堡科学院曾举行庆祝大会,纪念"大数定律"诞生200周年.由于雅各布·贝努利兄弟在科学问题上的过于激烈的争论,致使双方的家庭也被卷入,以至于雅各布·贝努利死后,他的《猜度术》手稿被他的遗孀和儿子在外藏匿多年,直到1713年才得以出版,几乎使这部经典著作的价值受到损害.

贝努利家族3代人中产生了11位科学家,出类拔萃的至少有3位;而在他们一代又一代的众多子孙中,至少有一半相继成为杰出人物.贝努利家族的后裔有不少于120位被人们系统地追溯过,他们在数学、科学、技术、工程乃至法律、管理、文学、艺术等方面享有名望,有的甚至声名显赫.最不可思议的是这个家族中有两代人,他们中的大多数数学家,并非有意选择数学为职业,然而却忘情地沉溺于数学中,有人调侃他们就像酒鬼碰到了烈酒.

应知应会 5

一、选择题

1. 下列事件属于不可能事件的为(　　).

　　A. 连续投掷骰子两次,掷得的点数和为4

　　B. 连续投掷骰子两次,掷得的点数和为8

　　C. 连续投掷骰子两次,掷得的点数和为12

　　D. 连续投掷骰子两次,掷得的点数和为16

2. 下列事件中有( )个随机事件.

① 12 名同事中,有两人的出生月份相同

② 电话在响一声时就被接听

③ 2008 年奥运会在北京举行

④ 古代有一个国王想处死一位画师,背地里在 2 张签上都写上"死"字,再让画师抽"生死签",画师抽到死签

⑤ 在 10 个乒乓球中,有 8 个白球,2 个黄球,则从中任意抽取 3 个球中至少有一个是白球

⑥ 骑车连续路过 10 个红绿灯,遇到的都是红灯

⑦ 同性电荷相吸

⑧ 在 10 个产品中,有 7 个合格品,3 个次品,则从中任意抽取 3 个产品都是合格品

    A. 3   B. 4   C. 5   D. 6

3. 事件 A 的概率 $P(A)$ 必须满足( ).

    A. $0 \leqslant P(A) \leqslant 1$ B. $P(A)=1$

    C. $0 < P(A) < 1$ D. $P(A)=0$ 或 1

4. 抛掷 3 枚均匀硬币,恰好 2 个反面向上的概率是( ).

    A. $\frac{1}{8}$ B. $\frac{1}{4}$ C. $\frac{3}{8}$ D. 2

5. 如果在 100 张有奖储蓄的奖券中,只有一、二、三等奖,其中一等奖 1 个,二等奖 5 个,三等奖 10 个,买一张奖券,则中奖的概率为( ).

    A. 0.10   B. 0.12   C. 0.16   D. 0.18

6. 对任意两个随机事件 A、B,等式( )成立.

    A. $P(AB)=P(A)P(B)$

    B. $P(A+B)=P(A)+P(B)$

    C. $P(A-B)=P(A)-P(B)$

    D. $P(A+B)=P(A)+P(B)-P(AB)$

7. 下列式子成立的是( ).

    A. $P(B|A)=P(A|B)$ B. $P(AB)=P(A)P(B|A)$

    C. $0 < P(B|A) < 1$ D. $P(A \cap B|A)=P(B)$

8. 在 10 个形状、大小均相同的球中有 6 个红球和 4 个白球,不放回地依次摸出 2 个球,在第 1 次摸出红球的条件下,第 2 次也摸到红球的概率为( ).

    A. $\frac{5}{9}$ B. $\frac{2}{5}$ C. $\frac{1}{10}$ D. $\frac{3}{5}$

9. 设在 50 件产品中有 7 件次品,现在进行 5 次有放回的抽样检查,则抽得 2 件次品的概率是( ).

    A. $\dfrac{C_7^2 C_{43}^3}{C_{50}^5}$ B. $C_{50}^5 \left(\dfrac{7}{50}\right)^2 \times \left(\dfrac{43}{50}\right)^3$

    C. $\left(\dfrac{7}{50}\right)^2 \times \left(\dfrac{43}{50}\right)^3$ D. $C_5^2 \left(\dfrac{7}{50}\right)^2 \times \left(\dfrac{43}{50}\right)^3$

10. 下列数组中,不能作为随机变量分布列的是( ).

   A. $\frac{1}{3}, \frac{1}{3}, \frac{1}{6}, \frac{1}{6}$ B. $\frac{1}{10}, \frac{2}{10}, \frac{3}{10}, \frac{4}{10}$

   C. $\frac{1}{3}, \frac{1}{6}, \frac{1}{9}, \frac{1}{12}$ D. $\frac{1}{2}, \frac{1}{4}, \frac{1}{8}, \frac{1}{8}$

11. 设随机变量 X 的概率密度 $f(x) = \begin{cases} cx, & 0 \leqslant x \leqslant 2 \\ 0, & \text{其他} \end{cases}$,则 $c = ($).

   A. 2   B. $\frac{1}{2}$ C. 1   D. $\frac{3}{2}$

12. 随机变量 X 服从均匀分布,其概率密度 $f(x) = \begin{cases} \lambda, & 2 \leqslant x \leqslant 7 \\ 0, & \text{其他} \end{cases}$,则 $\lambda = ($).

   A. $\frac{1}{5}$ B. $\frac{1}{9}$ C. 1   D. 2

13. 每张奖券中末尾奖的概率是 0.15,某人购买了 100 张号码杂乱的奖券,设中末尾奖的张数为 X,则 X 服从( ).

   A. 二项分布   B. 均匀分布   C. 泊松分布   D. 正态分布

14. 如果随机变量 $X \sim B(10, 0.3)$,则 $E(X), D(X)$ 分别为( ).
   A. $E(X) = 3, D(X) = 2.1$ B. $E(X) = 3, D(X) = 3$
   C. $E(X) = 0.3, D(X) = 3$ D. $E(X) = 0.3, D(X) = 2.1$

15. 若随机变量 X 的分布函数为 $F(x)$,则 $P(a \leqslant X \leqslant b) = ($).
   A. $F(b) - F(a)$ B. $F(b) - F(a) + P(X = a)$
   C. $F(b) - F(a) - P(X = a)$ D. $F(b) - F(a) + P(X = b)$

二、填空题

1. 设 A, B, C 是三个随机事件,那么三个事件都不发生表示为_____;三个事件至少有一个发生表示为_____;只有事件 B 发生表示为_____.

2. 在猜一商品价格的游戏中,参与者事先不知道该商品的价格,主持人要求他在图 $\boxed{3}\boxed{5}\boxed{6}\boxed{0}$ 中的四张卡片中任意拿走一张,使剩下的卡片从左到右连成一个三位数,该数就是他猜的价格,若商品的价格是 360 元,那么他一次就能猜中的概率是_____.

3. 甲乙两人玩"锤子、剪刀、布"游戏. 如果甲决定出"布"手势,那么他赢的概率是_____.

4. 若 $P(A) = 0.3, P(B) = 0.4$,且 A 与 B 互不相容,则 $P(A + B) = $_____.

5. 若 $P(A) = 0.3, P(B) = 0.5$,且 A 与 B 相互独立,则 $P(A + B) = $_____.

6. 若 $P(A) = 0.3, P(B) = 0.5$,且 $A \subset B$,则 $P(A + B) = $_____.

7. 设 A, B 互不相容,且 $P(A) > 0$,则 $P(B | A) = $_____.

8. 10 件产品中有 2 件次品,从中任取 3 件,恰有 1 件次品的概率是_____.

9. 设每次打靶中靶的概率为 0.6,则 4 次独立射击中恰有 3 次中靶的概率是_____.

10. 已知随机变量 X 有分布列 $\begin{bmatrix} -1 & 0 & 1 & 5 \\ 0.2 & 0.3 & 0.1 & 0.4 \end{bmatrix}$,则 $E(X) = $ _____.

11. 设 $X \sim b(n,p)$,且 $E(X)=6, D(X)=3.6$,则 $n=$ _____;$p=$ _____.

12. 设 $X \sim P(0.7)$,则 $E(X) = $ _____;$D(X) = $ _____;$E(2X+3) = $ _____;$D(2X+3) = $ _____.

13. 连续型随机变量 X 的密度函数是 $f(x)$,则 $P(a<X<b) = $ _____.

14. 乘客的候车时间 $X \sim U[0,4]$,$E(X) = $ _____;$D(X) = $ _____;$\sqrt{D(X)} = $ _____.

15. 设 $X \sim N(10, 0.2^2)$,则 $E(X) = $ _____;$D(X) = $ _____;$E(2X-1) = $ _____;$D(2X-1) = $ _____.

三、计算题

1. 现在有男女学生各有 4 位,令其排成一队,求下列事件的概率:①4 位女学生始终保持紧邻;②男女学生分别保持紧邻;③男女学生恰好相间隔开.

2. 设 10 个产品中有 2 个是次品,今从中任取 2 个,试求取出产品中至少有 1 个是次品的概率.

3. 甲乙两城市在某季节内下雨的概率分别为 0.4 和 0.35,而两城市中至少有一个城市下雨的概率为 0.6,求在此季节内两城市同时下雨的概率.

4. 某工具箱内存放 10 个零件,其中 6 个属一等品,4 个属二等品,从中顺序抽取 3 次,每次取出 1 个,取后不放回,试求下列事件的概率:①3 个都是一等品;②3 个中恰有 2 个是二等品;③第三个才是一等品;④第三个是一等品.

5. 已知 $P(A)=0.4, P(B)=0.3$,又知 $A、B$ 相互独立,试求 $P(A|B), P(A+B), P(\overline{A}B)$.

6. 设甲、乙、丙 3 台车床加工同样的零件,甲、乙、丙 3 台的产量分别占 20%、30%、50%,合格品率分别为 0.95、0.90、0.80,将所生产的零件放在一起,任意抽取 1 个零件,求这个零件是合格品的概率.

7. 袋中有 5 个球,编号为 1~5,现从中任取 3 个球,设 X 表示取出的 3 个球中最大号码数.①求随机变量 X 的分布列;②求 $P(2 \leqslant X < 4.5)$.

8. 设离散型随机变量 X 的分布列如下表所示.

X	−1	0	1
P	0.5	0.2	a

试求:①常数 a;②$P(X \geqslant 0)$;③数学期望 $E(X)$ 和方差 $D(X)$.

9. 对脑中风病人及时用中西医结合的方法治疗,其治愈率为 0.6,设有 5 个病人患有此病,及时来医院治疗,设 X 为治愈人数,求:①随机变量的 X 概率分布;②恰有 5 人治愈的概率.

10. 设某城市在一周内发生交通事故的次数服从参数为 0.3 的泊松分布,试问:

①在一周内恰好发生2次交通事故的概率为多少？②在一周内有交通事故的概率为多少？

11. 设随机变量 X 的密度函数为

$$f(x) = \begin{cases} Ax, & 0 \leq x \leq 1 \\ 0, & \text{其他} \end{cases}$$

求：① A；② $P(-1 < X < 0.5)$；③ $E(X)$.

12. 设随机变量 X 的分布函数为

$$F(x) = \begin{cases} 0, & x < 0 \\ \dfrac{1}{16}x^2, & 0 \leq x \leq 4 \\ 1, & x > 4 \end{cases}$$

求：①概率密度 $f(x)$；② $P(1 < x < 2)$.

13. 设 $X \sim N(0,1)$，求 $P(X \leq -2.8)$，$P(X > 1.1)$，$P(0.91 < X < 1.33)$.

14. 设随机变量 $X \sim N(3, 2^2)$，求：① $P(-3 < X \leq 5)$；② $P(X > 7)$.

15. 某工厂加工一批机械零件，零件的长度 $X \sim N(50, 0.25)$（单位：mm），按规定 X 在范围 $[49.5, 50.5]$ 内都是一等品，求：①现从中任取 1 件零件，它是一等品的概率；②现从中任取 3 件零件，恰有 1 件是一等品的概率.

综合运用 5

1. 利用简单随机抽样的方法抽查了某校 500 名学生，其中共青团员有 320 人，戴眼镜的有 365 人，若在这个学校随机抽查一名学生，则他是团员的概率为多少？他戴眼镜概率为多少？

2. 对一批衬衣进行抽检，结果如下表所示.

抽取件数	50	100	200	500	600	700	800
次品件数	0	20	12	27	27	35	40
次品频率	0	0.20	0.06	0.054			

(1) 完成上面统计表.

(2) 事件 A 为任取一件衬衣为次品，求 $P(A)$.

(3) 为了保证买到次品的顾客能够及时更换，销售 1 000 件衬衣，至少需要进货多少件衬衣？

3. 2019 年以来，全球爆发新冠肺炎疫情，我国及时采取了一系列科学的防疫措施，取得了显著的成效，最大程度保障了人民群众的生命安全. 试用逆概率公式分析以下结论：某一特殊群体患新冠肺炎的概率为 0.5%，现用核酸检测法进行普查. 假设新冠肺炎核酸检测的试验以 95% 的概率将患病人检出阳性，但也有 1% 的概率误将健康人检出阳性. 现某人在初检时核酸检测结果呈阳性，问他确实患新冠肺炎的概率是多少？并思考为什么要采取复检方法.

4. 某突发事件,在不采取任何预防措施的情况下发生的概率为 0.3,一旦发生,将造成 400 万元的损失.现有甲、乙两种相互独立的预防措施可供采用.单独采用甲、乙预防措施所需的费用分别为 45 万元和 30 万元,采用相应预防措施后此突发事件不发生的概率分别为 0.9 和 0.85.若预防方案允许甲、乙两种预防措施单独采用、联合采用或不采用,总费用=采取预防措施的费用+发生突发事件损失的期望值.试确定恰当的预防方案使总费用最少.

5. 一家保险公司有 10 000 个客户参加某险种的保险,每人每年支付 12 元保险,在一年内一个人死亡的概率为 0.6%,死亡时家属可向保险公司领取 10 000 元,求:

(1) 保险公司亏本的概率.

(2) 保险公司一年利润不小于 40 000 元的概率.

6. 经统计,某地区人群身高(单位:m)$X \sim N(173, 7^2)$,如果在该地区盖一个公共建筑物门高要按 1.9m 设计,试求在此设计下,出入房门时因门高不够而遇到麻烦的人数的比例.

7. 一商店对某种家电采用先使用后付款的方式销售,使用寿命 X(单位:年)与销售单价 Y(单位:元)的关系如下表所示.

X	$X<2$	$2 \leqslant X<4$	$4 \leqslant X<6$	$X \geqslant 6$
Y	1 500	2 000	2 500	3 000

若 $X \sim N(5, 4)$,求平均售价.

8. 从某地乘车前往火车站搭火车,有两条路线可走:第一条路线走市区,路程短,但交通堵塞严重,所需时间 $X_1 \sim N(50, 100)$;第二条路线走环城公路,路程长,但意外阻塞少,所需时间 $X_2 \sim N(60, 16)$.问:①若有 70 分钟可用,应走哪条路线?②若有 65 分钟可用,应走哪条路线?

参 考 文 献

[1] 华东师范大学数学系.数学分析[M].北京：高等教育出版社,2001.
[2] 刘应辉.经济数学基础教程[M].北京：经济科学出版社,2003.
[3] 赵萍.经济数学基础及应用[M].哈尔滨：哈尔滨工业大学出版社,2003.
[4] 李继铃.数学实验基础[M].北京：清华大学出版社,2004.
[5] 李林曙,黎诣远.经济数学基础[M].北京：高等教育出版社,2004.
[6] 黄清龙.概率论与数理统计[M].北京：北京大学出版社,2006.
[7] 李以渝.高等数学[M].北京：北京邮电大学出版社,2006.
[8] 张顺燕.数学的思想、方法和应用[M].北京：北京大学出版社,2006.
[9] 河北农业大学理学院.微积分及其应用[M].北京：高等教育出版社,2006.
[10] 李南南.MATLAB 7简明教程[M].北京：清华大学出版社,2006.
[11] 陈铭.微积分[M].北京：科学出版社,2007.
[12] 胡运权,郭耀煌.运筹学教程[M].北京：清华大学出版社,2007.
[13] 白素英.微积分[M].武汉：武汉大学出版社,2008.
[14] 富强.线性代数与概率统计[M].武汉：武汉大学出版社,2008.
[15] 许毅,崔晓华.线性代数与线性规划应用基础[M].北京：清华大学出版社,2008.
[16] 李林曙.线性代数与线性规划[M].北京：中国人民大学出版社,2010.
[17] 李允.微积分[M].哈尔滨：哈尔滨工业大学出版社,2011.
[18] 邵剑.微积分专题梳理与解读[M].上海：同济大学出版社,2011.
[19] 同济大学数学系.线性代数[M].北京：高等教育出版社,2012.

推荐网站：

[1] 南开大学数学学院网：http://202.113.29.5/
[2] 百度文库高等教育(理学)网：http://wenku.baidu.com/list/108/
[3] 优酷(专辑 matlab 基础教程)网：http://v.youku.com/v_playlist/f5215139o1p7.html
[4] 人大经济论坛：www.pingu.org
[5] 道客巴巴：www.doc88.com
[6] http://math.suda.edu.cn/News/NewsDetail.aspx?ID=588
[7] http://public.whut.edu.cn/math01/jjsx/GaiLvLun/History/html/25.htm
[8] http://baike.baidu.com/view/4213.htm
[9] http://www.aoshu.com/e/20080619/4b8bc904dac9c.shtml
[10] 中国知网：www.cnki.net
[11] 新思考中国教育资源服务平台：http://hnpx.cersp.com/
[12] http://wenku.baidu.com/view/615fe5232f60ddccda38a00a.html
[13] http://math.suda.edu.cn/News/NewsDetail.aspx?ID=588
[14] http://public.whut.edu.cn/math01/jjsx/GaiLvLun/History/html/25.htm
[15] http://qcjy.swu.edu.cn/bbs/redirect.php?tid=92858&goto=lastpost
[16] http://media.openedu.com.cn/media_file/rm/ip2/gdsxB-1/budingjf/htm/budingjf5.htm

附录 A
泊松分布数值表

$$P(X=k) = \frac{\lambda^k}{k!}e^{-\lambda}, \quad k=0,1,\cdots$$

k \ λ	0.1	0.2	0.3	0.4	0.5	0.6	0.7	0.8	0.9	1.0	1.5	2.0
0	0.9048	0.8187	0.7408	0.6703	0.6065	0.5488	0.4966	0.4493	0.4066	0.3679	0.2231	0.1353
1	0.0905	0.1637	0.2223	0.2681	0.3033	0.3293	0.3476	0.3595	0.3659	0.3679	0.3347	0.2707
2	0.0045	0.0164	0.0333	0.0536	0.0758	0.0988	0.1216	0.1438	0.1647	0.1839	0.2510	0.2707
3	0.0002	0.0011	0.0033	0.0072	0.0126	0.0198	0.0284	0.0383	0.0494	0.0613	0.1255	0.1805
4		0.0001	0.0003	0.0007	0.0016	0.0030	0.0050	0.0077	0.0111	0.0153	0.0471	0.0902
5				0.0001	0.0002	0.0003	0.0007	0.0012	0.0020	0.0031	0.0141	0.0361
6						0.0001	0.0002	0.0003	0.0005	0.0035	0.0120
7									0.0001	0.0008	0.0034
8											0.0002	0.0009
9												0.0002

k \ λ	2.5	3.0	3.5	4.0	4.5	5	6	7	8	9	10	11
0	0.0821	0.0498	0.0302	0.0183	0.0111	0.0067	0.0025	0.0009	0.0003	0.0001		
1	0.2052	0.1494	0.1057	0.0733	0.0500	0.0337	0.0149	0.0064	0.0027	0.0011	0.0004	0.0002
2	0.2565	0.2240	0.1850	0.1465	0.1125	0.0842	0.0446	0.0223	0.0107	0.0050	0.0023	0.0010
3	0.2138	0.2240	0.2158	0.1954	0.1687	0.1404	0.0892	0.0521	0.0286	0.0150	0.0076	0.0037
4	0.1336	0.1681	0.1888	0.1954	0.1898	0.1755	0.1339	0.0912	0.0573	0.0337	0.0189	0.0102
5	0.0668	0.1008	0.1322	0.1563	0.1708	0.1755	0.1606	0.1277	0.0916	0.0607	0.0378	0.0224
6	0.0278	0.0504	0.0771	0.1042	0.1281	0.1462	0.1606	0.1490	0.1221	0.0911	0.0631	0.0411
7	0.0099	0.0216	0.0385	0.0595	0.0824	0.1044	0.1377	0.1490	0.1396	0.1171	0.0901	0.0646
8	0.0031	0.0081	0.0169	0.0298	0.0463	0.0653	0.1033	0.1304	0.1396	0.1318	0.1126	0.0888
9	0.0009	0.0027	0.0066	0.0132	0.0232	0.0363	0.0688	0.1014	0.1241	0.1318	0.1251	0.1085
10	0.0002	0.0008	0.0023	0.0053	0.0104	0.0181	0.0413	0.0710	0.0993	0.1186	0.1251	0.1194
11	0.0001	0.0002	0.0007	0.0019	0.0043	0.0082	0.0225	0.0452	0.0722	0.0970	0.1137	0.1194
12		0.0001	0.0002	0.0006	0.0015	0.0034	0.0113	0.0263	0.0481	0.0728	0.0948	0.1094
13			0.0001	0.0002	0.0006	0.0013	0.0052	0.0142	0.0296	0.0504	0.0729	0.0926
14				0.0001	0.0002	0.0005	0.0023	0.0071	0.0169	0.0324	0.0521	0.0728

续表

k \ λ	2.5	3.0	3.5	4.0	4.5	5.0	6.0	7.0	8.0	9.0	10.0	11.0
15					0.000 1	0.000 2	0.000 9	0.003 3	0.009 0	0.019 4	0.034 7	0.053 3
16						0.000 1	0.000 3	0.001 5	0.004 5	0.010 9	0.021 7	0.036 7
17							0.000 1	0.000 6	0.002 1	0.005 8	0.012 8	0.023 7
18								0.000 2	0.001 0	0.002 9	0.007 1	0.014 5
19								0.000 1	0.000 4	0.001 4	0.003 7	0.008 4
20									0.000 2	0.000 6	0.001 9	0.004 6
21									0.000 1	0.000 3	0.000 9	0.002 4
22										0.000 1	0.000 4	0.001 3
23											0.000 2	0.000 6
24											0.000 1	0.000 3
25												0.000 1

附录 B
标准正态分布数值表

$$\Phi(x) = \int_{-\infty}^{x} \frac{1}{\sqrt{2\pi}} e^{-\frac{t^2}{2}} dt = P(X \leqslant x)$$

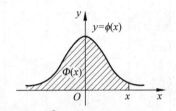

x	0.00	0.01	0.02	0.03	0.04	0.05	0.06	0.07	0.08	0.09
0.0	0.500 0	0.504 0	0.508 0	0.512 0	0.516 0	0.519 9	0.523 9	0.527 9	0.531 9	0.535 9
0.1	0.539 8	0.543 8	0.547 8	0.551 7	0.555 7	0.559 6	0.563 6	0.567 5	0.571 4	0.575 3
0.2	0.579 3	0.583 2	0.587 1	0.591 0	0.594 8	0.598 7	0.602 6	0.606 4	0.610 3	0.614 1
0.3	0.617 9	0.621 7	0.625 5	0.629 3	0.633 1	0.636 8	0.640 4	0.644 3	0.648 0	0.651 7
0.4	0.655 4	0.659 1	0.662 8	0.666 4	0.670 0	0.673 6	0.677 2	0.680 8	0.684 4	0.687 9
0.5	0.691 5	0.695 0	0.698 5	0.701 9	0.705 4	0.708 8	0.712 3	0.715 7	0.719 0	0.722 4
0.6	0.725 7	0.729 1	0.732 4	0.735 7	0.738 9	0.742 2	0.745 4	0.748 6	0.751 7	0.754 9
0.7	0.758 0	0.761 1	0.764 2	0.767 3	0.770 3	0.773 4	0.776 4	0.779 4	0.782 3	0.785 2
0.8	0.788 1	0.791 0	0.793 9	0.796 7	0.799 5	0.802 3	0.805 1	0.807 8	0.810 6	0.813 3
0.9	0.815 9	0.818 6	0.821 2	0.823 8	0.826 4	0.828 9	0.835 5	0.834 0	0.836 5	0.838 9
1.0	0.841 3	0.843 8	0.846 1	0.848 5	0.850 8	0.853 1	0.855 4	0.857 7	0.859 9	0.862 1
1.1	0.864 3	0.866 5	0.868 6	0.870 8	0.872 9	0.874 9	0.877 0	0.879 0	0.881 0	0.883 0
1.2	0.884 9	0.886 9	0.888 8	0.890 7	0.892 5	0.894 4	0.896 2	0.898 0	0.899 7	0.901 5
1.3	0.903 2	0.904 9	0.906 6	0.908 2	0.909 9	0.911 5	0.913 1	0.914 7	0.916 2	0.917 7
1.4	0.919 2	0.920 7	0.922 2	0.923 6	0.925 1	0.926 5	0.927 9	0.929 2	0.930 6	0.931 9
1.5	0.933 2	0.934 5	0.935 7	0.937 0	0.938 2	0.939 4	0.940 6	0.941 8	0.943 0	0.944 1
1.6	0.945 2	0.946 3	0.947 4	0.948 4	0.949 5	0.950 5	0.951 5	0.952 5	0.953 5	0.953 5
1.7	0.955 4	0.956 4	0.957 3	0.958 2	0.959 1	0.959 9	0.960 8	0.961 6	0.962 5	0.963 3
1.8	0.964 1	0.964 8	0.965 6	0.966 4	0.967 2	0.967 8	0.968 6	0.969 3	0.970 0	0.970 6
1.9	0.971 3	0.971 9	0.972 6	0.973 2	0.973 8	0.974 4	0.975 0	0.975 6	0.976 2	0.976 7
2.0	0.977 2	0.977 8	0.978 3	0.978 8	0.979 3	0.979 8	0.980 3	0.980 8	0.981 2	0.981 7
2.1	0.982 1	0.982 6	0.983 0	0.983 4	0.983 8	0.984 2	0.984 6	0.985 0	0.985 4	0.985 7
2.2	0.986 1	0.986 4	0.986 8	0.987 1	0.987 4	0.987 8	0.988 1	0.988 4	0.988 7	0.989 0
2.3	0.989 3	0.989 6	0.989 8	0.990 1	0.990 4	0.990 6	0.990 9	0.991 1	0.991 3	0.991 6
2.4	0.991 8	0.992 0	0.992 2	0.992 5	0.992 7	0.992 9	0.993 1	0.993 2	0.993 4	0.993 6
2.5	0.993 8	0.994 0	0.994 1	0.994 3	0.994 5	0.994 6	0.994 8	0.994 9	0.995 1	0.995 2
2.6	0.995 3	0.995 5	0.995 6	0.995 7	0.995 9	0.996 0	0.996 1	0.996 2	0.996 3	0.996 4
2.7	0.996 5	0.996 6	0.996 7	0.996 8	0.996 9	0.997 0	0.997 1	0.997 2	0.997 3	0.997 4
2.8	0.997 4	0.997 5	0.997 6	0.997 7	0.997 7	0.997 8	0.997 9	0.997 9	0.998 0	0.998 1
2.9	0.998 1	0.998 2	0.998 2	0.998 3	0.998 4	0.998 4	0.998 5	0.998 5	0.998 6	0.998 6
x	0.00	0.10	0.20	0.30	0.40	0.50	0.60	0.70	0.80	0.90
3	0.998 7	0.999 0	0.999 3	0.999 5	0.999 7	0.999 8	0.999 8	0.999 9	0.999 9	1.000 0

参 考 答 案

应知应会 1

一、选择题

1. D 2. D 3. C 4. B 5. A 6. C 7. A 8. D 9. B 10. C

二、填空题

1. $(2,3) \cup (3,+\infty)$ 2. -2 3. 同阶 4. 1 5. $\dfrac{3}{2}$

6. 1 7. e^{-2} 8. 必要条件 9. $\dfrac{1}{2}$ 10. $x=-2, x=2$

三、解答题

1. (1) $[-1,2) \cup (2,+\infty)$; (2) $(-3,4)$

2. $f(-1)=\dfrac{7}{2}$; $f(0)=1$;
   $f(2)=16$; $f(x-1)=2^{x-1}+3(x-1)^2$

3. $y=\begin{cases} 10x, & 0 \leqslant x \leqslant 10 \\ 9x, & 10 < x \leqslant 100 \\ 8x, & x > 100 \end{cases}$

4. (1) $y=e^u, u=2x^2+3$; (2) $y=\sqrt{u}, u=1-\cos v, v=2x$;
   (3) $y=u^3, u=\arctan x+\ln x$; (4) $y=\sqrt{u}, u=\lg v, v=\dfrac{x}{2}$

5. $Q_d=19\,000-2\,000p$

6. $y=\begin{cases} 10x, & 0 \leqslant x \leqslant 200 \\ 9x+200, & x > 200 \end{cases}$

7. 300 件

8. (1) $\dfrac{5}{2}$; (2) $\dfrac{2}{3}$; (3) $\dfrac{2}{3}$; (4) 0; (5) ∞; (6) -1

9. (1) 5; (2) 2; (3) $\dfrac{1}{4}$; (4) e^2; (5) e^{-1}; (6) e^{-3}

10. (1) 0; (2) 0

11. 95 474.80 元, 95 700.30 元, 95 777.39 元

12. 126 256.73 元

综合运用 1

1. $f(x)=x^2+2$

2. $y=\begin{cases} 6x, & 0\leqslant x\leqslant 100 \\ 5.5x+50, & 100<x\leqslant 300 \\ 5x+200, & x>300 \end{cases}$

3. (1) $\dfrac{a}{b}$；(2) ab

4. (1) e；(2) e^{-1}

5. 107 989

6. 18.31 年

7. 略

应知应会 2

一、选择题

1. D 2. B 3. A 4. B 5. A 6. D 7. D 8. A 9. D 10. A

二、填空题

1. $y+2x-1=0$ 2. 2 3. $-25\cos 5x$ 4. 18

5. $(3x^2\cos x - x^3\sin x)dx$ 6. 0 7. $e^2, 0$ 8. $y=0, x=0$

9. $-\dfrac{2}{3}$ 10. 9

三、计算题

1. (1) $y'=1-\dfrac{1}{x^2}$；(2) $y'=\dfrac{1}{4\sqrt{x}}+\dfrac{1}{x}$；(3) $y'=\cos x$；(4) $y'=5e^x(\cos x - \sin x)$；

   (5) $y'=\dfrac{\dfrac{1}{\ln 2}-\log_2 x}{x^2}$；(6) $y'=1$

2. (1) $y'=-9(2-3x)^2$；(2) $y'=\dfrac{6x}{3x^2+7}$；(3) $y'=(1+\sin x)e^{x-\cos x}$；(4) $y'=2\sin x \cos x$；

   (5) $y'=-(2+3e^x)\sin(4x+6e^x)$；(6) $y'=-f'(x)\sin f(x)$

3. (1) $y'=\dfrac{3x^2+y}{3y^2-x}$；(2) $y'=-\dfrac{1+y\sin xy}{x\sin xy}$

4. (1) $y''=2-\sin x$；(2) $y''=54(3x+1)$；(3) $y''=\dfrac{10}{(5+x^2)^2}$；(4) $y''=e^{-x}$

5. (1) $dy=\left(\dfrac{1}{x}\sin x + \cos x \cdot \ln x\right)dx$；(2) $dy=-e^x \sin e^x dx$；

   (3) $dy=2xe^{-x^2}(1-x^2)dx$；(4) $dy=-(x^{-4}+x^2)dx$

6. (1) 0；(2) 0；(3) $\dfrac{5}{2}$；(4) -1；(5) $+\infty$；(6) -1；(7) 0；(8) 1；(9) 0；(10) $\dfrac{1}{2}$

7. (1) 单调递增区间$(-\infty,0)\cup(1,+\infty)$，单调递减区间$(0,1)$，极大值$f(0)=0$，极小值$f(1)=-1$.

   (2) 单调递增区间$\left(\dfrac{1}{2},+\infty\right)$，单调递减区间$\left(0,\dfrac{1}{2}\right)$，极大值$f\left(\dfrac{1}{2}\right)=\dfrac{1}{2}+\ln 2$.

8. (1) $f_{\max}(4)=80, f_{\min}(-1)=-5$；(2) $f_{\max}(4)=6, f_{\min}(0)=0$

9. (1) 凹区间$(-\infty,0)\cup(1,+\infty)$，凸区间$(0,1)$，拐点$(0,1)$和$(1,0)$.

   (2) 凸区间为$(0,+\infty)$，凹区间为$(-\infty,0)$，拐点为$(0,0)$.

10. 略

四、解答题

1. 110,20   2. (1) $\eta_p = \dfrac{p}{p-400}$; (2) $-\dfrac{1}{3}$ 3. 75,62.5

综合运用 2

1. 2   2. $y-4=4(x-2), y-4=-\dfrac{1}{4}(x-2)$

3. $y-7=12(x-2), y-7=-\dfrac{1}{12}(x-2)$ 4. 4.71

5. 0.998   6. 连续但不可导

7. 递增区间为 $(-\infty,2)\cup(4,+\infty)$，递减区间为 $(2,4)$，点 $x=2$ 取得极大值 $f(2)=10$，点 $x=4$ 取得极小值 $f(4)=6$；凸区间为 $(-\infty,3)$，凹区间为 $(3,+\infty)$，拐点为 $(3,8)$.

8. 极大值点 $x=-3$，极大值 $f(-3)=-\dfrac{27}{4}$；拐点 $(0,0)$，渐近线 $x=-1, y=x-2$，图像略.

9. (1) 5；(2) 20

10. 450

应知应会 3

一、选择题

1. C   2. B   3. C   4. D   5. B   6. B   7. C   8. D   9. D   10. C

11. D   12. B

二、填空题

1. $2e^{2x}$ 2. $\dfrac{1}{3}e^{3x}$ 3. $1+\ln x$ 4. $\arcsin x$；$\arcsin x + C$ 5. 0

6. $-\dfrac{1}{6}$ 7. $\dfrac{1}{2}$ 8. 1   9. 2   10. 2

11. $\dfrac{1}{a}F(ax+b)+C, a\neq 0$ 12. $F(\ln x)+C$

三、计算题

1. $x-x^3+C$ 2. $\dfrac{2^x}{\ln 2}+\dfrac{x^3}{3}+C$ 3. $\dfrac{1}{12}(2x-3)^6+C$ 4. $\dfrac{1}{66}(3x^2+5)^{11}+C$

5. $\dfrac{1}{2}(\ln x)^2+C$ 6. $2\sin\sqrt{x}+C$ 7. $(x-1)e^x+C$ 8. $\dfrac{1}{4}x^4\ln x-\dfrac{1}{16}x^4+C$

9. -2 10. 5   11. $\dfrac{e-1}{3}$ 12. $\dfrac{\pi}{2}-1$

13. $\dfrac{19}{3}$ 14. 1   15. $1-e^{-1}$ 16. $2-\dfrac{\pi}{4}$

四、解答题

1. $\dfrac{1}{3},\dfrac{\pi}{5}$ 2. $e+e^{-1}-2$ 3. $\dfrac{1}{3}$

4. (1) $C(x)=68+33x+19x^2-4x^3$; (2) $\dfrac{C(x)}{x}=\dfrac{68}{x}+33+19x-4x^2$

5. 282.5

6. 当产量 $q=11$ 百台时利润最大,最大利润为 2 199 万元.

综合运用 3

1. $y=\ln|x|+1$

2. (1) $\ln 2$; (2) $\dfrac{\pi}{4}$

3. $\dfrac{47}{6}$

4. 8

5. (1) $\sin x-\dfrac{1}{3}\sin^3 x+C$; (2) $\ln x(\ln\ln x-1)+C$; (3) $n^2\pi$; (4) $\dfrac{\pi}{2}a^3$; (5) 1; (6) $\dfrac{2}{3}\ln 2$

6. $F''(x)=f(x)$

7. $\dfrac{e^x(x-2)}{x}+C$

8. 证明：$\int_a^{a+T}f(x)dx=\int_a^T f(x)dx+\int_T^{a+T}f(x)dx$

对后者,令 $x=t+T$,则

$$\int_T^{a+T}f(x)dx=\int_0^a f(t+T)dt=\int_0^a f(t)dt=\int_0^a f(x)dx$$

$$\int_a^{a+T}f(x)dx=\int_a^T f(x)dx+\int_0^a f(x)dx=\int_0^T f(x)dx$$

9. πab

10. 10.694 1

应知应会 4

一、选择题

1. A 2. A 3. D 4. C 5. B 6. C 7. A 8. D 9. A 10. B
11. C 12. C 13. D 14. D 15. B

二、填空题

1. $\begin{bmatrix} 0 & -4 \\ 2 & -2 \end{bmatrix}$ 2. $\begin{bmatrix} -2 & 3 & -1 \\ 4 & -6 & 2 \end{bmatrix}$ 3. $AB=BA$ 4. $(I-B)^{-1}A$

5. $\begin{bmatrix} 1 & 6\lambda \\ 0 & 1 \end{bmatrix}$ 6. $\begin{pmatrix} a^n & 0 & 0 \\ 0 & b^n & 0 \\ 0 & 0 & c^n \end{pmatrix}$ 7. $(3\ -3\ 1)^T$ 8. 1

9. n 10. 1   11. $\begin{bmatrix} 2 & 0 & 1 \\ 1 & 1 & -1 \\ 3 & -1 & 4 \end{bmatrix}$ 12. $\begin{cases} x_1=3 \\ x_2=3 \\ x_3=0 \end{cases}$

13. $\lambda = \dfrac{7}{2}$ 14. 7 15. $r(A) = r(\overline{A}) < n$

三、计算题

1. (1) $\begin{bmatrix} 1 & 1 \\ -3 & 5 \\ 1 & -2 \end{bmatrix}$; (2) $\begin{bmatrix} 5 & 15 & 1 \\ 1 & 11 & 0 \\ -3 & -2 & -16 \end{bmatrix}$

2. (1) 2; (2) 2; (3) 3; (4) 3

3. (1) $\begin{bmatrix} -2 & 1 \\ \dfrac{3}{2} & \dfrac{1}{2} \end{bmatrix}$; (2) $\begin{bmatrix} -4 & 2 & -1 \\ -6 & 3 & -1 \\ 5 & 2 & 1 \end{bmatrix}$; (3) $\begin{bmatrix} 1 & 0 & 1 \\ 0 & -1 & 0 \\ 0 & 2 & 1 \end{bmatrix}$; (4) $\begin{bmatrix} 1 & 0 & 0 & 0 \\ 0 & 2 & -1 & 0 \\ 0 & -3 & 2 & 0 \\ 0 & 0 & 0 & -\dfrac{1}{4} \end{bmatrix}$

4. (1) $X = \begin{bmatrix} 1 & 0 \\ -1 & 1 \end{bmatrix}$; (2) $X = \begin{bmatrix} 1 & 0 \\ -1 & 1 \end{bmatrix}$

5. (1) $r(A) = 2 < 3$,线性相关; (2) $r(\alpha_1, \alpha_2, \alpha_3, \alpha_4) = 4$,线性无关.

6. (1) 基础解系为 $X_0 = (-1, -1, 1)^T$,通解为 $X = kX_0 = k(-1, -1, 1)^T$, k 为任意常数.
   (2) 基础解系为 $X_1 = (1, -2, 1, 0)^T, X_2 = (2, -3, 0, 1)^T$,
       通解为 $X = k_1 X_1 + k_2 X_2 = k_1 (1, -2, 1, 0)^T + k_2 (2, -3, 0, 1)^T$, k_1、k_2 为任意常数.

7. (1) $X = X_0 + k_1 X_1 + k_2 X_2 = \left(-\dfrac{1}{2}, 0, \dfrac{1}{2}, 0\right)^T + k_1 (-3, 1, 0, 0)^T + k_2 (-1, 0, 0, 1)^T$, k_1 与 k_2 为任意常数.
   (2) $X = X_0 + k_1 X_1 + k_2 X_2 = (5, -3, 0, 0)^T + k_1 (-2, 1, 1, 0)^T + k_2 (-2, 1, 0, 1)^T$, k_1 与 k_2 为任意常数.

8. 124, 128, 144

9. (1) 直接消耗系数矩阵为 $\begin{bmatrix} 0.2 & 0.6 \\ 0.25 & 0.2 \end{bmatrix}$; (2) 各部门计划期内总产出预测值为 $x_1 = 80, x_2 = 40$.

综合运用 4

1. $\begin{bmatrix} -6 & 2 & 1 \\ 7 & -2 & -1 \\ -5 & 1 & 1 \end{bmatrix}$ 2. $\lambda = \dfrac{9}{4}$ 3. 3, $\alpha_1, \alpha_3, \alpha_4$

4. 当 $\lambda = 1$ 时,线性方程组无解;当 $\lambda \neq 0$ 且 $\lambda \neq 1$ 时,线性方程组有唯一解;当 $\lambda = 0$ 时,线性方程组有无穷多组解.

5. 基础解系为 $X_1 = \begin{bmatrix} -1 \\ 4 \\ 1 \\ 0 \end{bmatrix}, X_2 = \begin{bmatrix} -1 \\ -2 \\ 0 \\ 1 \end{bmatrix}$,通解 $X = k_1 X_1 + k_2 X_2 = k_1 \begin{bmatrix} -1 \\ 4 \\ 1 \\ 0 \end{bmatrix} + k_2 \begin{bmatrix} -1 \\ -2 \\ 0 \\ 1 \end{bmatrix}$,其中 k_1、k_2 为任意常数.

6. 当 $\lambda = 5$ 时方程组有解,通解为 $X = \begin{bmatrix} -4 \\ 3 \\ 0 \\ 0 \end{bmatrix} + k_1 \begin{bmatrix} 7 \\ -3 \\ 1 \\ 0 \end{bmatrix} + k_2 \begin{bmatrix} 10 \\ -7 \\ 0 \\ 1 \end{bmatrix}$, k_1、k_2 为任意常数.

7. (1) 200,400,300; (2) 80,220,110; (3) $\begin{pmatrix} 0.1 & 0.1 & 0.2 \\ 0.25 & 0.25 & 0.1 \\ 0.15 & 0.25 & 0.2 \end{pmatrix}$

8. (1) 100 25 30,80 50 30,40 25 60; (2) 245 90 175

应知应会 5

一、选择题

1. D 2. B 3. A 4. C 5. C 6. D 7. B 8. A 9. D 10. C
11. B 12. A 13. C 14. A 15. A

二、填空题

1. $\overline{A}\overline{B}\overline{C}, A\cup B\cup C, \overline{A}\cap B\cap \overline{C}$ 2. $\frac{1}{4}$ 3. $\frac{1}{3}$ 4. 0.7

5. 0.65 6. 0.5 7. 0 8. $\frac{7}{15}$

9. 0.345 6 10. 1.9 11. 15,0.4 12. 0.7,0.7,4.4,2.8

13. $\int_a^b f(x)\,\mathrm{d}x$ 14. 2,1.333 3,1.154 6 15. 10,0.04,19,0.16

三、计算题

1. ① 0.071 4; ② 0.028 6; ③ 0.028 6   2. 0.377 8

3. 0.15   4. ① $\frac{1}{6}$; ② $\frac{3}{10}$; ③ $\frac{1}{10}$; ④ $\frac{3}{40}$

5. 0.4,0.58,0.18   6. 0.86

7. ① 略; ② $\frac{2}{5}$ 8. ① 0.3; ② 0.5; ③ $E(X)=-0.2, D(X)=0.76$

9. ① $P(X=k)=C_5^k\,0.6^k\,0.4^{5-k}, k=0,1,2,\cdots,5$; ② 0.077 76

10. ① 0.033 3; ② 0.259 2

11. ① 2; ② 0.25; ③ $\frac{2}{3}$

12. ① $f(x)=\begin{cases} \frac{1}{8}x, & 0\leqslant x\leqslant 4 \\ 0, & \text{其他} \end{cases}$; ② $\frac{3}{16}$

13. 0.001 6,0.135 7,0.089 6

14. ① 0.840 0; ② 0.022 8

15. ① 0.682 6; ② 0.206 3

综合运用 5

1. 0.64,0.73

2. (1) 0.045,0.05,0.05; (2) 0.05; (3) 需要进 1 053 件衬衣

3. 0.323

4. 应选择甲、乙两种预防措施联合采用方案,可使总费用最少.

5. (1) 0.008 8；(2) 0.847 3
6. 99%
7. 提示：

$$P(X<2)=F(2)=\Phi\left(\frac{2-5}{2}\right)=\Phi\left(-\frac{3}{2}\right)=1-\Phi\left(\frac{3}{2}\right)=0.066\ 8$$

$$P(2\leqslant X<4)=F(4)-F(2)=\Phi\left(-\frac{1}{2}\right)-\Phi\left(-\frac{3}{2}\right)=\Phi\left(\frac{3}{2}\right)-\Phi\left(\frac{1}{2}\right)=0.241\ 7$$

$$P(4\leqslant X<6)=P\left(\left|\frac{X-5}{2}\right|\leqslant\frac{1}{2}\right)=2\Phi\left(\frac{1}{2}\right)-1=0.383\ 0$$

$$P(X\geqslant 6)=1-F(6)=1-\Phi\left(\frac{6-5}{2}\right)=1-\Phi\left(\frac{1}{2}\right)=0.308\ 5$$

于是，售价 Y 的分布律为

Y	1 500	2 000	2 500	3 000
P	0.066 8	0.241 7	0.383 0	0.308 5

平均售价为

$$E(Y)=1\ 500\times 0.066\ 8+2\ 000\times 0.241\ 7+2\ 500\times 0.383\ 0+3\ 000\times 0.308\ 5$$
$$=2\ 466.6(元)$$

8. ① 应走第二条路线；② 应走第一条路线.